灰姑娘×掌船仔×甘苦人，
我的路我自己走，放鬆生活握在手

寬心生活不喊累

樂觀豁達Day By Day!

恩維，禾土　著

你對這個世界怨氣太深！
跟著本書一起斷開鎖鏈、斷開魂結，
斷開一切的牽連，輕鬆生活，放寬心！

崧燁文化

目錄

前言

第一章　心寬改變命運

目錄

第二章　順其自然最務實

第三章　愈放下，愈快樂

第四章　看淡得失成敗

第五章　知足才能常樂

目錄

第六章　理智面對人生

第七章　幽默讓人更具力量

目錄

第九章　換個角度看自己

第十章　心寬讓你更能理解、擁有幸福

目錄

前言

看看身邊的那些成功人士，你會發覺他們有一個共同的特點，就是心態良好，無論是在做人或做事中，都擁有良好的心態 —— 心寬。

沒有人的一生是一帆風順，充滿鮮花和掌聲的。因為生活就是生活，有陽光雨露，也有暴風驟雨；有成功的喜悅，也有挫折和困難的磨礪。無論身處何種境地，只要有熱情，有眼光，有勇氣，有足夠好的心態 —— 心寬，起步永遠不晚，成功就在腳下，因為心寬能夠成就大事。

一位哲人說：「你的心態就是你真正的主人。」一位偉人說：「要麼你去駕馭生命，要麼就是生命駕馭你。你的心態決定誰是坐騎，誰是騎師。」好的心態的確可以改變你的人生，決定你的命運。

心寬是一種自信，相信自己、相信他人、相信未來、不自卑、不疑心、不擔心、不抱怨。這樣的人，這樣的心態，怎麼能不會讓自己輕鬆生活，贏得命運的垂青，從而擁有幸福呢？

心寬是一種樂觀和豁達。不為眼前暫時的困難所嚇倒、不為一時的屈辱而沉淪，並堅守自己的執著，怎麼能不會有守得雲開見月明的日子呢？

心寬是一種姿態和幸福。放下背負已久的負擔，捨棄一些利益的紛爭，放下身段、放鬆自己、寬以待人、看淡得失，樂觀面對人生，快樂和幸福也就離你不遠了。

心寬是一種氣度和智慧。大廈將傾心不搖，任風吹雨打，我自閒庭信步。這樣的氣度，這樣的智慧，總讓人心悅誠服，不敢輕視。你的朋友因此而親近你，你的敵人因此而敬重你，這樣的人，怎麼能不會攀登到人生事業的巔峰呢？

前言

我們都知道心態決定了命運。有良好的心態就能夠獲得美好的未來。命運是靠自己掌握的，任何人都無法控制你。從現在起，你就應該讓自己心寬些，為未來做好準備，好好地掌握自己的命運吧！

總之，要想成就大事，就要學會讓心態改變自己、讓心態適應環境，寬心自信、心無旁騖、樂觀豁達、保持自我，一直走向成功的彼岸。

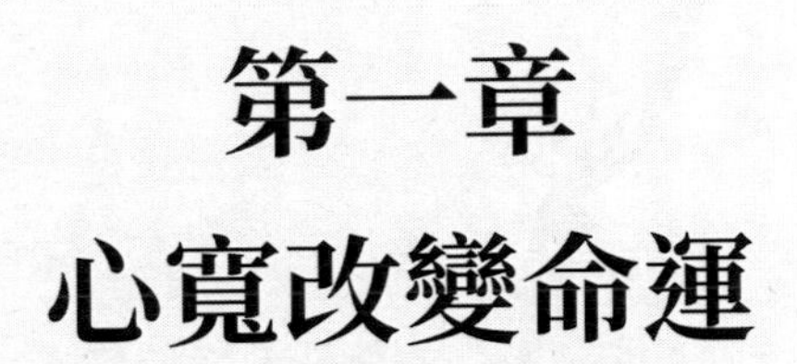

第一章

心寬改變命運

人們要有寬容的心態

所謂寬容的心態，就是以寬闊的胸懷和包容的心態，去面對各種人和事。寬容本身包含著謙遜。古人說，滿招損，謙受益。一個人如果不能虛懷若谷，就不能有效地吸納有益於自身發展的精神食糧，只有具備海納百川，有容乃大的心態，我們才能學習他人的長處，彌補自身上的短處，充實、拓展、成就自我。寬容不僅是一種與人和諧相處的素養，一種時代崇尚的品德，更是吸納他人長處、充實自我價值的良好思考特質。

「宰相肚裡能撐船」既然要做一個能位於一人之下，萬人之上的人，必須具備一個強大的基礎，那就是有一顆和常人不一樣的寬容之心。一個人要想成功，只有處處多為別人著想，將心比心，設身處地，寬容別人，這樣才會得到更多人的理解和支持，夢想才會更容易實現。試想一下，在現代社會中，談判桌上每一方都互不相讓，無法寬容對方，都想贏得更多的利益和實惠，結果往往會造成僵持，甚至不歡而散的局面。針對一個與你觀點不一致，或者你認為是與你唱反調、不配合你的人，哪怕他是一位「作惡多端」的人，只要你對他擁有一顆寬容善待的心，若能加以正確引導和啟發，則往往會使他「化敵為友」，說不定還會成為你成功道路上的知己和夥伴。

因為你應該明白：一味敵視別人或不能原諒別人，實際上是不能原諒自己，在給你自己製造煩惱，傷害了別人，同樣也傷害了自己。

家庭生活中如此，社會工作、交際現實更是如此。世界上的人和事，各有各的妙用，任何事物都可以活用，都可以協調。俗話說：「人上一百，形形色色；樹林子一大，什麼鳥都有。」彼此的和諧生活就需要彼此都擁有寬容的心態，堅持自己的個性，也承認他人的脾氣。

一位公共關係專家告訴我們：

「面對千差萬別的現實世界，寬容是我們現代人適應時代社會的必備素養，是我們的必然選擇。對於所謂的『異己』，在不涉及大是大非的前提下，打擊、貶抑、排斥就是置之死地而後快的行徑，你沒有那般本事做，只有徒添煩惱；而是應該學會寬恕、包容、讚美、與其和諧相處。

只要你生存在這個世上，你就沒有辦法逃避如何對待『異己』的問題。寬容心態的培養，主要在於，把自己看作是一個平凡的人，把自己看作是社會中的一分子，想到能與他人相處共事是一種幸福的緣分，盡力消除自我中心自私的心理傾向，對世界心存感激，念及他人的優點和好處，你的寬容心的波長和別人的波長就會一致。只有透過這種心的『廣播電臺』，你才能和別人交換資訊和意見，並化敵為友，增添你人生中很多的朋友和夥伴。」

寬容待人即寬容自己

你的寬容和愛心的人生感情只要肯付出給別人，也終究會回報自己。寬容別人，實際上是為了得到別人對你更多的寬容。

相容原則是商界人際關係中一條十分重要的原則。你與其他同事之間能不能處理好關係、能不能和平共處、能不能避免衝突，很大程度上取決於你的相容性如何。

相容性包含以下三層涵義：

- **是心胸寬廣**：心胸寬廣的人豁達開朗，大事清楚，小事糊塗，把主要精力放在大事情上，不斤斤計較，不會為一點雞毛蒜皮的小事而大傷腦筋，更不會做損人利己或損人不利己的事。因此，其情緒總是積極樂觀的。

- **是待人寬容**：對人寬容的人能夠容忍別人的缺點和不足，能體諒別人的失誤，能接納別人，尊重別人，把對方作為一個整體系統來看；不去批評別人、指責別人，更不會去誹謗別人。
- **是忍耐性強**：忍耐性強的人能夠控制自己的脾氣，善於忍耐，對別人的無禮和攻擊不計較，不因一點小事跟別人爭吵。古語云：「小不忍則亂大謀。」在小事情上不能忍耐的人，缺乏涵養，容不得別人細微的嘲笑、譏諷，從而造成人際關係破裂。

正是因為相容包含著以上三方面的內涵，所以它是同事之間相處應該遵循的一個極為重要的原則。能不能做到相容，直接關係到你人際關係的好壞。

不具有相容性的職員在平時工作中最易導致同其他職員的爭執和爭論。而一旦出現這種場面的最終結果是：任何人都贏不了爭論，只能使雙方比以前更加相信自己是絕對正確的。有人也許會很不理解：「只要我占理，怎麼會贏不了爭論呢？」試想一下，要是輸了，當然你就輸了；要是你認為贏了，也是一樣輸了。就算是你表面看上去是個勝利者，對方的觀點被你駁得千瘡百孔，證明他一無是處，那又能怎樣？你或許會為此而一時洋洋得意，但雙方都供職於一家公司，低頭不見抬頭見，多麼難堪的場面！況且只因圖一時口舌之快，你又多樹一個強敵。而他呢，你使他自慚，在其他同事面前失了面子，傷了他的自尊心，他絕對會對你產生嫉恨的。

「一個人雖然口服，但心裡服不了，所以從爭論中獲勝的唯一祕訣就是避免爭論。」

在這個問題上，以下幾點建議有助於你避免與其他同事產生無謂的爭論，從而建立良好的人際關係：

- **虛心接受不同的意見**：聽到不同意見往往是你避免重大錯誤的最好時機，一個人考慮問題往往不周到，這時聽一下別人的不同意見，或許會起到意想不到的作用。請記住：不同的意見，恰恰是你沒想到的。
- **不要輕易相信自己的直覺**：所謂直覺也就是第一感覺。當別人提出不同意見的時候，人們的第一反應是自衛，即保護自己的想法和自尊心。這種自衛常常缺乏理性，並在同事的眼裡留下個狂妄自大、氣量短淺、聽不得不同意見的印象，更談不上有自我批評的精神了。
- **控制自己，別亂發脾氣**：在這點上你必須明白 —— 發脾氣根本無法幫你解決任何問題；相反地，這樣只會激怒對方，加劇雙方的防衛和對抗。如果你和同事之間造成這種局面，是無法正常工作的，其他的就更談不上了。
- **先聽為上**：人際關係再好的職員，在公司裡都會有反對派。一旦對立派有所舉動，你切不可立即作出反應，而是應給反對者有個說話的機會，讓他把話講完，不要拒絕或爭辯；否則，只會增加彼此溝通的障礙。只有先聽，聽到對方的意見、指責後，才能發現問題所在，才有可能溝通，不聽也就失去了溝通的基礎和依據。
- **尋找你同意的地方**：當你聽完反對者的陳述後，要先看哪些是你同意的地方，努力去尋找共同點。有了共同語言，溝通起來也就容易多了，你和你的反對者之間就有可能成達共識，化干戈為玉帛。
- **承認自己的錯誤**：當你發現自己錯了，就不要再掩蓋自己的錯誤，要誠實而虛心承認。這樣的做法，不僅可以樹立起自己知錯能改的強者形象，還有利於解除反對者的武裝，減少他們的自衛心理。
- **同意仔細考慮反對者的意見**：同意是出於真心。如果有朝一日反對者對你說：「我早就告訴你了，你就是不聽。」那時你就難堪了。如果

他說錯了，你不必指責，他非但不會聽你的，還會被你傷了自尊心，導致人際關係更為緊張。

- **為反對者關心你的事情而真誠地感謝他們**：肯花時間表達不同意見的同事，必然和你一樣對同一事情表示極大的關心，這說明你兩人有共同的興趣。因此，與其把他看作「敵人」，不如看作志同道合的朋友，齊肩並進。
- **延緩採取行動**：這樣雙方都有時間把問題考慮清楚。要學會反覆問自己：「反對者的意見可不可能是對的？」、「我的反應是否有助於解決問題？」等等。在經過這樣的判斷之後再作出決定，這是比較成熟的表現。

能熟練應用以上九點的職場人士，在公司裡能遊刃有餘地處理好同事關係，因為他能化敵為友，極盡可能消除對立面。

生活中寬容的力量

阿拉伯作家阿里，有一次和吉伯、馬沙兩位朋友一起去旅行。3 人行經一處山谷時，馬沙失足滑落，幸而吉伯拚命拉他，才將他救起。馬沙於是在附近的大石頭上刻下了：「某年某月某日，吉伯救了馬沙一命。」

3 人繼續走了幾天，來到一處河邊，吉伯和馬沙為了一件小事吵起來，吉伯一氣之下打了馬沙一個耳光。馬沙跑到沙灘上寫下：「某年某月某日，吉伯打了馬沙一個耳光。」

當他們旅遊回來之後，阿里好奇地問馬沙為什麼要把吉伯救他的事刻在石上，將吉伯打他的事寫在沙上。馬沙回答：「我永遠都感激吉伯救我，至於他打我的事，我會隨著沙灘上字跡的消失，將其忘得一乾二淨。」

生活中慷慨的行為總是難以得到真誠的感恩。事實上，我們每個人每天的生活都依賴他人的奉獻，只是很少有人會想到這一點。記住別人對我們的恩惠，洗去我們對別人的怨恨，在人生的旅程中才能自由翱翔。學學上文中那個智者的樣子，將不值得銘記的事情統統交給沙灘吧！漲潮的時候，海水會捲走那些不快，伴隨著新一輪朝日誕生的，是你無憂的笑臉和無瑕的心。

孔子說：「君子坦蕩蕩，小人長戚戚。」心胸平坦寬闊，心寬體胖，才能寢食無憂，與人交而無怒，是做人寬容的處世藝術。有諺語也說：「月過十五光明少，人到中年萬事和。」其中「和」字的確意味深長，它能容事容人，故可致樂致祥。人生本不必過於苛人苛己，得寬容處且寬容，何苦雙眉擰成繩。寬容不僅是人與人之間交往的一種藝術，也是立身處世的一種態度，更是一種人格的涵養。寬以待人，不僅可以消災弭禍，還可以遠避羞辱。如果自己沒做錯什麼，別人侮辱自己，那與己無關，不算是真正的侮辱；如果自己做錯了什麼，別人侮辱了自己，那是自取其辱，就更應該寬容別人。

寬容他人對自己的反感

也許沒有人能夠贏得所有人的好感，因為我們無法改變他人對我們的成見和看法。面對各種非議和反感，我們要用寬容之心來對待，這樣，你就會得到解脫，甚至能快樂起來，改變這種窘迫的境地。

以職場為例，每位職場新人都應該注意與上級相處的問題。

上班伊始這段時間裡，是剛步入職場的新鮮人逐漸熟悉情況、適應工作，並融入既定的人際關係網的一個關鍵性時期。如果你做得得體、適

當，便會很快被上級和同事所接受，成為他們的人，從而為你施展自己的才華鋪平了道路。而如果你做的有失策略，則會給人留下不好的印象，為既定的組織所排斥，那你工作起來自然就不會很順心了。

在此，我們向那些即將或剛步入職場的新鮮人提出一些建議，以便使他們能汲取前人的經驗教訓，少走彎路，儘快地適應新的工作環境，做出成績並能處理好與上級的關係。

被稱之為全世界最偉大的礦務工程師的哈曼，他畢生的事蹟，每一則對我們都很有啟發意義。現在我們就舉一個當年他找尋第一份職業的故事。

哈曼是耶魯大學畢業的學生，而後又在德國的菲萊堡研讀三年。學成後歸國，開始謀求他的第一個職業。於是，哈曼就找到當時美國西部的大礦產業主哈斯特先生。哈曼運用了一個小計謀，終於使自己得到了這項工作。

據福貝恩說：「哈斯特是個性情執拗，重視實際的人。他一向不信任那些斯文秀氣專講述理論的礦務工程師。因此，這位執拗粗暴的哈斯特便對哈曼說：『我不錄用你，只因為你曾在菲萊堡研究過，腦子裡滿是一些幼稚的理論。我可不需要文質彬彬的工程師！』於是，哈曼就回答說：『如果你答應不告訴我的父親，我想向你說句實話。』哈斯特爽快地答應了。哈曼便說：『其實，我在菲萊堡一點學問都沒學到。』結果，哈斯特大笑著說：『好！很好！你明天就來上班吧！』」

哈曼是如何使一位非常執拗的人，輕易地讓他達到目的？原來，他只運用了一個非常平凡的計謀而已，就是大家所謂的「稍微讓步」這種計策。

如何應付一些意外的反對意見之最佳決策，就是靜聽他人的陳訴，以表示雖然我們並不苟同，但亦能尊重你的見解。

然而，在某種情況下，我們的策略又得更深一層：有些反對的意見。我仍必須採取自動退讓的方法，否則便難以遏止。心中多慮、機警的人，在應付反對意見之時，總會盡量地主動讓步。凡有爭執產生的時候，他們的心裡總想著：如果稍微讓步，應該不會有何大礙吧？

許多人對於自以為是的論點，總要堅持己見，不肯妥協。但是，那些自以為是的論點，對他人而言，常常是無關緊要的論調而已。正如，哈曼從哈斯特的口中了解他有所偏見一樣。通常上司只需要他人能尊重他的意見，維持他的「自尊心」罷了。

當羅斯福（Theodore Roosevelt）繼麥金利（William McKinley）而就任美國總統之後，他的老友弗萊齊到華府拜謁他。而後弗萊齊自述他到總統的府邸謁見羅斯福的情形：「我那位老友站著向我微笑，把手搭在我肩上，說：『你需要什麼？』當他問我此話時，哈哈大笑起來。但是，我覺得他這一笑是為了掩飾一些厭惡。或許我不是唯一急於躋身政治生涯的人……因此，我也笑著表示，我並不需要什麼。他顯然寬心多了，說道：『怎麼可能！你是這班人中唯一的人才，其他人不是做官升遷，就是入了監獄。』當時我認為，我到此拜謁已令他十分高興了。雖然我知道我隨時都可獲得一個好差事，但是，我認為假如我能無求於他就告辭，那麼，我與羅斯福的交情將會更進一層。所以，我就此告退了。我帶著一本西班牙文的自修字典，回到家中開始準備外交的職務。大約一年之後，我從報紙上看到一則要派遣一位美國的第一公使前往古巴哈瓦那的公告。這是一個非常有利的機會，我一向對古巴頗為熟悉，而且我一直在研讀西班牙文，我認為我早已非常熟悉那個地方了，其餘的事情就更容易，我只需再到華府，把我的衷心希望及以往的研究告訴羅斯福即可。果然我的目的實現了。」

這就是弗萊齊之所以能出任古巴公使，繼而得以展開他歷久且光輝的外交事業的緣故，也是他用以毛遂自薦的另一種方式。當初，他感到羅斯福的心中隱約藏有一份莫名的反感，於是，立即伺機引退，以等待另一個時機。這就是他於日後自我推薦得以成功的妙策。而他只帶著一本西班牙文的字典回去自修，準備外交上的事務，也就是他順利地擔任古巴公使的基礎。

由於時機不宜，上級表現得有抗拒、反感之意，這類的障礙是時有之事。然而，遇有此種障礙之時，有遠見的下屬必定立即設法迴避。在許多事件中，能夠稍微地退讓一步，反倒是使他達到真正的需求和興趣的妙策。

弗萊齊說：「我不願意做別人也想做的事情，但是，我常參照別人的方法去完成我想做的事情。」這句話正是我們所謂的「讓步」訣竅最好的詮釋了。

領導人物的最終目的，是在於引發他人自願地臣服於他們，以達到合作愉快的境界。當然，對方所引起的偶爾反感，均可能造成不悅的摩擦。但是，他們都了解這點，假若執意地藐視對方的抗議，即使一時勝利了，而所得的成就仍是極為微薄。

想要取得長官的認同，最好的方法，就要懂得如何站在長官的立場，為其著想。自己所堅持或是爭取的事情，如果也保障長官的權益，當然就容易取得其認同。

在這個世界上，任何一件事情都是相輔相成的，所以就要換位思考，如果換作是我，在什麼樣的情況之下我才會被認同？只有在領導者的支持下，一切事情才有可能在良性循環的軌道上順利進行。

寬恕朋友射向自己的黑槍

這是一個讓人靈魂震撼的故事。第二次世界大戰期間，一支部隊在森林中與敵軍相遇，經過一場激戰後，有兩名來自同一個小鎮的士兵與部隊失去了聯繫。他們兩人相互鼓勵，相互寬慰，在森林裡艱難跋涉。十多天過去了，仍然沒有與部隊聯繫上。他們靠身上僅有的一點鹿肉維持生存。再經過一場激戰，他們巧妙地避開了敵人。剛剛脫險，走在後面的士兵竟然向走在前面的士兵安德森開了槍。

子彈打在安德森的肩膀上。開槍的士兵害怕得語無倫次，他抱著安德森淚流滿面，嘴裡一直唸著自己母親的名字。安德森碰到開槍的士兵發熱的槍管，想不明白自己的戰友會向自己開槍。但當天晚上，安德森就寬恕了他的戰友。

後來他們都被部隊救了出來。此後 30 年，安德森假裝不知道此事，也從不向人提及。

安德森後來在回憶起這件事時說：「戰爭太殘酷了，我知道向我開槍的就是我的戰友，知道他是想獨吞我身上的鹿肉，知道他想為了他的母親而活下來。直到我陪他去祭奠他的母親的那天，他跪下來求我原諒，我沒有讓他說下去，而且從心裡真正寬恕了他，我們又當了幾十年的好朋友。」

「寬恕」的意思是原諒和同情那個受自己支配且無權要求寬大的人。

安德森在得知自己的戰友對自己開了黑槍之後，完全可以報復他，將他置於死地，或者在日後的法庭上控訴凶手。

但安德森竟然從戰爭對人性的扭曲、人求生存求團圓的天性上原諒了他的戰友，依然與曾經想殺害自己的人做了一生一世的朋友。

寬恕者原諒了別人時，他也得到一個輕鬆的自我 —— 沒有抱負，自在上路。

寬容能獲得巨大的財富

在現代社會，人們為了競爭和利益，通常是你死我活各不相讓，寬容似乎很少為人提及了，然而，對成大事者的那種寬容心的培育卻是獲得財富和幸福為核心內容。莎士比亞之所以被稱為最偉大的仁者，就在於寬容。在莎士比亞的36部戲劇中，「寬容」一詞在33部中共出現了94次。從莎士比亞的作品中。我們能夠清晰地辨別出，莎士比亞幾乎對所有的生物（不管是人還是動物）都無限地寬容。

《聖經》上，一個故事說，有個人招待了一群客人，等客人離去，才發現他們原來是上帝派來的使者。從此做父母的就教導孩子們說，碰到衣衫破爛或長相醜陋的人，切不可怠慢，而要幫助他，因為他可能是天上的仙人。這種故事生活中真能發生。

一個陰雨密布的午後，大雨突然間傾瀉而下，行人紛紛逃進就近的店鋪躲雨。這時，一位渾身溼淋淋的老婦人，步履蹣跚地走進費城百貨商店。看著她狼狽的容貌和簡樸的衣裙，所有的店員都對她不理不睬。

只有一個年輕人熱情地對她說：「夫人，我能為您做點什麼嗎？」老婦人莞爾一笑：「不用了，我就在這裡躲會雨，馬上就走。」但是，她的臉上明顯露出不安的神色，因為雨水不斷地從她的腳邊淌到門口的地毯上。

正當她無所適從時，那個年輕人又走過來說：「夫人，您一定有點累，我給您搬了一把椅子放在門口，您坐著休息就是了。」兩個小時後，雨過天晴，老婦人向那個年輕人道了謝，並隨意地向他要了張名片便走了出去。

幾個月後，費城百貨公司的總經理詹姆斯收到一封信，寫信人指名要求這位年輕人前往蘇格蘭收取裝潢一整座城堡的訂單，並讓他負責自己家族所屬的幾個大公司下一季度辦公用品的採購任務。詹姆斯震驚不已，匆匆一算，只這一封信帶來的利益，就相當於他們公司兩年的利潤總和。

當他以最快的速度與寫信人取得聯繫後，才知道這封信是一位老婦所寫，就是幾個月前曾在自己商店躲雨的那位老太太 —— 而她正是美國億萬富翁「鋼鐵大王」卡內基（Andrew Carnegie）的母親。

詹姆斯馬上把這位叫菲利的年輕人推薦到公司董事會。毫無疑問，當菲利收拾好行李準備去蘇格蘭時。他已經是這家百貨公司的合夥人了。

那年，菲利才 22 歲。

不久，菲利應邀加盟到卡內基的麾下。隨後的幾年中，菲利以他一貫的踏實和誠懇，成為「鋼鐵大王」卡內基的得力助手，在事業上扶搖直上、飛黃騰達，成為美國鋼鐵行業僅次於卡內基的靈魂人物。

去弄清楚這個故事的真假已沒有任何意義。但它表述的道理卻千真萬確：要想獲得，就必須先給予；而最難得的，是那種不求回報的給予，因為它是以愛和寬容為基礎。

就是這麼簡單的道理：與別人為善，就是與自己為善；與別人過不去，就是與自己過不去。

寬容避免致命的誤解

如果你具備了寬容的能力和習慣，時時處處先替他人考慮一下，致命的誤解將是可以避免的。

早年在美國阿拉斯加某個地方，有一對年輕人結婚了。但婚後生育時太太因難產而死，遺下一孩子。先生又忙生活又忙事業，因沒有人幫忙看孩子，他就訓練了一隻狗，那狗聰明聽話，能照顧小孩，咬著奶瓶餵奶給孩子喝，撫養孩子。

有一天，主人出門去了，叫牠照顧孩子。

他到了別的鄉村，因遇大雪，當日不能回來。第二天才趕回家，狗立即聞聲出來迎接主人。他把房門打開一看，到處是血，抬頭一望，床上也是血，孩子不見了，狗在身邊，滿口也是血，主人發現這種情形，以為狗獸性發作，把孩子吃掉了。主人大怒之下，拿起刀來向著狗頭一劈，把狗殺死了。

之後，他忽然聽到孩子的聲音，又見孩子從床下爬了出來，於是抱起孩子；雖然孩子身上有血，但並未受傷。

他很奇怪，不知究竟是怎麼一回事，再看看狗，腿上的肉沒有了，旁邊有一隻死狼，口裡還咬著狗的肉。狗救了小主人，卻被主人誤殺了，這真是天下最令人感嘆的誤會。

誤會的事，往往是人在不了解真相、無理智、無耐心、缺少思考、未能體諒對方、反省自己的情況之下發生。誤會一開始，即一直只想到對方的千錯萬錯，誤會越陷越深，弄到不可收拾的地步。人對無知的動物小狗發生誤會，而且會有如此可怕嚴重的後果，人與人之間的誤會，則其後果更是難以想像。

從容地看待這個世界的沉浮

時間有驚喜也有驚愕，有繁榮也有危機。看透了一切起起伏伏，也就從容了心態，也就釋然了人生。

尤利烏斯是一個畫家，而且是一個很不錯的畫家。他畫快樂的世界，因為他自己就是一個很快樂的人。不過沒人買他的畫，因此他想起來會有些傷感，但只是一會兒。

「玩玩足球彩券吧！」他的朋友勸他，「只花兩馬克就可以贏得很多錢。」

於是尤利烏斯花兩馬克買了一張彩券，並真的中了獎！他賺了 50 萬馬克。

「你瞧！」他的朋友時他說，「你真是走運啊！現在你還經常畫畫嗎？」

「我現在就只畫支票上的數字！」尤利烏斯笑道。

尤利烏斯買了一幢別墅並對它進行了一番裝飾。他很有品味，買了很多東西：阿富汗地毯、維也納櫃櫥、佛羅倫斯小桌、麥森瓷器，還有古老的威尼斯吊燈。

尤利烏斯很滿足地坐下來，他點燃一支香菸，靜靜享受他的幸福，突然他感到很孤單，便想去看看朋友。他把菸蒂往地上一扔，在原來那個石頭畫室裡他經常這樣做，然後他出去了

燃著的香菸靜靜躺在地上，躺在華麗的阿富汗地毯上……一個小時後別墅變成火的海洋，它被完全燒毀了。朋友們很快知道這個消息，他們都來安慰尤利烏斯。

「尤利烏斯，真是不幸啊！」他們說。

「怎麼不幸啊？」他問。

「損失啊！尤利烏斯，你現在什麼都沒有了。」

「什麼呀？不過是損失了兩馬克。」

天有不測風雲，人有旦夕禍福。你有可能一夜暴富、一夜成名，也有可能會在一小時或一分鐘內破產，陷入窘境。生活中總是存在太多未知數。所以，當發達時，不要過分歡喜；當落魄時，不要過於悲傷，從容看待這世界的沉沉浮浮。

寬容嫉妒自己的人

俗話說：吃虧是福。這種吃虧，其實就是一種寬容的智慧。寬容不是遷就，也不是軟弱，而是一種充滿智慧的處世之道。它以一種博大的胸懷和真誠的態度寬容別人，就等於送給了自己一份神奇的禮物。

在美國一個市場裡，有個婦人的攤位生意特別好，這種情況引起其他攤販的嫉妒，大家常有意無意地把垃圾掃到她的店門口。

這個婦人只是寬厚地笑笑，不予計較，反而把垃圾都清掃到自己的角落。旁邊賣菜的墨西哥婦人觀察了她好幾天，忍不住問道：「大家都把垃圾掃到你這裡來，你為什麼不生氣？」

婦人笑著說：「在我們國家，過年的時候，都會把垃圾往家裡掃，垃圾越多就代表會賺很多的錢。現在每天都有人送錢到我這裡，我怎麼捨得拒絕呢？你看我的生意不是越來越好嗎？」

從此以後，那些垃圾就不再出現了。

這位婦人用寬容寬恕了別人，也為自己創造了一個融洽的人際環境和商業氛圍，這種化詛咒為祝福的智慧確實令人驚嘆。當然，也有人擔心過於寬容，會引起混亂或被認為是示弱行為或怕丟面子的想法都是不正確的，幾乎所有這樣的擔心都是多餘的，毫無必要。

清朝時期，宰相張廷玉與一位姓葉的侍郎都是安徽桐城人。兩家毗鄰而居，都要起房造屋，為爭地皮，發生了爭執。

張老夫人便修書傳至北京，要張宰相出而干預。這位宰相到底見識不凡，看罷來信，立即作詩勸導老夫人：「千里家書只為牆，再讓三尺又何妨？萬里長城今猶在，不見當年秦始皇。」張母見書明理，立即把牆主動退後三尺；葉家見此情景，深感慚愧，也馬上把牆讓後三尺。

這樣，張葉兩家的院牆之間，就形成了六尺寬的巷道，成了有名的「六尺巷」。張廷玉失去的是祖上的幾分地，換來的卻是鄰里的和諧氣氛，當然很值得。

從對手身上吸取營養

越是睿智的成大事者，越具有胸懷寬廣，大度從容的心態。因為成大事者洞明世事、練達人情，看得深、想得開、放得下。

18 世紀的法國科學家普魯斯特（Joseph Louis Proust）和柏瑟列（Claude Louis Berthollet）是一對論敵，他們對定比定律爭論了長達 9 年之久，各執一詞，誰也不讓誰。最後的結果，是以普魯斯特勝利而告終，普魯斯特成為了定比定律的發現者。普魯斯特並未因此而得意忘形，據大功為己有。他真誠地對曾激烈反對過他的論敵柏瑟列說：「要不是一次次的責難，我是很難深入地研究這個定比定律的。」同時，他特別向大眾宣告，發現定比定律，柏瑟列有一半的功勞。

允許別人的反對，並不計較別人的態度，充分看待別人的長處，並吸收其營養。這種寬容，不僅是胸懷、氣度，也是智慧，就猶如一泓溫情而透明的湖，讓所有一切映在湖面上，天方雲色、落花流水，都蔚為壯觀。

寬容冒犯自己的人

「我從未遇見過一個我不喜歡的人。」威爾 · 羅傑斯（Will Rogers）說。這位幽默大師能說出這麼一句話，大概是因為很少有不喜歡他的人。羅傑斯年輕時有過這樣一件事，可為證明。

西元 1898 年冬天，羅傑斯繼承了一個牧場。有一天，他養的一頭

牛，因衝破附近農家的籬笆去齧食嫩玉米，被農夫殺死了。按照牧場規矩，農夫應該通知羅傑斯，說明原因，但農夫沒這樣做。羅傑斯發現了這件事，非常生氣，便叫一名傭工陪他騎馬去和農夫論理。

他們半路上遇到寒流，人、馬身上都掛滿冰霜，兩人差點凍僵了，抵達木屋的時候，農夫不在家。農夫的妻子熱情地邀請兩位客人進去烤火，等她丈夫回來。羅傑斯在烤火時，看見那女主人消瘦憔悴，也發現五個躲在桌椅後面對他窺探的孩子也消瘦不堪。

農夫回來了，妻子告訴他羅傑斯和傭工是冒著狂風嚴寒來的。羅傑斯剛要開口跟農夫論理，忽然決定不說了。他伸出了手。農夫不能確定羅傑斯的來意，便和他握手，留他們吃晚飯。「兩位只好吃些豆子，」他抱歉地說，「因為剛剛在宰牛，忽然起了風，沒能宰好。」

盛情難卻，兩人便留下了。

在吃飯的時候，傭工一直等待羅傑斯開口講起殺牛的事，但是羅傑斯只跟這家人說說笑笑。看著孩子一聽說從明天起幾個星期都有牛肉吃，便高興得眼睛發亮。

飯後，朔風仍在怒號，主人夫婦一定要兩位客人住下。兩人於是又在那裡過夜。

第二天早上，兩人喝了黑咖啡，吃了熱豆子和麵包，肚子飽飽地上路了。羅傑斯對此行的來意依然閉口不提。傭工就責備他：「我還以為你要為了那頭牛大興問罪之師呢！」

羅傑斯半晌不做聲，然後回答：「我本來有這個念頭，但是我後來又盤算了一下。你知道嗎，我實際上並未白白失掉一頭牛。我換到了一點人情味。世界上的牛何止千萬，人情味卻稀罕。」

一個人冒犯你或許會有某種值得同情的原因，羅傑斯面對善良的農夫和他的妻子，徹底原諒了他們。在牛與人情味之間，羅傑斯更珍視後者。

那麼，你呢？有時候一點物質上小小的損失讓我們得到人情味的話，這個損失是值得的。

總統寬容曾經讓他下地獄的人

寬容是一種博大，它能包容人世間的喜怒哀樂；寬容是一種境界，它能使人生躍上新的臺階。南非前總統曼德拉（Nelson Mandela），因為領導反對白人種族隔離政策而入獄，白人統治者曾經把他關在荒涼的大西洋小島羅本島上 27 年。當時儘管曼德拉已經高齡，但是白人統治者依然像對待一般的年輕犯人一樣虐待他。

但是，當 1991 年曼德拉出獄當選總統以後，他在總統就職典禮上的一個舉動震驚了整個世界。

總統就職儀式開始了，曼德拉起身致辭歡迎他的來賓。他先介紹了來自世界各國的政要，然後他說，雖然他深感榮幸能接待這麼多尊貴的客人，但他最高興的是當初他被關在羅本島監獄時，看守他的 3 名前獄方人員也能到場。他邀請他們站起身，以便他能介紹給大家。

曼德拉博大的胸襟和寬宏的精神，讓南非那些殘酷虐待了他 27 年的白人汗顏得無地自容，也讓所有到場的人肅然起敬。看著年邁的曼德拉緩緩站起身來，恭敬地向 3 個曾關押他的看守致敬，在場的所有來賓都靜下來了。

後來，曼德拉向朋友們解釋說，自己年輕時性子很急，脾氣暴躁，正是在獄中學會了控制情緒才活了下來。他的牢獄歲月給了他時間與激勵，使他學會了如何處理自己遭遇苦難的痛苦。他說，感恩與寬容經常是源自痛苦與磨難的，必須以極大的毅力來訓練。

他說起獲釋出獄當天的心情：「當我走出囚室、邁過通往自由的監獄大門時，我已經清楚，自己若不能把悲痛與怨恨留在身後，那麼我其實仍在獄中。」

我們之所以總是煩惱纏身，總是充滿痛苦，總是怨天尤人，總是有那麼多的不滿和不如意，是不是因為我們缺少曼德拉的寬容和感恩呢？

記住曼德拉 27 年牢獄生活的總結：感恩與寬容經常是源自痛苦與磨難的，必須以極大的毅力來訓練自己。

寬容必能得到善報

嫉妒是由心理上的自卑和不平衡導致的，失敗者不寬容，而成功者總是對別人有興趣、關心別人。他們體諒別人的困難和要求。他們維護人性的尊嚴，和別人打交道時把他們當作人來看待，而不是當作遊戲時的賭注。他們承認，每個人都有值得尊重和敬佩的獨特個性。

人們對自己的感情常常與對他人的感情一致，一個人對別人寬容時，他們必定對自己寬容。

在美國經濟大蕭條時期，有位 17 歲的女孩好不容易才找到一份在高級珠寶店當銷售員的工作。在耶誕節前一天，店裡來了一個三十歲上下的顧客，他衣著破舊，滿臉哀愁，用一種不可企及的目光，盯著那些高級首飾。

女孩要去接個電話，一不小心把一個碟子碰翻，六枚精美絕倫的鑽石戒指落在地上。她慌忙撿起其中的五枚，但第六枚怎麼也找不到了。這時，她看到那個三十歲左右的男子正向門口走去，頓時意識到戒指一定被他拿去了。當男子將要觸及門把時，她柔聲叫道：「對不起，先生！」

那男子轉過身來，兩個人相視無言，足有幾十秒。

「什麼事？」男人問，臉上的肌肉在抽搐，再次問：「什麼事？」

「先生，這是我頭一回工作，現在找個工作很難，想必您也深有體會，是不是？」女孩神色黯然地說。

男子久久地審視著她，終於一絲微笑浮現在他臉上。他說；「是的，確實如此。但是我能肯定，你在這裡會做得不錯。我可以為您祝福嗎？」他向前一步，把手伸給女孩。

「謝謝您的祝福。」女孩立刻也伸出手，兩隻手緊緊握在一起，女孩用十分柔和的聲音說：「我也祝您好運！」

男人轉過身，走向門口。女孩目送他的身影消失在門外，轉身走到櫃檯，把手中握著的第六枚戒指放回原處。

這個小女孩很會照顧對方的情面。那男子也很珍惜沒有露醜丟臉的時機，非常體面地改正了自己的錯誤。這不正是寬容所給人們帶來的回報嗎？

那種在心靈深處覺得「並不重要」的人不可能深深地尊重自己和關心自己。因為他自己也是「人」，他對別人所做的評價，無形中也就是對自己的評價。製造寬容一個最著名的方法就是不在你心中譴責別人，不要評價別人，不要因為他們的錯誤而責怪和憎惡他們。要製造對別人的寬容的另一個方法是要人正視現實。人是重要的，不能永遠被當作動物或者機器，不管是在家裡、在事業上或者是在人與人之間的關係上。除此之外要努力透過認清別人的真實面目而真正認識人的價值，要注意留心其他人的感情、觀點、欲望和需求。多考慮其他人要做些什麼、有什麼感受。

一位朋友常跟他妻子開玩笑，每次她問，「你愛我嗎？」他就對她說，「每次我留心想一想，我的確是愛你的。」這句話很有道理。除非留心想一想別人，否則就感覺不到他們身上的一切。最後要懂得待人接物，

要想到別人是重要的，也應該把別人當作重要的人來對待。你與人相處時要考慮對方的感情。怎樣對待別人，也會同樣去考慮別人。

退一步海闊天空

人生就像是一塊肥沃的土地，它既種植希望和成功，也會播種仇恨。但你要記住，最好不要在有限人生中播種下仇恨的種子。生活的經驗告訴人們，不管理由如何，仇恨總是不值得的。潛留在內心裡的侮辱，永難平復的創傷，都能損壞生活中的許多可愛的事物。人們被鎖在自己的苦惱的深淵裡，甚至無法為別人的幸運而愉快。仇恨就像侵害血液、細胞的毒素一樣，影響、吞蝕著人的生命。

有位朋友曾接到一封愛發牢騷的親戚寫來的信，他說：「我永遠記得，我新婚的嫂嫂和哥哥在我生日的那天一同外出旅行，而沒有對我說一句祝賀生日的話。」這句話的言語之中就埋著仇恨的種子，而這通常也是毒害他身體的毒藥的種子。

據研究顯示，頭痛、消化不良、失眠和嚴重的疲倦等，是懷恨的人常有的生理症狀。某醫學院曾做過一次調查，報告中說：「與心情較為愉快的人相比，心存怨恨的人更經常進醫院。」醫務人員所做的試驗顯示，患心臟病的人常常不是工作辛勞的人，而是抱怨工作辛勞的人。最足以引起高血壓的原因，莫過於外表好像很安靜，內心裡卻被強烈的怨恨所煎熬。怨恨甚至會造成意外事件，交通問題專家告誡我們說：「發怒的時候永遠不要開車。」

愛與同情則有激發活力的作用。正如一位健康學博士所說：「寬宏大量是一服良藥。」

與仇恨情緒作戰的第一步；便是先要確定仇恨情緒的來源。如果能坦白地檢討，十次之中有九次，會發現其來源是很接近於自己這方面的。忽略自己的缺陷與弱點，乃是人之常情。在任何可能的時候，人們總會把自己的短處變成別人的錯處，而後加以無以名狀的仇恨。例如，在每一樁離婚案件中，幾乎很明顯的，所謂無辜的一方往往並不如其所描述的那般無辜。

心理學家說：「這是很奇怪的現象。我們自己的過錯好像比別人的過錯要輕微得多。我想，這是由於我們完全了解有關犯下錯誤的一切情形，於是對自己多少會心存原諒，而對別人的錯誤則不可能如此。」

仇恨的根由發現了之後，務須盡全力去對付之，第一件要做且是最有效的事便是忘記它。有理智的人並不僅以把夙願轉變為滿足，他們還經常用新的夢想和熱誠填進他們生活中的窪地。據心理學家說，人們不能同時擁有兩種強烈的情感，既要愛又要恨，那是不可能的。仇恨大部分是以自我為中心的，所以要想忘記自己，最好的方法便是幫助別人。

在幫助別人之後，會發現在這個世界，善意總是多於惡意的。一所大學的研究結果顯示，一種真正以友誼待人的態度，65%～90%的高比率，是可以引起對方友誼的反應的。因此，人們常說：「愛產生愛，恨產生恨。」

寬容是種強大力量

寬容和諒解是一種很強大的力量，它能使人們被你吸引，使別人愛戴你、信服你，並願意幫助你。尤其是作為領導者，如果要想取得成功那麼就要在任何時候都以寬容之心待人。

日本電影《幸福的黃手帕》，描述了一位刑滿出獄的丈夫懷著忐忑不安的心情踏上回家路，但不知妻子是否還愛他。因此事先通知妻子，若接

受他回家，便請在門口掛一條黃手帕，否則他將繼續遠行，浪跡天涯。當他到達家門外時驚奇地發現無數條黃手帕在樹上迎風招展。這個故事不知感動了多少人。生活中也確有相似的事例。

一個年輕的工人由於對工作不負責任，在生產的關鍵時刻馬馬虎虎，造成了重大責任事故，他被捕入獄了。獄中，他後悔莫及，但他沒有消沉，認真地反省自己的過錯。快要出獄前夕，他給廠長寫了封信，信中說：「我清楚自己的罪過，很對不起大家。我即將出獄重新開始生活，我將在後天乘火車路過我們的工廠。作為原來的一名職工，我懇切請求你在我路過工廠附近的車站時，揚起一面旗子。我將見旗下車，否則我將去火車載我去的任何地方……」那天，火車臨近車站了，他微微閉上雙目，默默地為命運祈禱。當他睜開雙眼時，他看到了許多面旗子，是他的那些工友們在舉著旗子呼喊著他的名字。他熱淚滿面，沒等車停穩就跳到接他的人群中去了。後來他成了一名最優秀的工人。

他的廠長是一位有著寬容諒解之心的人，他成功地運用寬容之術，使這個年輕的工人獲得了新生。

第二章
順其自然最務實

走好自己的路

一個人在一生中總會遭到這樣或那樣的批評，越是做大事為眾人所矚目，遭到的批評就越多。但你絕不能因為別人的批評，就懷疑自己，只要你確信自己是對的，就該堅定地一直走下去。

1929 年，美國發生一件震動全國教育界的大事，美國各地的學者都趕到芝加哥去看熱鬧。在幾年之前，有個名叫羅伯特·哈欽斯（Robert Hutchins）的年輕人，半工半讀地從耶魯大學畢業，當過作家、伐木工人、家庭教師和賣成衣的店員。現在，只經過了 8 年，他就被任命為美國芝加哥大學的校長。他有多大？ 30 歲！真叫人難以相信。老一輩的教育人士都搖著頭，人們的批評就像風雨一樣一齊打在這位「神童」的頭上，說他太年輕了，經驗不夠；說他的教育觀念很不成熟……甚至各大報紙也參加了攻擊。

在羅伯特·哈欽斯就任的那一天，有一個朋友對他的父親說：「今天早上我看見報上的社論攻擊你的兒子，真把我嚇壞了。」

「不錯，」哈欽斯的父親回答說，「話說得很凶。可是請記住，從來沒有人會踢一隻死了的狗。」是的，沒有人去踢一隻死狗。別人對你的批評往往從反面證明了你的重要性。你的成就引起了別人的關注。所以，在你被別人批評、品頭論足、無端誹謗時，你無需自卑，走好自己的路，讓他們去說吧。

馬修·布拉許當年還在華爾街 40 號美國國際公司任總裁的時候，承認說他對別人的批評很敏感。他說：「我當時急於要使公司裡的每一個人都認為我非常完美。要是他們不這樣想的話，就會使我自卑。只要哪一個人對我有一些怨言，我就會想法子去取悅他。可是我所做的討好他的事情，總會使另外一個人生氣。然後等我想要取悅這個人的時候，又會惹惱了其他的一兩個人。

最後我發現，我愈想去討好別人，以避免別人對我的批評，就愈會使我的敵人增加，所以最後我對自己說：『只要你超群出眾，你就一定會受到批評，所以還是趁早習慣的好。』這一點對我大有幫助。從那以後，我就決定只盡我最大能力去做，而把我那把破傘收起來。讓批評我的雨水從我身上流下去，而不是滴在我的脖子裡。」

詹姆士·泰勒（James Vernon Taylor）更進一步。他讓批評的雨水流進他的脖子，而為這件事情大笑一番 —— 而且當眾如此。有一段時間，他在每個禮拜天下午的紐約愛樂交響樂團舉行的空中音樂會休息時間，發表音樂方面的評論。有一個女人寫信給他，罵他是「騙子、叛徒、毒蛇和白痴」。

泰勒先生在他那本叫做《人與音樂》的書裡說：「我猜她只喜歡聽音樂，不喜歡聽講話。」在第二個禮拜的廣播節目裡，泰勒先生把這封信宣讀給好幾百萬的聽眾聽 —— 幾天後，他又接到這位太太寫來的另外一封信，「表達她絲毫沒有改變她的意見。她仍然認為，我是一個騙子、叛徒、毒蛇和白痴。」泰勒先生說。

面對他人的品評、批評，誰都不可能沒有壓力，關鍵是看你如何對待。如果你在心裡接受了別人的批評，並暗示自己在別人眼裡是多麼的不完美，被人鄙視。自卑就會像一個影子隨時跟著你，影響你。如果你能將別人的不公正的批評置之腦後，繼續走自己的路，那麼所有的事情都會不攻自破。如果你能對他們笑一笑，受害的人就不會是你。

查理斯·舒偉伯對普林斯頓大學學生發表演講的時候表示，他所學到的最重要的一課，是一個在鋼鐵廠裡做事的老德國人教給他的。「那個老德國人進我的辦公室時，」舒偉伯先生說，「滿身都是泥和水。我問他對那些把他丟進河裡的人怎麼說？他回答說：『我只是笑一笑。』」

舒偉伯先生說，後來他就把這個老德國人的話當作他的座右銘：「只笑一笑。」

當你成為不公正批評的受害者時，這個座右銘尤其管用。別人罵你的時候，你「只笑一笑」，罵你的人還能怎麼樣呢？

林肯要不是學會了對那些罵他的話置之不理，恐怕他早就受不住壓力而崩潰了。他寫下的如何處理對他的批評的方法，已經成為一篇文學上的經典之作。在第二次世界大戰期間，麥克阿瑟將軍曾經把這個抄下來，掛在他總部的辦公桌後面的牆上。而邱吉爾也把這段話裱框，掛在他書房的牆上。這段話是這樣的：

「如果我只是試著要去讀——更不用說去回答所有對我的攻擊，這個店不如關了門，去做別的生意。我盡我所知的最好辦法去做——也盡我所能去做，而我打算一直這樣把事情做完。如果結果證明我是對的，那麼即使花十倍的力氣來說我是錯的，也沒有什麼用。」

別人的批評無論對錯，你都無法制止。尤其是你位高權重、知名度高時，你更需面對這樣的輿論。笑一笑，你無需關注太多，更不必為他人的輿論自卑。

低調做人

如果你有才能，不要驕傲自滿，以為全世界數自己最聰明；同樣，如果你有足夠的錢財，也不要恃財自傲。

自古以來，金錢就是一個人身分和地位的象徵。有道是「財大氣粗」，於是很多富人就常常自以為有了誇耀的本錢，不分場合和地點地炫耀自己，這就是我們常說的「露富」。事實上，一個人不可盲目露富，否則會傾家蕩產甚至引來殺身之禍。

有一個成語叫「靜水深流」，簡單地來說就是我們看到的水平面，常常給人以平靜的感覺，可這水底下究竟是什麼樣子卻沒有人能夠知道，或許是一片碧綠靜水，也或許是一個暗流湧動的世界。無論怎樣，其表面都不動聲色，一片寧靜。大海以此向我們揭示了「貴而不顯，華而不炫」的道理，也就是說，一個人在面對榮華富貴、功名利祿的時候，要表現得低調，不可炫耀和張揚。

沈萬三是元末明初人，號稱江南第一豪富。原名沈富，字仲榮，俗稱萬三。萬三者，萬戶之中三秀，所以又稱三秀，作為巨富的別號。

沈萬三擁有萬貫家財，但他卻不懂得「靜水深流」的道理。為了討好朱元璋，給他留個好印象，沈萬三竭力向剛剛建立的明王朝表示自己的忠誠，拚命地向新政權輸銀納糧。朱元璋不知是捉弄沈萬三呢，還是真想利用這個巨富的財力，曾經下令要沈萬三出錢修築金陵的城牆。沈萬三負責的是從洪武門到水西門一段，占金陵城牆總工程量的三分之一。可他不僅按質按量提前完了工，而且還提出由他出錢犒勞士兵。沈萬三這樣做，本來也是想討朱元璋的歡心，沒想到弄巧成拙。朱元璋一聽，當下火了，他說：「朕有雄師百萬，你能犒勞得了嗎？」沈萬三沒有聽出朱元璋的話外之音，面對如此刁難，他居然毫無難色，表示：「即使如此，我依然可以犒賞每位將士銀子一兩。」

朱元璋聽了大吃一驚，在與張士誠、陳友諒、方國珍等武裝割據集團爭奪天下時，他就曾經由於江南豪富支持敵對勢力而吃盡苦頭。現在雖已立國，但國強不如民富，這使朱元璋感到不能容忍。更使他火冒三丈的是，如今沈萬三竟敢越俎代庖，代天子犒賞三軍，仗著富有將手伸向軍隊。朱元璋心裡怒火萬丈，但他並沒有立即表現出來，在心底決定要找機

會治治這沈萬三的驕橫之氣。

一天，沈萬三又來大獻殷勤，朱元璋給了他一文錢。朱元璋說；「這一文錢是朕的本錢，你給我去放債。只以一個月作為期限，初二起至三十日止，每天取一對合。」所謂「對合」是指利息與本錢相等。也就是說。朱元璋要求每天的利息為100%，而且是利上滾利。

沈萬三雖然滿身珠光寶氣，但腹內卻沒有裝多少墨水，財力有餘，智慧不足。他心裡一盤算，第一天一文，第二天本利2文，第三天4文，第四天才8文嘛。區區小數，何足掛齒！於是沈萬三非常高興地接受了任務。可是回到家裡再仔細一算，不由得就傻眼了。第十天本利還是512文，可到第二十天就變成了52萬多文，而到第三十天也就是最後一天。總數竟高達5億多文。要交出如此多的錢，沈萬三就是傾家蕩產也不一定夠啊。

後來，沈萬三果然傾家蕩產，朱元璋下令將沈家龐大的財產全數抄沒後，又下旨將沈萬三全家流放到雲南邊地。這一切都是他不知富不能顯、富不能誇，為富要自持、謙恭，才能長久保持富貴的道理造成的。真正有錢的人是從來不露富的，真正有品味的人，都是從來不招搖的，例如比爾蓋茲（Bill Gates）、李嘉誠，也只有那些愛慕虛榮不知斤兩的人，喜歡戴著粗俗的金項鍊滿大街逛。

別拿自己太當回事

有人感嘆說：「人啊，別拿自己不當人，也別拿自己太當人。」乍聽起來，似乎不通，但細細琢磨，大有深意。不拿自己當人，是嚴重的自卑；拿自己太當人，則是典型的自負。前者自輕自賤、妄自菲薄、自我否定，好像生來就不如人，時時不如人，處處不如人。後者妄自尊大、目空一切、自我膨脹，好像生來就高人一等，無人可比。後者很明顯是屬於虛榮心過強的一類人。

這類人在虛榮心的促使下，失去了對自我的客觀評價，他們覺得這個世界上「天下我最厲害」、「捨我其誰」，一副不知天高地厚的樣子，說大話，誇大口，以示自己是多麼的與眾不同和出類拔萃。

有一隻黑雁，從小生長在雁群中，但是後來牠覺得自己和其他同伴越來越格格不入了。隨著黑雁不斷長大，牠的身軀變得比一般的同伴都要龐大，而且牠是一身黑色，這樣看來，牠簡直就是這個群體中的異類了。

同伴們並沒有因為牠的與眾不同而排擠它，但是牠卻開始瞧不起自己的同伴了。

「牠們一個個都那麼瘦小，真是可悲，而且顏色還那麼難看，哪有我這種黑色高貴！哦！生活在這樣一個家庭裡真是太不幸了，我本來應該和黑色的烏鴉生活在一起的……」

黑雁覺得烏鴉的生活很有情調，就像一位高貴的黑衣婦人，可以整天什麼都不做，閒的時候還可以唱唱歌。於是，黑雁一心一意想要搬去和烏鴉同住。可是，烏鴉發現黑雁長得和自己不一樣，而且聲音也不一樣，因此不想讓牠和自己一起住。

烏鴉帶著厭惡的口氣說：「難道你不知道嗎？你和我根本就不是同一類，你再怎麼高貴也只是一隻大雁，我不會喜歡你的……」

吃了閉門羹的黑雁無可奈何地只好回頭去找牠原來的同伴。

「你不是看不起我們嗎？和我們在一起會讓你丟臉的，你還是走吧，這裡沒有人歡迎你！」

於是黑雁只好孤單地離開了雁群，在天空中發出淒涼的叫聲。生活中，類似黑雁的「拿自己太當回事」的人還真不少。有的人剛當上個小小的什麼官，就彷彿做了皇帝；有的人剛發了一點小財，就彷彿成了億萬

富翁；有的人剛有了點小名氣，就以為「老子天下第一」。這種人妄自尊大、目空一切、自我膨脹，好像生來就高人一等，無人可比。

如果一個人太把自己當回事，也就是太自負了，就容易陷入一種莫名其妙的自我陶醉之中，變得不切實際地自高自大起來。他無視所有人對他的不滿和提醒，終日沉浸於自我滿足之中，對一切功名利祿都要捷足先登，這樣的人得到的永遠都是大家對他的不屑和蔑視。

所以，眾叛親離是對愛慕虛榮和忘本之人的懲罰。清楚地認識你自己，莫拿自己太當回事，否則你會處處遭到別人的排斥。

有一個自以為很有才華的人，一直得不到重用，為此，他愁腸百結，異常苦悶。有一天，他去質問上帝：「命運為什麼對我如此不公？」

上帝聽了沉默不語，只是撿起了一顆不起眼的小石子，並把它扔到亂石堆中。上帝說：「你去找回我剛才扔掉的那個石子。」

結果，這個人翻遍了亂石堆，卻無功而返。這時候，上帝又取下了自己手上的那枚戒指，然後以同樣的方式扔到了亂石堆中。結果，這一次，他很快便找到了那枚戒指，因為那是枚金光閃閃的金戒指。

上帝雖然沒有再說什麼，但是他卻一下子醒悟了。你之所以得不到重用，那是因為你還是一顆石子！工作中，我們常常聽到有人說：「公司根本就不了解我的實力。」、「上司沒有眼光，所以我再努力也得不到他的賞識。」、「那個業務，如果老闆讓我去談，我一定能搞定。」

然而問題是，事實果然是這樣，這真的都是別人的錯嗎？千萬不要做一個自己沒有實力卻怪別人沒眼光的人。不要太拿自己當回事，別人對你的評價不應輕看。

許某因為工作的變動，到了一個全新的部門，這個部門似乎沒有以前的職位風光，也沒有以前的地位顯赫。雖然是正常的工作調動，但他總是擔心別人會懷疑他是不是犯了錯，出問題了，下來了，等等。所以，他好長時間都不敢參加聚會了。

有一天，他在街上碰到一位老同學小韓，同學問：「聽說你混得不錯啊，現在調到哪裡了？」小趙說：「哪裡，剛調到臺北分部去了。」小韓拍著他肩膀說：「好呀，恭喜你了。」兩人又寒暄了幾句就分手了。許某後來就老琢磨著小韓的話，越琢磨越覺得他是在笑話自己。

沒想到過了幾天，在商場又遇到了小韓，他笑著說：「聽說你調到新的部門了？調到哪裡了？」

許某心想：這人怎麼這樣，不是跟已經說過了嗎？真是貴人多忘事啊。但他沒有表現出自己的不滿，只是淡淡地說：「我調到臺北分部去了。」

小韓聽了，一拍腦門好像一下恍然大悟地說：「哎喲，你看我這記性，你上次有跟我說過了，實在對不起。」

許某心裡一下子輕鬆了不少，原來沒有人像自己想像的那樣在意自己啊。自己整天擔心別人說什麼，是太把自己當回事了。此後他再也不因為自己工作的調動問題而不敢參與聚會了。其實，所有的不堪和煩惱，所有的擔心和疑惑，只是自己杯弓蛇影的自戀而已。在別人心中，自己並不是那麼的重要。

一位著名作家在一個小女孩的書上簽上自己的大名，卻被小女孩擦掉了，還怪作家弄髒了她的書。作家很驚訝，由此得出一結論：別把自己太當回事。的確是這樣，當你自我感覺良好、自命不凡的時候，也許別人根本就沒把你看在眼裡！

人生在世，各有各的位置，各有各的價值，我們每個人都不必拿自己不當人，也不應該拿自己太當一回事。

順其自然

清明過後的一天午後，一位母親帶著一家大小到山上賞花。天氣分外晴朗，賞花的人好像比山上的花還要多。人影在花叢中攢動，有照相的，有吃東西的，有談天說地的，信步走著，看在眼裡真的富有趣。

女兒在前頭蹦跳著開道，太陽照著滿山的櫻花、杜鵑，照著來往穿梭著的賞花的人流，讓人不由得感嘆生活的美好。

不知何時，女兒扯住媽媽的衣袖，不停地搖動，她的另一隻小手指著一叢紅豔的杜鵑，說：「媽媽，為什麼那個花不香？」

母親愣了一下，但隨意答道：「哪個花？哦！這是好看的，不太香。」

她不服氣也不滿意地噘起小嘴說：「花都應該是香的嘛！」

回家之後，女兒的聲音繚繞在母親心頭，久久不散：花都應該香嘛！究竟這有沒有道理？我們不是也常想：男人都該是偉岸君子，女人都該是賢妻良母嗎？我們又對不對呢？坐下來，環視滿庭花草，靜靜地想一想：花和草長了一院子，可是杜鵑、山茶、桂花、百合、太陽花、蘭花……沒有一樣是跟別的花草相同的，它們都各有特色。看見迎春花便可以嗅到早春的氣息；看見石榴花便知是五月榴花照眼明；桂花和紅葉捎來秋意；蒼松和臘梅象徵冬寒。

如果我們順著自然去要求，那麼一定可以心滿意足；可是，若要在夏天賞梅，春天看紅葉，想必會大失所望。人是自然的產物，也和大自然中其他生物一樣各具特色，這個人適合統領三軍，那個人精於舞文弄墨，各有天賦，各有使命。

人若能知道植物花草的特長，加以妥善運用，不僅能使環境增輝，更能美化生活，增添情趣。人若能像順應花草的自然天性一樣去順應自己的能力和體力，不在自己力所不能及的事情上強出頭，就能營造自己理想中的生活，展現自己理想中的自我。當然每個人都渴望擁有理想的生活，但他們認為主要問題在於生活得過於緊張，讓人總覺得生活充滿十萬火急的緊急情況，似乎一週不工作 90 小時以上，就做不完應該做的事，甚至覺得會比別人少得到什麼。

連大多數家庭婦女也感到人生的困惑，她們經常抱怨：「除非這房子裡只剩我一人，否則它永遠都乾淨不起來！」面對家常瑣事，她們表現得過於緊張，從早到晚忙得腰酸背痛，卻總有做不完的事——買菜、煮飯、洗碗、洗衣、打掃房間、帶孩子……似有一支無形的手槍指著自己的後腦，一個聲音命令道：「立即收拾好每一個碗碟，折好每一塊毛巾……」她們總是暗示自己：情況緊急，必須立即做完每一件事！她們經常責怪家人不主動分擔家務，卻不考慮他們一天工作後的疲勞。

其實，有許多事情完全不必要立刻做，完全可以放到明天再做。而且某些事情也許不適合你做，這時你完全可以將它忽略掉，給自己一點放鬆。應該學會輕鬆地享受生活。想要做到內心平和、生活愉悅，第一步必須承認：在大多數情況下，人們是在自造緊張情緒，生活原本不必如此忙亂；第二步，試著躺在沙發上懶洋洋地看電視，別擔心如此度過週末是在浪費時間。當你學會了從容平靜地度日，順應自然並順應天性，不去勉強別人，也不強求自己，你會發現事情不照自己的計畫進行，地球照樣轉，生活也照樣繼續。

不要背負太多

太多的事情，即便是些好事，也會讓人覺得承受不了。不論你多麼喜歡社交活動，也不論你多喜歡和朋友在一起，但是看到日曆本上有一段屬於自己的空白時間，你心中會很奇妙地有一種安詳寧靜的感覺。那段時間

是完全屬於自己的，可以想做什麼就做什麼，也可以什麼事都不做。在日曆上留一些空白時間，會給你一種平靜的感覺，感覺找到了心靈的歸屬。在不知道給自己留時間之前，永遠找不到時間去做自己真正想做的事。但是只要能為自己留一些空白時間，就能為自己做一些事，而不只是做別人要求你做的事。通常伴侶會要求你做一些事，孩子也經常需要你幫忙，包括鄰居、朋友與親友請求你為他們做些什麼，甚或陌生人的懇求也是不斷的，譬如電話拜訪或推銷員的打擾等等，感覺上好像每個人都想侵占一點你的時間，你一點閒置時間也沒有。

很好的解決之道是與自己訂下約會，就像與情人或客戶訂下約會一樣。除非有重大變故，否則一定要堅守約定。和自己訂約會的方法簡單方便，在日曆上畫出幾個不讓任何人打擾的空白日子即可，除非是有特殊的意外發生，任何人都不能搶走這段時間。也就是說任何人要求這段時間做任何事：朋友的拜訪，給某人打電話，或是客戶需要幫忙……任何事都不行，因為已經有計劃了，而這個計畫是跟自己在一起的。在這個月接近月底的時候，再找另一天劃掉的空白日子，那也是個和自己約會的神聖時光，要確定那天絕不會被別的事填滿。不難想像，堅持和自己約會是需要時間慢慢去適應的。剛開始這麼做時，心中可能會有些不安，好像自己在消磨時光，錯失良機，甚至自私自利呢！尤其是當日曆上還有空白時，實在很難跟別人說自己沒時間！不過事實證明和自己訂約會是件很有意義的事，相信試過之後你也會這麼認為。

讓日曆中的留白成為生活的一部分，也會是自己最珍惜最願意保留的重要時光。但這並不是說工作不重要，或是覺得與家人在一起的時光沒意思。而是這段時光對心靈有平衡與完善的作用。缺乏了這樣的時間，你一定會成為一個背負太多的人，因此很容易變得暴躁易怒、沮喪不安，似乎失去了自我。所以為了避免這樣的情形出現，你可以從今天開始與自己訂約會。挑選一段固定的時間，某天的某一小時，或一週一次或一個月一次都可以，而且時間長短不拘，就算只是十幾分鐘也可以，重點在它屬於你一個人，完全歸你的心支配。其次是當別人要跟你約定時間時，絕對不能輕易將這段神聖的時光犧牲了。要特別珍惜這樣的時光，甚至比任何時光都重要。別擔心，你絕不會因此而成了一個自私自利的人。相反的，當你再度感到生命是屬於自己的時候，會更有能力去為別人著想。只有真正地獲得自己所需時，你才能更輕易地滿足別人的需求。

有這樣一個人，他經常仰望天空，遐想作為人類一員的他在宇宙中處在什麼地位。宇宙讓他印象最深的地方就是它的巨大 —— 大得讓他做任何「比較」都變得蒼白無力。事實上，也已經沒有「比較」可言了：在無限的宇宙面前，地球的地位甚至不如大海裡的一滴水；而以這種比較基礎來看，「他」在地球上的地位則不如一滴水中的某個原子。

如果這就是人在宇宙中的真正位置，那麼我們所碰到的問題又算得了什麼呢？當然，這些問題好像對我們都很重要，但是如果拿整個宇宙作參照物，它們就變得根本不值一提。

我們每天碰到的困難當然都很真實，但如果換一個較適當的基點來衡量事物，這些困難根本算不上是「大災難」。

你因加入到 40 歲人群的行列而鬱鬱寡歡嗎？有些人根本不會為這種問題難過，他們因生活的環境，平均壽命只有 37 歲，不管男人或女人，他們根本就不必經歷所謂「悲慘的 40 歲生日宴會」！

你正為每天不知道吃什麼菜、做什麼飯而傷腦筋嗎？告訴你，這個世界每天有一萬人死於飢餓，此外還有好幾百萬人苦於營養不良引起的各種疾病。

房租太貴讓你煩惱嗎？你見過生活在街頭上的流浪漢嗎？這些幸運的傢伙從來不用煩惱房租問題，他們生在街頭，也死在街頭。他們唯一要操心的事情，就是晚上睡覺前能不能找到一塊破布禦寒。

當我們知道有這麼多慘狀仍然在世界上很多地方被默默地承受的時候，我們卻因為在某個高雅的餐廳沒占到好座位大發雷霆；因為工作中的一點點小挫折垂頭喪氣；因為體重沒有減輕深感懊惱；為了每個月的巨額開銷抱怨不休……這就是我們的煩惱、我們的問題嗎？到底拿它們來和什麼標準作比較？

長期不間斷的專注於痛苦是一件既不正確又不正常的事，所以，如果我們的手扭傷了還得洗衣做飯，如果我們感冒躺在床上還得擔心辦公桌上積壓的公事，我們肯定會心煩。這一點絕對可以理解。但是我們處世的觀點若只局限在這類芝麻小事上，那麼即便是最微不足道的困難也可能變成人生的主要障礙，於是拘泥於這種小節終將耗盡我們寶貴而又有限的時間和精力。

大多數人在人生旅途中背負了太多的東西——許多東西其實是不必要的。盡可能丟棄那些無謂的問題及煩惱吧！放鬆心情，輕鬆一下，好好想一想。我們已經很好，無論在事業上或是生活上失利，都不必背負太多，要堅信：真正的光明並不是沒有黑暗的時間，只是不被黑暗遮蔽罷了；真正的英雄並不是沒有卑怯的時候，只是不向卑怯屈服而已。

樂享簡單的生活

一些人常常感嘆自己活得累，這其實是由於他們奢求的太多，不斷地給自己增加各種負擔，結果讓自己疲憊不堪，如果能試著放下一些東西，他們就會發現自己會變得更快樂。

據說上帝在創造蜈蚣時，並沒有為牠造腳，但牠可以爬得和蛇一樣快。有一天，牠看到羚羊、梅花鹿和其他有腳的動物都跑得比自己還快，心裡很不高興，便羨慕地說：「哼！腳愈多，當然跑得愈快。」

於是，牠向上帝禱告說：「上帝啊！我希望擁有比其他動物更多的腳。」

上帝答應了蜈蚣的請求。他把好多好多的腳放在蜈蚣面前，任憑牠自由取用。

蜈蚣迫不及待地拿起這些腳，一隻一隻地往身體上貼去，從頭一直貼到尾，直到再也沒有地方可貼了，才依依不捨地停止。

牠心滿意足地看著滿身是腳的自己，心中暗暗竊喜：「現在我可以像箭一樣地飛出去了！」

但是，等牠開始要跑步時，才發覺自己完全無法控制這些腳。這些腳劈里啪啦地各走各的，牠非得全神貫注，才能使一大堆腳不致互相絆跌而順利地往前走。

為此，想得到更多的蜈蚣很痛苦，但一點辦法也沒有，只能後悔當初不該奢求過多，造成自己極大的負擔。生活的道理也是這樣的，只有簡單著，才能快樂著。

「只有簡單著，才能快樂著。」不奢求華屋美廈，不垂涎山珍海味，不追名逐利，不扮貴人相，過一種簡樸素淨的生活，才能感受生活的快樂，一些外在的財富也許不如人，但內心充實富有才是真正的生活。這才是自然的生活，有勞有逸，有工作著的樂趣，也有與家人共用天倫的溫馨，自由活動的閒暇，還用去忙裡偷閒嗎？

睿智的古人早就指出：「世味濃，不求忙而忙自至。」所謂「世味」，就是塵世生活中為許多人所追求的舒適的物質享受、為人欣羨的社會地

位、顯赫的名聲等等。現代人追求「時髦」、「新潮」、「時尚」、「流行」，像被鞭子抽打的陀螺一樣忙碌——或拚命打工，或投機鑽營，應酬、奔波、操心……很難再有輕鬆地躺在家中床上讀書的時間，也很難再有與三五朋友坐在一起「聊是非」的閒暇，忙得會忽略了自己孩子的生日，忙得沒有時間陪父母敘敘家常……

偉大的科學家法拉第（Michael Faraday），不僅為人類發現了電磁感應，還完成了由磁向電的轉化，發現了電磁定律和磁致旋光效應。為此，世界各國給予他 94 個名譽頭銜。但他並沒有為外物所役，而是堅持著自己的平民作風，簡單而快樂地活著，只求從自己的工作中獲取快樂。當英國宮廷想封他為爵士，給他加一個貴族的頭銜，使他永遠擺脫平民的身分時，宮廷每一次派人試探都遭到了他的拒絕。

西元 1857 年英國皇家學會會長班特利勛爵辭職，皇家學會學術委員會一致認為，如果能請德高望重的法拉第教授出來繼任會長，那是再理想不過的了。學術委員會派法拉第的好友廷得耳（John Tyndall）和幾名代表勸說法拉第接受這個職位，因為這是一個英國科學家所能享受的最高榮譽。但法拉第並不追求榮譽。他對廷得耳說：「我是個普通人，到死我都將是個普普通通的麥可·法拉第。現在我來告訴你吧，如果我接受皇家學會希望加在我身上的榮譽，那麼我就不能保證自己的誠實和正直，連一年也保證不了。」廷得耳和代表們失望地走了。

過了幾年以後，皇家學院院長諾森伯公爵去世，學院理事會又想請法拉第出來當院長，法拉第又一次拒絕了朋友們的好意。

法拉第在他最後的日子裡，辭去了皇家學院的職務，住進了英國女王贈送給他終生居住的房子裡。他忠誠的妻子始終陪伴在他身邊，兩雙蒼老的手常緊握在一起，滿眼都是笑意，他感謝她，是她為自己付出了終生的辛勞，是她陪自己度過了那些最艱難的時刻，他們的愛情像一顆燃燒的金剛石，持續不斷地發出白熾無煙的耀眼的光華長達 46 年之久。他們結合的深度和力量，法拉第認為其重要性「遠遠超過其他事情」。

法拉第度過了自己十分有意義的一生，他對人生已不再留戀，但如果說法拉第還有什麼牽掛，那就是不放心妻子，因為他沒有給自己的妻子留下多少財產，又怕將來沒有人照顧她。也許，你會覺得法拉第傻得可以，自己為世界創造了那麼多財富，到最後卻還要為妻子的生活發愁。事實上，他身後的所有事情根本無需負擔，因為他簡樸的一生，有價值的一生足可以讓自己的妻子在以後的日子裡幸福地活著，因為，他給妻子留下的是別人永遠都無法給予的快樂和慰藉。

幸福跟著心態走

幸福是一種內心的滿足感，是一種難以形容的甜美感受。它與金錢地位都無關，你擁有良好的心態，就可以觸摸到幸福的雙手。

一個充滿嫉妒的人是不可能體會到幸福的，因為他的不幸和別人的幸福都會使他自己萬分難受。

一個虛榮心極強的人是不可能體會到幸福的，因為他始終在滿足別人的感受，從來不考慮真實的自我。

一個貪婪的人是不可能體會到幸福的，因為他的心靈一直都在追求，而根本不會去感受。

幸福是不能用金錢去購買的，它與單純的享樂格格不入。比如你正在大學讀書，每月只有一兩千元，生活相當清苦，但卻十分幸福。過來人都知道，同學之間時常小聚，一瓶二鍋頭、一盤花生米、半斤豬頭肉，就會有說有笑。彼此交流讀書心得，暢談理想抱負，那種幸福之感至今仍刻骨

銘心，讓人心馳神往。昔日的那種幸福，今天無論花多少錢都難以獲得。

一群西裝革履的人吃完魚翅鮑魚笑咪咪地從五星級飯店裡走出來時，他們的感覺可能是幸福的。而一群外地勞工在路旁的小店裡，就著幾碟小菜，喝著啤酒，說說笑笑，你能說他們不幸福嗎？

因此，幸福不能用金錢的多寡去衡量，一個人很有錢，但不見得幸福。因為他或許正擔心別人會暗地裡算計他或者為取得更多的錢而處心積慮，許多人都在追求金錢，認為有了錢就可以得到一切，那只是傻子的想法。

其實，幸福並不僅僅是某種欲望的滿足，有時欲望滿足之後，體驗到的反而是空虛和無聊，而內心沒有嫉妒、虛榮和貪婪，才可能體驗到真正的幸福。

某個小城鎮裡，有這樣一家人，父母都老了，他們有三個女兒，只有大女兒大學畢業有了工作，其餘的兩個女兒還都在上高中，家裡除了大女兒的生活費可以自理外，其餘人的生活壓力都落在了父親肩上。但這一家人每個人的感覺都是快樂的。晚飯後，兩個女兒都去了學校上自習。她們不用擔心家裡的任何事。父母則一同出去散步，鄰居們話家常。到了節日，一家人團聚到一塊，更是其樂融融。家裡時常會傳出孩子們的打鬧聲、笑聲，鄰居們都羨慕地說：「你們家的幾個女兒真聽話，學習又好。」這時父母的眼裡就滿是幸福的笑。其實，在這個家裡，經濟負擔很重，兩個女兒馬上就要考大學，需要一筆很大的開支。家裡又沒有一個男孩子做頂梁柱，但女兒們卻能給父母帶來快樂，也很孝敬。父母也為女兒們撐起了一片天空，他們在飛出家門之前不會感受到任何淒風冷雨。所以，他們每個人都是快樂和幸福的。蘇轍說：「月有陰晴圓缺，人有悲歡離合，此事古難全。」既然「古難全」，為什麼你不去想一想讓自己快樂的事，而去想那些不快樂的事呢？一個人是否感覺幸福，關鍵在於自己的心態。

法國雕塑家羅丹（Auguste Rodin）說過：「對於我們的眼睛，不是缺少美，而是缺少發現。」生活裡有著許許多多的美好、許許多多的快樂，關鍵在於你能不能發現它。

如果今天早上你起床時身體健康，沒有疾病，那麼你比其他幾百萬人更幸運，他們甚至看不到下週的太陽了。

如果你從未嘗試過戰爭的危險、牢獄的孤獨、酷刑的折磨和飢餓的滋味，那麼你的處境比其他五億人更好。

如果你能隨便進出教堂或寺廟而沒有被恐嚇、暴行和殺害的危險，那麼你比其他三十億人更有運氣。

如果你在銀行裡有存款，錢包裡有鈔票，盒子裡有點心錢，那麼你屬於世上百分之八最幸運之人。

如果你父母雙全，沒有離異，且同時滿足上面的這些條件，那麼你的確是那種很稀有的地球人。

這時，你就會發現生活中，其實你也很幸福！

換個角度看自己

現實生活中，也許你是一個始終與「第一名」無緣的人，眼看著別人表現出色，自己卻永遠居於人後，心裡會不會覺得有些自卑呢？其實你大可不必為此煩惱，一個人成功與否有很多不同的判斷標準，只要你願意換個角度，你也可以位列第一。

惲壽平是清代最著名的畫家之一，他早期是畫山水的，從見到王石谷之後，自以為山水畫不能超過他，於是專攻花卉，成為海內所宗。在更早以前的唐代也有一位以畫火聞名的張南本，據說原來是與一畫家孫位一起學畫山水，也因為自認不能超過孫位而改習畫火，終於獨得其妙。

第二章　順其自然最務實

藝術家追求完美，難免有傲骨，恥為天下第二名手，不願落人之後，像前兩者真有才能，捨他人既行的道路，自辟蹊徑，獨創一家固然最好。但如果不能認清自身的能力，只因恥為人後，就放棄學習，自己又找不到適當的方向，到頭來則難免什麼都落空了。

俊峰是一個魅力四射、才華橫溢的年輕人，經常是社團中令人注目的焦點，認識俊峰的人幾乎都可以感受到他熱情的付出。在得知他交了女朋友後，他的一個朋友開玩笑似的問他：「那現在我在你心中排第幾呀？」他想也不想，便答：「第一。」朋友不相信地看著他，問：「怎麼可能啊，你女朋友應該排在第一位。」俊峰狡黠地一笑，然後說：「你當然排第一，只不過是另一個角度而已。」俊峰的話說得多好啊！生活中，在各行各業中，每個人都期望得到第一的位置，其實要拿到第一也容易，就看你願不願意換個角度 —— 只要「換個角度」，每個人就都是第一了，而這個世界，自然少了許多莫名的地位紛爭，這不是很好嗎？

周平生性好強、不甘平庸，但造化弄人，他卻偏是一個平淡無奇的小人物，他的理想是成為一個無冕之王 —— 新聞記者，然而大學畢業後他卻成了一名高中教師，而且在學校裡也並不太受學生歡迎。看著昔日的同窗今日都已登上高位，周平心裡彆扭極了。賢慧的妻子見他這樣子，就勸他說：「人比人，氣死人！反正現在情況已經是這樣了，你又何必偏拿自己的短處去比人家的長處呢？你難道就不能找找你自己的優點嗎？」妻子的話點醒了周平，他決定憑著自己流暢的文筆闖出一片天地。周平選擇了當地一家頗有影響力的報社，然後便大量向那家報社投稿，絲毫不計較稿費的高低。這家報社開了不少副刊，周平悉心加以研究後，專門為它們量身訂做寫文章，所以他的作品幾乎篇篇都被採用，甚至還創造過這樣的奇蹟：有一次，他們的副刊總共只有 8 篇稿子，其中 4 篇都是周平的「大作」，只是署名不一樣。

周平的作品被這家報社的編輯競相爭搶，常常是剛應付完文學版的差事，雜文版的又來了。有時他因學校有事創作速度稍慢一點，那些編輯就會心急火燎地打電話催稿。終於有一天報社的主管坐不住了，他們給周平打電話 —— 只要周平願意，他現在就可以去報社上班。

周平成功了，我們可以從周平的經歷中得到一個很重要的啟示：生活的路不只一條，如果你不甘於平庸，你完全可以換個角度再起飛，得到你想要的成功。古今中外，還有很多名人經過重新給自己定位而取得令人矚目的成就。

艾西莫夫（Isaac Asimov）是一個科普作家，同時也是一個自然科學家。一天上午，他坐在打字機前打字的時候，突然意識到：「我無法成為一個第一流的科學家，卻能夠成為一個第一流的科普作家。」於是，他幾乎把全部精力放在科普創作上，終於成了當代世界最著名的科普作家。

在生活中，誰都想最大限度地發揮自己的能力。但是，由於種種原因，你無法在自己從事的行業裡取得令人滿意的成就。還有許多人是在自己並不喜歡甚至厭惡的職位上，從事並非自己所願意做的工作。在這種情況下，還是不要著急為好。生活其實就如寫文章一樣，當你發覺筆下的那一句不是自己最滿意的言語，甚至是敗筆的時候，那你就暫時停筆思考一下，甚至不妨換個角度重新書寫，直至精彩的文章湧向筆尖。

務實最重要

最好明天就賺夠 100 萬，買房子、買汽車⋯⋯如果你有這樣的想法？你一定是個不忠實的。

第二章　順其自然最務實

即使自身具備再優越的條件，一次也只能腳踏實地邁一步。這是十分簡單的道理，然而，很多初入社會的年輕人，在步入社會後，卻把這麼簡單的道理忘記了。他們總想一步登天，恨不得第二天一覺醒來，搖身一變成為比爾蓋茲一樣的成功人物。他們對小的成功看不上眼，要他們從基層做起，他們會覺得很丟面子，他們認為憑自己的條件做那些工作簡直是大材小用。他們有遠大的理想，但又缺乏踏實的精神，最終只能四處碰壁。

任何一個人的成功都不是靠空想得來的，只有踏踏實實一步一個腳印地去嘗試、去體驗，才能最終取得成功。不管你擁有過怎樣知名學府的畢業證書，也不管你獲得過怎樣高的獎勵，你都不可能在踏出校門的第一天就獲得百萬年薪，更不可能開上公司所配的「BMW」跑車，這些都需要你踏踏實實地去做，去爭取。如果你不能改掉眼高手低的壞毛病，那麼，不但初入社會就遭遇挫折，以後的人生旅程都將布滿荊棘。

1970 年代，麥當勞公司看好了臺灣市場，決定在當地培訓一批高級管理人員。他們最先選中了一位年輕的企業家。但是，商談了幾次，都沒有定下來。最後一次，總裁要求那個企業家帶上他的夫人來。當總裁問道：「如果要你先去打掃廁所，你會怎麼想？」那個企業家立即沉思不語，臉上還現出了尷尬的神情。他在想：要我一個小有名氣的企業家打掃廁所，大材小用了吧？這時他的夫人卻說道：「沒關係，我們家的廁所向來都是他打掃的！」就這樣，那個企業家才通過了面試。

讓那個企業家沒有想到的是，第二天一上班，總裁就先讓他去打掃了廁所。後來他晉升為高級管理人員，看了公司的規章制度後才知道，麥當勞公司訓練員工的第一課就是先從打掃廁所開始的，就連總裁也不例外。

要想獲得事業的成功，就先去掉身上的浮躁之氣，培養起務實的精神，扎扎實實打好基礎，基礎打好了，你事業的大廈才可能拔地而起。

戒掉浮躁之氣並不困難，只需把自己看得笨拙一些。這樣你就很容易放下什麼都懂的假面具，有勇氣袒露自己的無知，毫不忸怩地表示自己的疑惑，不再自命不凡，自高自大，培養起健康的心態。這有利於更快更好地掌握處理業務的技巧，提高自己的能力，還能給上司和同事留下勤學好問、嚴謹認真的好印象。

擁有笨拙精神的人，可以很容易地控制自己心中的激情，避免設定高不可攀、不切實際的目標，不會憑著僥倖去瞎碰，也不會為了瀟灑而放縱，而是認認真真地走好每一步，踏踏實實地用好每一分鐘，甘於從不起眼的小事做起，並能時時看到自己的差距。

認真扎實地去做基礎工作，是培養務實精神的關鍵。越是那些別人不屑去做的工作，你越要做好。工作能力是有層級的，只有從基礎做起，處理好小事，才能打好根基，培養起處理大事的能力。

你還要保持一顆平常心，坦然地去面對一切。如果小有成就，也不需太得意，如果遇到挫折，也不要消極失望。「不以物喜，不以己悲」的心態，會使你更加關注自己的工作，並集中精力做好它。

此外，還要切忌急於求成。事業的成功需要一個水到渠成的過程，急於求成可能導致一事無成。

人的成長是需要一個過程的，這個過程不是任何文憑、學位可以縮短或替代的，否則就會出現斷層，就會成為空中樓閣。「沒有人能隨隨便便成功」，這是一句歌詞，也是一條真理。「隨便」是指空想、浮躁，唯有去掉這些，發揚務實的精神，萬丈高樓才能拔地而起。初入社會是一個人的特質和生涯定向的時期，如果你能在這個時期樹立起務實的精神，扎扎實實地練就基本功，那麼還有什麼能阻礙你成功呢？

不管你從事哪一行哪一業，成功都自有其既定的路徑和程序，一步一步地來，成功自然會在不遠的地方等著你，想一步登天，成功就會跑得比你更快，你永遠都追不上。

莫讓名利之心拖累自己

很多人總是把得失看得太重，把名利看得太重，期望自己位高權重，期望能擁有萬貫家財。這種人這樣通常會備受名利折磨，輕者身心勞累，重者害人害己，成千古之恨。

生活中，很多人擁有金錢，但卻沒有快樂，他們對金錢垂涎欲滴。整日挖空心思、千方百計想要得到它的人，恐怕永遠也不會快樂而且身心勞累。四大吝嗇鬼之一的嚴監生，都快死了，已經講不出話來了，還是大大瞪著兩眼，直豎著兩根指頭不肯咽氣。像他這樣的人，絞盡了腦汁，「辛苦」經營了一輩子，掙下了萬貫的家財，本來是可以帶著「成就感」心滿意足地去了，可是他卻死活不肯咽下最後一口氣。旁邊的族人皆不明白嚴監生直豎的兩根指頭到底是什麼意思，最後還是他的小兒媳婦機靈，因為她發現嚴監生的兩眼死死地瞪著桌旁的油燈。油燈裡燃著兩根燈草，嚴監生伸著兩根指頭不就是不滿意燃著的兩根燈草嗎？按照嚴家的規矩，本著「節儉」的原則，應該熄掉一根燈草才是。於是小兒媳婦趕緊跑過去熄掉了一根燈草。這招真是靈驗，一根燈草剛熄，嚴監生就咽氣了。

世上類似於嚴監生這樣臨死還被自己無盡的貪欲折磨著的人，雖然只是文學作品中的人物，但是為了名，為了利，整日處心積慮，乃至不擇手段的人實在是太多了。得到了名利也許能給你短暫的滿足和快樂，然而名利如浮雲，你能夠得到它，也會不留一絲痕跡地失去它。生命對每一個人來說就是單程旅行，沒有回頭路可走，所以，盡量使自己的靈魂沉浸在輕鬆、自在的狀態，這是最好不過的。

人人都有名利之心，這是不可避免的，但是一個人要求富貴，必須得之有道，持之有度。就生活的價值而言，如果我們能夠體會人生的酸甜苦辣，沒有虛度時光，心靈從容充實，則不管我們是貧是富皆可以滿意了。

富貴榮華生不帶來，死不帶走。如果我們看破了這一點，對於世間的榮華富貴不執著和貪戀，那麼我們的心胸自然就會平靜如水。

有些人總是費盡心機地追逐金錢和地位，一旦願望實現不了，便口出怨言，甚至生出不良之心，採用不義手段，到頭來還因此害了自己，莊子曾說過：「不為軒冕肆志，不為窮約趨俗，其樂彼與此同，故無憂而已矣。」這句話大意是說那些不追求官爵的人，不會因為高官厚祿而沾沾自喜，也不會因為窮困潦倒、前途無望而趨炎附勢、隨波逐流，在榮辱面前一樣達觀，所以也就無所謂憂愁。莊子主張「至譽無譽」，在他看來，最大的榮譽就是沒有榮譽。他把榮譽看得很淡，認為名譽、地位、聲望都算不了什麼。儘管莊子的「無欲」、「無譽」觀有許多偏激之處，但是當我們為官爵所累、為金錢所累時，何不從莊子的訓誨中發掘值得借鑑的東西呢？

其實人活著就是為了享受快樂，但生活中很多人由於貪心過重，為外物所役使，終日奔波於名利場中，每天憂鬱沉悶，不知人生之樂，所以我們不妨花點時間，平心靜氣地審視一下自己，是否在心中藏著許多欲求而不可得的小祕密，是否常常被這些或名或利的欲望攪得心煩意亂。心中有點小祕密是正常的，因為每個人總會有著這樣或那樣的欲求，只不過有的人懂得如何正確地面對這些或者正當或者不正當的欲求：正當的欲求，他會盡量去滿足，實在憑自己的能力滿足不了的，他也會平心靜氣地面對這樣的事實；不正當的欲求，他會為此而感到內疚，感到慚愧，會在心底檢討自己，不會發展到為了這樣的欲求而不擇手段的地步。但也有人不會控制自己的名利之心，結果貽誤了自己，毀了自己的一生。

人生需活用加減法

有人說過這樣的一句話：「年輕的時候，拚命想用『加法』過日子，一旦步入中年以後，反而比較喜歡用『減法』生活。」

所謂「加法」，指的是什麼都想要多、要大、要好。例如，錢賺得更多、工作更好、職位更高、房子更大、車子更豪華等等；當進入中年之後，很多人反而會有一種迷惘的心態，花了半生的力氣去追逐這些東西，表面上看來，該有的差不多都有了，可是，自己並沒有變得更滿足、更快樂。

人生在不同的階段，需要的東西自然也會有變化。

每個人在來到這個世上時都是兩手空空，沒有任何東西，因此重要的事情也只是「吃喝拉撒睡」。

隨著歲月流逝人的年紀越來越大，生活也開始變得複雜。除了一大堆的責任、義務必須承擔之外，身邊擁有的東西也開始多了起來。

至此之後，便不斷的奔波、忙碌，肩上扛的責任也愈來愈重。而那些從各處弄來的東西都是需要空間存放的，所以，需要的空間也愈來愈大，當我們發現有了更多的空間之後，立刻毫不遲疑地又塞進新的物品。當然，累積的責任、承諾以及所有要做的事也不斷地增加。

曾有這麼一個比喻：「我們所累積的東西，就好像是阿米巴變形蟲分裂的過程一樣，不停地製造、繁殖，從不曾間斷過。」那些不斷增多的物品、工作、責任、人際、財務占據了你全部的空間和時間，許多人每天忙著應付這些事情，累得早已喘不過氣，幾乎耗掉半條命，每天甚至連吃飯、喝水、睡覺的時間都沒有，也沒有足夠的空間活著。

拚命用「加法」的結果，就是把一個人逼到生活失調、精神瀕臨錯亂的地步。這是你想要過的日子嗎？

這時候，就應該運用「減法」了！

這就好像參加一趟旅行，當一個人帶了太多的行李上路，在尚未到達目的地之前，就已經把自己弄得筋疲力盡。唯一可行的方法，是為自己減輕壓力，就像將多餘的行李扔掉一樣。

著名的心理大師榮格（Carl Gustav Jung）曾這樣形容，一個人步入中年，就等於是走到「人生的下午」，這時既可以回顧過去，又可以展望未來。在下午的時候，就應該回頭檢查早上出發時所帶的東西究竟還合不合用？有些東西是不是該丟棄了？

理由很簡單，因為「我們不能照著上午的計畫來過下午的人生。早晨美好的事物，到了傍晚可能顯得微不足道；早晨的真理，到了傍晚可能已經變成謊言」。

或許你過去已成功地走過早晨，但是，當你用同樣的方式度過下午，你會發現生命變得不堪負荷，窒礙難行，這就是該丟東西的時候了！

用「加法」不斷地累積，已不再是遊戲規則。用「減法」的意義，則在於重新評估、重新發現、重新安排、重新決定你的人生優先順序。你會發現，在接下來的旅途中，因為用了「減法」，負擔減輕，不再需要背負沉重的行李，你終於可以自在地輕鬆上路了！

人生不必太好勝

做人沒有必要總是爭強好勝。凡事爭足了面子，占盡了風頭。最後只會讓自己落得個一無所有的下場。這就像你手裡的一捧沙子。你抓得越緊，沙子就從指縫間漏得越快。

第二章　順其自然最務實

曾經有這樣一個故事。一位顧客到茶室用茶，當他把檸檬與牛奶同時放入紅茶中時，發現牛奶結塊了。於是，便對服務生大喊：「小姐！你過來！你過來！看看！你們的牛奶是壞的，把我一杯紅茶都糟蹋了！」

「真對不起！」服務小姐充滿歉疚地笑道，「我立刻給您換一杯。」

新紅茶很快就端上來了，碟邊跟前一杯一樣，放著新鮮的檸檬和牛奶。小姐輕聲地告訴顧客說：「我是不是能建議您，如果放檸檬，就不要加牛奶，因為有時候檸檬酸會造成牛奶結塊。」這位顧客的臉一下子紅了，他匆匆喝完茶就離開了。

不一會兒，有人笑問服務小姐：「明明是他的錯，你為什麼不直說呢？他那麼粗魯地叫你，你為什麼不還以一點顏色？」

「正因為他粗魯，所以要用婉轉的方式對待；正因為道理一說就明白，所以用不著大聲！」小姐說，「理不直的人，常用氣壯來壓人。理直的人，要用氣『和』來交朋友！」生活中，類似這樣的事常有，你若真的總是認真地和對方計較個明白。到最後也不一定真的可以讓自己占了上風。所以，遇事可以不必太認真。在大是大非問題上知道什麼是該做的，什麼是不該做的，符合生活的尺度和準則就可以了。那些雞毛蒜皮的小事，我們大可不必計較太多。忍一忍，裝一裝糊塗，反而會避免許多麻煩。

大凡世上的無謂爭端多起於芥末小事，一時不能忍，鑄成大禍，不僅傷人，而且害己，這是匹夫之勇。凡事能忍者，不是英雄，至少也是達士；而凡事不能忍者縱然有點愚勇，終歸是城府太淺。所謂「小不忍則亂大謀」就指這個意思。

忍耐並非懦弱，而是於從容之中靜觀或蔑視對方。唐朝的婁師德，是世家公子，祖上歷代都做大官。他弟弟到代州去當太守，他囑咐說：「我們婁家屢世為官，澤及你我，所以難免故人說道。你出去做官，要認清這一點，遇事要能忍耐。」他弟弟說：「這我懂得，就是有人把口水唾到我臉上，我也自己擦掉算了。」婁師德說：「這樣還不行。」弟弟又說：「那就讓它在臉上自己乾。」婁師德說：「這才對了。」

忍耐是一種難得糊塗的品質，它需要健康的心理。這種糊塗不是誰都能做到的，也不是誰都能學會的。做到了，萬物皆備於我；學會了，人格就被提升。婁師德教誨他的弟弟「唾面自乾」，實在是忍耐毅力的展開和情性的張揚。

無論是民族還是個人，生存的時間越長，忍耐的功夫就越深。生活在世上，要成就一番事業，誰都難免經受一段忍辱負重的曲折歷程。因此，忍辱幾乎是有所作為的必然代價，能不能忍受則是偉人與凡人之間的區別。韓信受辱胯下，張良獻履橋端，難道他們就真的可以無視自己的自尊嗎？不是，是因為他們有難得糊塗的勇氣，忍人之所不能忍，糊塗他人之不能糊塗，所以可成大業。做人就該有一點糊塗的時候，不必凡事都要爭強好勝，占盡風頭。

學會遺忘

上天賜給我們很多寶貴的禮物，其中之一即是「遺忘」。只是我們過度強調「記憶」的好處，卻忽略了「遺忘」的功能與必要性。生活中，許多事需要你記得，同樣也有許多事需要你遺忘掉。

比如你失戀了，總不能一直陷溺在憂鬱與消沉的情境裡，必須儘快遺忘；股票失利，損失了不少金錢，心情苦悶提不起精神。你也只有嘗試著遺忘；期待已久的職位升遷，人事令發布後竟然沒有你，情緒之低可想而知。解決之道別無他法——只有勉強自己遺忘。

只有遺忘了那些不快，才會更好地前進。

然而，想要遺忘卻不是想像中那麼容易。遺忘是需要時間的，如果你連「想要遺忘」的意願都沒有，那麼，時間也無能為力。

一般人往往很容易遺忘歡樂的時光，對於不快的經歷卻常常記起，這是對遺忘的一種抗拒。換言之，人們習慣於淡忘生命中美好的一切；但對於痛苦的記憶，卻總是銘記在心。就如你吃過了糖會很快忘記甜，吃過了黃連卻口有餘苦。

的確，很多人無論是待人或處事，很少檢討自己的缺點，總是記得「對方的不是」以及「自己的欲求」。其實到頭來，還是很少如願——因為，每個人的心態正彼此相剋。

反之，如果這個社會中的每個人，都能夠試圖將對方的不是及自己的欲求盡量遺忘，多多檢討自己並改善自己，那麼，彼此之間將會產生良性的互補作用，這也才是每個人希望達到的。

美國有這樣一個故事：有一次，一位女士給了一個朋友三條緞帶，希望他也能送給別人。這位朋友自己留了一條，送給他不苟言笑、事事挑剔的上司兩條，因為他覺得由於上司的嚴厲使他多學到許多東西，同時他還希望他的上司能拿去送給另外一個影響他生命的人。

他的上司非常驚訝，因為所有的員工一向對他敬而遠之。他知道自己的人緣很差，沒想到還有人會感念他嚴苛的態度，把它當作是正面的影響而向他致謝，這使他的心頓時柔軟起來。

這個上司一個下午都若有所思地坐在辦公室裡，而後他提早下班回家，把那條緞帶給了他正值青春期的兒子。他們父子關係一向不好，平時他忙著公務，很少顧家，對兒子也只有責備，很少讚賞。那天他懷著一顆歉疚的心，把緞帶給了兒子，同時為自己一向的態度道歉，他告訴兒子，其實他的存在給做父親的他帶來無限的喜悅與驕傲，儘管他從未稱讚他，也少有時間與他相處，但是他是十分愛他的，也以他為榮。

當他說完了這些話，兒子竟然號啕大哭。他對父親說，他以為他父親一點也不在乎他，他覺得人生一點價值都沒有，父親不喜歡自己，恨自己不能討父親的歡心，正準備以自殺來結束痛苦的一生，沒想到他父親的一番言語，打開了心結，也救了他一條性命。這位父親嚇得出了一身冷汗，自己差點失去了獨生子而不自知。從此這位上司改變了自己的態度，調整了生活的重心，也重建了親子關係，加強了兒子對自己的信心。就這樣，整個家庭因為一條小小的緞帶而徹底改觀。送人以緞帶，證明你已遺忘了相處中所受的那些委屈和責難，憶起別人給你的快樂和益處。而受你緞帶者卻更能被你感動，看到你的心靈之美，愛你，助你。學會遺忘，拾起那根緞帶送給讓你受傷的那個人，他將回報你一片燦爛的陽光。

第三章
愈放下，愈快樂

每個人都必須學會理智地放下

歐洲有一種大型猛禽叫金鵰，牠築巢於高山峭崖，以尖利的喙和強壯的爪宣布自己是天空的王者。金鵰一窩孵出兩隻幼雛。食物不足的年分，體重驚人速度增加的小金鵰，就會挨餓，金鵰媽媽也只能眼看著幼雛伸直脖子激動地叫著。這時，兩隻小金鵰就互相擠靠，結果總是相對弱小的那隻被擠下山摔死了。

也許，人們難以理解金鵰，但面對死亡，金鵰必須如此，否則，就會全都餓死。金鵰必須放下。豈僅金鵰，包括人類在內的所有動物都可能時時面臨著痛苦的放下問題。

放下是痛苦的，但不放下結果會更慘。所以說，放下也是生存的一種方式，也是勇敢者的行為。應該理智地面對生活，該放下時就放下，用一時的痛苦換來長久的幸福。

2003 年 4 月 26 日，美國登山愛好者羅斯頓（Aaron Ralston）到離猶他州東南 150 英里處的藍約翰峽谷登山探險。在攀過一道 3 英尺長的狹縫時，一塊巨石擋住了去路。他試圖將其推開，不料它搖晃了一下，突然下滑，把他的右臂夾在石壁中。儘管羅斯頓想方設法用左手去推巨石，卻始終無法抽出右臂。那天，他的探險設備、乾糧水壺和急救包等一應俱全，唯獨沒帶手機。於是，他只好原地躺著，保存實力，等待別人來救援。乾糧吃完了，拉斯頓便靠飲水度日。到了第四天，水壺中一點水也沒有了。

第五天早晨，當渾身無力的羅斯頓從斷斷續續的睡眠中醒來時，他終於明白：藍約翰峽谷過於偏僻，人跡罕至，只有靠自己救自己了。他最後下定決心，用隨身帶的 8 公分長的袖珍小折刀給自己的右手臂實施截肢。椎心刺骨的劇痛和大量失血使拉斯頓差點昏厥，但他仍然堅持從急救包中取出抗生素軟膏和繃帶，給切斷的右臂做了緊急止血處理。

羅斯頓跌跌撞撞上路了，走出 7 英里後被兩名登山者發現。不久，一架救援直升機飛來了，羅斯頓終於獲救，他的壯舉使他成為美國人心目中的英雄。

「魚，我所欲也；熊掌，亦我所欲也，二者不可兼得；捨魚而取熊掌也。」兩千多年前，孟子就以形象的比喻把放下問題，引入了深刻的哲學。

首先，擺出普遍現象：魚、熊掌是人人都想同時得到的，然而，造化絕對不會給你那麼多，一石三鳥、一箭雙鵰這只是美好願望，經常是只可選擇一種。然後是指出解決的辦法：既然不能兩全其美，那麼只能果斷地放下。放下的，原是心中所想，是痛苦的，但又無奈。權衡之後，取主要的，要熊掌，就眼看著魚端走，什麼也別說。

看似輕鬆，即使無熊掌，魚也不錯，但緊接著孟子殘酷地亮出真傢伙，把問題引入倫理的頂端。「生，亦我所欲也；義，亦我所欲也」。要人命了，你怎麼辦？自此，圍繞著「生」與「義」的取捨，中華大地演出了一場忠骨與佞臣驚心動魄的大戲。

令人心悸魂動的「捨生」雖非日常，但割捨無時無處不在。是捨錢買件名牌，還是看看就走讓錢包裡多留些錢？是跟哥們兒喝酒，還是陪妻子逛街？是留在效益不佳的單位，還是「跳槽」換換職位？雖然沒有發生母親和愛妻同時落水的難事，但僅有的錢向母親傾斜，還是先交給老婆？天上有個太陽，水裡有個月亮，我不知道，哪一個更明，哪一個更亮。選擇推理永遠是人類思維的重要形式，考卷上選擇總是大題。選什麼，棄什麼，時時在拷問著你。一般情況，選擇有三種結果。魚和熊掌一齊吃，是理想的，但可能性很小；魚和熊掌中選一個，是理智的，雖只能得其一，其實恰是成功；魚和熊掌都撈不到，是悲劇的，而原因又出自第一種，吃著碗裡的看著鍋裡，結果是雞飛蛋打，飛了鷹又跑了兔。

理智是放下的最好注釋。如果最好的「得兼」已限定了「不可」，說明已經不再屬於你，愛也沒用。放下痛心，但不放下結果更慘。被夾住的狼，會咬斷自己的腿。它明白，想當完整的狼可能性很小，等下去，皮會變成褥子，肉會加上調料煮在鍋裡。於是，它果斷而理智地放下一條腿。而我們人！卻常常不如金鵰和狼勇於放下。

其實，放下是自然界的規律，放下是人生的一種成長方式，是一種藝術，一種健康生活的藝術。人生需要執著，但執著是因為有了眾多放下才閃耀光華；人生需要放下，有了明智的放下，才能迎來最後的成功。

所以說，放下是做人的功底，放下也是人生的一種必修課。

該捨棄時就千萬不能「捨不得」

雖說人生獲取不易，可割捨卻也很難。我們總是在該放下時「捨不得」，捨去之後又後悔不已，實在無法做一個好的忍者。常言道「忍痛割愛」，道出了一個「捨」字的難度和境界。

世間最強的人是什麼樣的人呢？也許你會認為是有錢人、有財產的人、有地位的人，抑或是有名望的人，其實不然。世上最強的人可說是身無長物之人，也就是最肯「放下」的人——不留戀金錢、財產、地位、名譽、權力，甚至連命都不留戀的人，這才可怕。

我們在做選擇、下判斷、做決定時，最後能完全割捨一切的人實在偉大。因為即使因決定錯誤而致失敗，也會當作原本就會失敗而執著。對無法得到的東西忍痛放棄，那是一種豁達，也是一種割捨。能在必須割捨時毅然地割捨，此乃是堅強與灑脫。不要以為只有能「取得」的人才是大智大勇，那些能毅然割捨的人，實在具有更高的智慧更大的勇敢。必須割捨卻猶豫執迷，對自己有害無益。

你要有所取，必須有所捨。

「捨」，有時是有形的，如買東西、置產業，你需付錢；有時是無形的，如你要專心爭取事業上的成功，必須捨去許多個人的享受。在遇上選擇去留時，這種取捨的權衡就更為明顯。

就拿求職來說，職業對一個人來說，是極為重要的事，可偏偏出了問題，你又如何處理呢？

如果你是被老闆開除了，炒了魷魚，要認真總結自己為什麼不適應這位老闆，是自己的錯，還是老闆有問題；是工作問題，還是感情問題。想開了，割捨了，走人就是。不過，這種忍痛割愛最好少來，次數多了你就不痛不癢，麻木不仁了。那樣可就無可救藥了。

人們追求成功猶如爬山。一個又一個山頭的征服過程雖很艱苦，但成功在望的鼓舞使你有勇氣繼續攀緣，這是「取」的過程。但當你到達峰頂峰，享受殊榮之時，也就是你面臨退下之日。是對成功和榮譽的取捨，更需要絕大的智慧與決心。

猛然一看，也許會想：有金錢、財產、地位、名望的人都很偉大、很了不起。能掌權握勢、呼風喚雨、君臨天下，並常做出一副趾高氣揚、瞧不起人的樣子。但事實上完全不是那麼一回事。當遇到有社會大變動或大變革的兵荒馬亂之際，最驚慌失措、手忙腳亂的就是這些站在頂點的人。

如果問其因，那是因為有種失去現在所擁有一切的恐怖。在緊要關頭時，最可怕的就是失去擁有的東西。

不了解這一「捨」的原則，則當取得越多時，越覺得負累沉重無從解脫。結果必致諸般牽絆與干擾紛至沓來，揮之不去，致使自己舉步維艱，「取」之樂趣就變為沉重的拖累了。

另一種「捨」，是對於求之而不得的事物的果斷放棄，盡力而為是取

的最高原則。盡力而為之後，發覺此事與己無緣，能瀟瀟灑灑地揮手而去，另求用武之地，另辟發展一己才華之道，這也是一種「捨」。再次強調：為了「得」，首先要學會「捨」。

危機時要有果斷放下的魄力

古希臘的弗里吉亞國王哥帝安（Gordian）以非常奇妙的方法，在戰車的軛上打了一串結。他預言：誰能打開這個結，就可以征服亞洲。一直到西元前 334 年還沒有一個人能將繩結打開。這時。亞歷山大（Alexander the Great）率軍入侵小亞細亞，他來到哥帝安繩結前，不加考慮便拔劍砍斷了它。後來，他果然一舉占領了比希臘大 50 倍的波斯帝國。

一位年輕人到一家餐館應徵，老闆問：在人群密集的餐廳裡，如果你發現手上的托盤不穩即將要跌落該怎麼辦？許多應徵者都答非所問。這個年輕人答道：如果四周都是客人，我就要盡全力把托盤倒向自己。最後，這位年輕人成大事了。

亞歷山大果斷的劍砍繩結，說明他放下了傳統的思維方式；年輕人果斷的把即將傾倒的托盤投向自己，才保證了顧客的利益。

在某個特定的時刻，你只有勇敢放下，才有機會獲得更長遠的利益。即使遭受難以避免的挫折，你也要選擇最佳的失敗方式。

在許多年前的一次國際比賽中，一個名為法蘭克．馬歇爾（Frank James Marshall）的棋手走了一招經常被讚譽為「最美妙一著」的棋。在那重要的一局中，他與對手——一位俄國大師——勢均力敵。馬歇爾的「皇后」受到圍困，但要殺出重圍，仍是有幾個辦法可想的。由於皇后是最重要的進攻棋子，觀戰的人都以為馬歇爾會依常規，把皇后走到安全的地方。

馬歇爾對著棋局苦思，時間到了，他拿起皇后，略一停頓，隨即下在最不合常理的方格內 —— 在那裡，敵方有三枚棋子可以把皇后吃掉。

馬歇爾在緊要關頭放棄皇后，太不可思議了，觀棋的人和馬歇爾的對手都吃了一驚。

接著，俄國棋手和其他的人都恍然大悟，明白了馬歇爾走的是極高明的一招。不論對方用哪個子吃皇后，都會立陷頹勢。俄國棋手看出自己敗局已定，只好認輸。

馬歇爾以大膽罕見的招數贏了對手：犧牲皇后，贏了棋局。

一個棋手是否贏了一場比賽並不重要，甚至他的棄後妙招也不重要。重要的是他能夠撇開傳統的想法，去考慮這一招。他不囿於傳統方式。願意根據自己的判斷，且純憑自己的判斷，走這一險招。不管棋局結果如何，馬歇爾都是真正的勝利者。

有時，為了顧全大局，保護更大的利益，也要學會暫時放下相對較小的利益。

從前，有位商人狄利斯和他長大成人的兒子一起出海旅行。他們隨身帶上了滿滿一箱子珠寶，準備在旅途中賣掉，但是沒有向任何人透露過這一祕密。一天，狄利斯偶然聽到了水手們在交頭接耳。原來，他們已經發現了他的珠寶，並且正在策劃謀害他們父子倆，以掠奪這些珠寶。

狄利斯聽了之後嚇得要命，他在自己的小屋內踱來踱去，試圖想出個擺脫困境的辦法。兒子問他出了什麼事情，狄利斯於是把聽到的全告訴了他。

「同他們拚了！」年輕人斷然道。

「不」，狄利斯回答說，「他們會制伏我們的！」

「那把珠寶交給他們？」

「也不行，他們還會殺人滅口的。」

過了一會兒，狄利斯怒氣沖沖地衝上了甲板，「你這個笨蛋兒子！」他叫喊道，「你從來不聽我的忠告！」

「老頭子！」兒子叫喊著回答，「你說不出一句值得我聽進去的話！」

當父子倆開始互罵的時候，水手們好奇地聚集到周圍。狄利斯突然沖向他的小屋，拖出了他的珠寶箱。「忘恩負義的兒子！」狄利斯尖叫道，「我寧肯死於貧困也不會讓你繼承我的財富！」

說完這些話，他打開了珠寶箱，水手們看到這麼多的珠寶時都倒吸了口涼氣。狄利斯又衝向了欄杆，在別人阻攔他之前將他的寶物全都投入了大海。

過了一會兒，狄利斯父子倆都目不轉睛地注視著那只空箱子，然後兩人躺在一起，為他們所做的事而哭泣不止。後來，當他們單獨一起呆在小屋時，狄利斯說：「我們只能這樣做，孩子，再也沒有其他的辦法可以救我們的命！」

「是的，」兒子答道，「您這個法子是最好的了。」

輪船駛進了碼頭後，狄利斯同他的兒子匆匆忙忙地趕到了城市的地方法官那裡。他們指控了水手們的海盜行為和企圖謀殺罪，法官逮捕了那些水手。法官問水手們是否看到狄利斯把他的珠寶投入大海，水手們都一致說看到過。法官於是判決他們都有罪。法官問道：「什麼人捨棄掉他一生的積蓄而不顧呢，只有當他面臨生命的危險時才會這樣去做吧？」水手們只得賠償了狄利斯的珠寶。

人生總是有得有失，有時放棄是為了大踏步地前進，放棄是真正的勇氣，也是真正的智慧。

顧全大局、捨小取大的智慧

無數史實表明，一個人只有深謀遠慮、從整體上分析和進行判斷，顧全大局，捨小取大，才做出正確的選擇和決策。如果目光短淺，為小利所蒙蔽，就容易招致災禍。

下面這個歷史故事則是一個血淋淋的「反面教材」。

春秋時候，晉國是一個大國，它的旁邊有兩個小國，一個是虞國，一個是虢國。這兩個小國是鄰國，國君又都姓姬，因此關係非常密切。

虢國和晉國接壤的地方經常發生衝突，晉獻公想滅掉虢國。但是他剛說出這個想法，大夫荀息就勸他說：「虞國和虢國兩國唇齒相依，如果我們攻打虢國，虞國肯定會出兵救援，這樣我們不一定能占什麼便宜。」晉獻公問：「難道我們拿虢國沒辦法了嗎？」荀息給晉獻公出了一條計策：「虢公荒淫好色，我們可以送給他一些美貌的歌女舞女，這樣他就會縱情享樂，荒疏政務，我們就有機會攻打他們了。」晉獻公就派人送了一些歌女舞女給虢公。

虢公大喜，果然成天荒淫享樂，不理朝政。晉獻公問荀息，現在可以攻打虢國了嗎？荀息說：「如果我們現在攻打虢國，虞國還是會出兵救援，還需用計離間他們。攻打虢國要經過虞國，我們可以向虞公送上一份厚禮，向虞國借道，這樣他們兩國就會互相猜疑，我們就可以從中取利了。」

晉獻公一狠心，把晉國的國寶一匹千里馬和一對價值很高的白璧作禮物，派荀息送給虞公。荀息到了虞國，奉上禮物，虞公看著殿前的這匹千里馬，只見它身長一丈五尺開外，高一丈有餘，通體潔白並無一根雜毛，馬頭高高地仰著，氣宇軒昂，似乎隨時都能乘風而去，這匹馬果然不比凡馬。

第三章　愈放下，愈快樂

荀息見虞公看得兩眼發直，在一旁說：「這匹千里馬日行千里，夜走八百，乃是我們晉國的國寶，」虞公聽了不停地點頭。荀息對虞公說：「您再看看這對白璧，色澤白淨如羊脂，拿在手裡觀賞，寶光奪目，溫潤可人，沒有一點瑕疵，雕琢得渾然天成，這也是我們晉國的國寶。」虞公把白璧拿在手裡細細賞玩，看得眼珠子都要掉出來了。

這時他唯恐荀息再把這些寶物要回去，急忙問荀息：「貴國送我這兩件寶物，是不是有什麼事要我幫忙？」荀息恭恭敬敬地說：「我們要討伐虢國，想要向貴國借一條道，如果我們打勝了，所有的戰利品都送給貴國。」虞公一聽，晉國的條件對虞國來說簡直不費吹灰之力，趕忙滿口答應下來。

大夫宮之奇勸諫虞公道：「且慢，此事萬萬不可答應，虢國和我國是近鄰，有事互相照應，兩國的關係就好比嘴唇和牙齒，嘴唇要是沒了，牙齒就會覺得寒冷；要是虢國被消滅了，我們虞國也就危險了。」虞公現在所有的心思都在這兩件寶物上，哪能把咽進嘴裡的美味再吐出來？虞公心裡知道宮之奇說得有道理，但是他看看那匹神駿的千里馬，再看看案子上溫潤無瑕的白璧，沉吟了一會兒說：「晉侯把國寶都送給我們了，可見他們的誠意，雖然失去虢國這個朋友，但結交強大的晉國，這對虞國來說還是很有利的啊。」宮之奇還想再勸諫，站在他身邊的大夫百里傒把他制止了。

散朝之後，宮之奇問百里傒：「晉國送我們禮物，明顯是不安好心，你為什麼不讓我勸諫國君？」百里傒回答：「你看國君對那兩件寶物那麼著迷，他哪會聽你的話？你這是把珍珠扔到地上啊。」宮之奇預見到虞國很快就要遭到滅頂之災，於是悄悄地舉家潛逃了。

過了不久，晉獻公派大將里克和荀息帶領大軍討伐虢國，晉軍借道經過虞國的時候，虞公還親自出來迎接，他對里克說：「為感謝貴國的盛情，我願意帶兵助戰。」荀息回答道：「您要是願意幫助我們，還是幫我們騙開虢國的關卡吧！」虞公按照荀息的計策，帶兵假裝援助虢國，幫晉軍騙開了虢國的關卡，晉國大軍很快就滅了虢國。里克分了很多戰利品給虞公，虞公看到一車車的金銀珠寶和美女，樂得嘴都合不攏了。

里克借機說要把大軍駐紮在虞國都城外休息幾天。

這一天，有人報告虞公：「晉獻公到城外了。」虞公趕忙驅車出城迎接，兩位國君一見面，晉獻公對虞公說：「這次滅虢國，貴國對我們的幫助很大。現在我特地前來致謝，今日天氣晴朗，我們一起去打獵如何？」虞公很高興地答應了，晉獻公又說：「圍獵必須多派些人同去，貴國士兵熟悉地形，還請您多帶些人。」虞公把全城的兵馬都調出城打獵，他們正在圍場上打獵，忽然看見百里傒飛馳而至，他急沖沖地對虞公說：「出事您趕快回去吧！」虞公趕忙回城，到城門邊一看，城門緊閉，吊橋高懸，城門樓上閃出一員晉軍大將，他得意洋洋地對虞公說：「上次多謝你們借道讓我們滅了虢國，現在我們順手把虞國也滅了。」虞公一聽，嚇得面如土色，他回頭一看，身邊只剩下百里傒了，虞公想起當初宮之奇勸諫自己的話，後悔不迭地對百里奚說：「當初宮大夫良言相勸，我怎麼就不聽呢？唉，果然是唇亡齒寒啊！」

這時候，晉獻公的人馬也到了，他見到虞公眉開眼笑地說：「我這次到虞國來，就是要親手取回我們的兩件寶貝的，不過看在你幫我們滅了虢國，並且把虞國也拱手相讓的分上，我另送你一對玉璧和一匹千里馬吧！」

人無遠慮，只顧眼前利益，必有近憂。開闊思路，以全面的觀點看待事物，放下小利，才能夠掌握全域，正確預見未來，做出科學的決策，採取積極有效的行動。

以最適合的方式選擇與放下

古代有個人違反了法律，要受到懲罰，縣官就列出了三個處罰的方式讓他自己選擇：第一種是罰款 100 元，第二種是吊在樹上兩個時辰，第三種是吃 50 個辣椒。

那個人想：還是吃辣椒划算，既不破財，也不痛苦。於是他選擇了第三種。他拿起辣椒吃起來，剛吃了幾個感覺還可以，當他吃到第十個時，他感覺到嘴裡火辣辣的痛，心裡像燒著一團火，他難受極了。他又勉強吃了十個，但實在堅持不下來了，他流著淚說：「我再也不吃這要命的辣椒了。我寧願被吊起來。」他又被一條結實的繩子吊了起來，不一會兒，他就感覺頭暈目眩，遍身像是被砍了下來一樣，繩子勒進了肉裡，痛得他大聲叫起來，他再也不想為了 100 元錢而受這個罪了，他高聲地叫道：「快放我下來，我要選擇第一種方式，我情願被罰 100 元錢。」他轉了一圈，折磨也受了，最後，依然沒有逃脫罰款的方式。

如果他一開始就能想到，選擇第一種方式，就不必再去嘗試另外的痛苦，不會受兩種罪了，最後還是乖乖地回到第一種方式來。正應了那句話：早知如此，何必當初呢？

在遇到亟需解決的問題時，有些人心中總是存在僥倖的心理，不願意腳踏實地在最理想的時候，以最適合的方式選擇與放下，老想走「捷徑」，到最後，走了許多彎路，吃盡了苦頭，才發現：還是老老實實地好！這樣做雖然有時會顯得「呆板」，卻能夠避免許多彎路。

為了獲得更多，人活一世首先必須忍耐，必須學會吃虧。就像拳擊一樣，一個輕拳都得不到的人，是站在拳擊臺以外的人；拳擊家有特別經打的鐵下巴，吃幾個輕拳根本不在乎，完全忍得住。而他的一記重拳往往能結束戰鬥或得高分。

精通捨得大智慧的高手不管對方實力如何，總忘不了保留實力的策略。如一個拳手孤注一擲的重拳一旦打空，便很難全身而退了。要為自己留有餘地，馬到成功的事畢竟不常有。

古今中外的戰史，我們如果仔細研究，將會發現，善戰者不管己方實力如何，敵方虛實如何，交戰之前，多半為戰敗之後的撤退預想退路。這並非是對勝利沒有信心，或長敵人志氣，而是保留實力應有的謀略。勝敗固是兵家常事，唯有知所進退，方為大智。

在交際中，此招通用無阻，比方說你遭到圍攻時，如果對方勢力比較多強大，問題不可以正面解決時，則可以採取迂迴的策略，先退一步的方法，再尋求進兩步，最終戰勝對方。

我們的人生是由一連串大大小小的決定銜接而成的。人所做的每一個決定，主要是依據權衡得失的結果，然而很多人往往見便宜就想得，生怕自己吃一丁點虧，這樣一來使自己的路越來越窄，也很難有大便宜到手。

從客觀的角度說，一個人只要願意吃小虧、勇於吃小虧，不去事事占便宜、討好處，日後必有大「便宜」可得，也必成「正果」。相反，要想「占了便宜」，則必須能夠吃小虧，勇於吃小虧，這甚至可以說是一種規律。那種事事處處要占便宜的人、不願吃虧的人，到頭來反而會吃大虧。這也是為許多歷史經驗和先人後事所證明了的。

就拿鄰居相處這個我們常常遇到的事來說，人與人之間沒了成見，彼此和睦的時候，雞毛蒜皮，大家可以付之一笑。而一旦有了成見之後，言者無心，聽者有意，簡直會風聲鶴唳、草木皆兵。對方關門重了，咳嗽的聲音大了，洗衣服的水流過來了，往往都是惹你生氣的根源，因為你會把這些事統統看作是故意的。

鄰居相處，小小的誤會在所難免，但千萬別憑一時意氣，吵開了頭。

爭吵一旦開始，以後就處處都是吵架的資料，結果就會鬧得雞犬不寧，成為生活上的一大威脅。遇事忍一口氣，大事化小，小事化無。忍耐一時並不難而且以後的好處是無窮的。

「吃小虧占大便宜」初聽起來似乎是有些不道德，可如果鄰里之間互相謙讓，都捨得吃點小虧，維持了大好的生活環境，又何樂而不為呢？

我們不能想當然地把「出重拳」、「占大便宜」看成一種狹隘的整治別人、復仇打擊，這不是強者的得失觀。但對於那些蠻橫無理的人，看準機會狠狠地教訓他們一頓，對他們也有好處。

這裡主要強調了一種更高一級的勝利策略，因為我們不可能事事爭強，處處占上風，所以我們可以主動地吃上幾個輕拳，而把出重拳的主動權抓在了自己手裡。人更多的時候要面帶善意，顯示白色，一味地黑著臉去重拳打人是不足取的。

因為，這種放棄、讓步、「吃小虧」，往往並不一定是為了達到某一個更高的目標，而常常是出於另一種原因，一種預測到、也了解到自己不可能獲得自己所有應該獲得的機會和利益的明智。既然如此，我們又何必煞費苦心地去爭、去比、去要呢？我們反正是要失去一些的，那麼，把這種必然性的東西駕馭在自己的主動權之下，豈不是更好嗎？這本身就已經是占了大便宜。因為不懂得這樣做的人，表面上看，可能爭上了他碰到的各種機會，但實際上他由於完全陷於已有的機會中，則不能不失去後來的各種機會的選擇。能吃小虧的人則始終把這種主動權操在自己手中，儘管失去了一些機會，但也無妨大事。

該放棄就放棄，不可貪大求全

答題闖關的電視節目，對於每一個參與者來說，總有許多夢想會被實現，總有前面的陷阱在等待著你。主持人總是面帶微笑地問參與者：「繼續嗎？」如果繼續就有兩種結果，一個是成功，接著往前進，一個是失敗，退回到你原來的起點。不進則退，不可能讓你在原地呆著，還能保持住已經取得的成績。

答對全部共十二題的人並不多。但是，很多選手，都是一直往前，有好多人，已經到了第八題，但因為一次失誤，又回到了從前的點數。

那天，有位參賽者一直很幸運，一路到了第九題。他懷孕的妻子就在臺下，去掉個錯誤答案、打熱線給朋友、求助現場觀眾，他都用過了，到了第九題，當他把自己所有設定的家庭夢想都實現後，主持人問：「繼續嗎？」

「不。」他說，「我放棄。」

看到這裡，很多觀眾都是一愣，主持人也一愣。因為很少有人放棄，那是在全國電視觀眾面前，失敗或成功都可以理解，本來就是一場智力加機遇的遊戲。

但他放棄了。

主持人繼續問他：「真的放棄嗎？」而且一連問了三次。

他連猶豫都沒有，然後點頭，真的放棄。

「不後悔？」主持人問。

他笑著說：「不後悔，因為應該得到的已經得到了。」

最終，他只答了九道題，沒有接著沖向完美的十二題，但是他說，已經很滿足了，因為人生有許多東西必須要放棄才會得到。

另一個主持人問他：「如果將來你的孩子長大後問你，爸爸，那天上節目你為什麼放棄繼續答題？你會怎麼說？」

他說：「我會告訴他，人生並不一定非要走到最高點。」

主持人說：「那你的孩子如果問，那我以後考80分就滿足了你怎麼說？」

他笑著說：「如果他覺得高興，如果他付出自己應該付出的努力，那麼我認同。」

全場響起了熱烈的掌聲。

那是一種更豁達的人生態度吧，從來我們都以為要追求、永遠追求，要一直向前，哪怕跌得頭破血流，爬山時我們要達到山頂，在半山腰上停下的人會被看不起，跑步時我們要撞到紅線，彷彿那才是唯一的目的。

從來不知道，原來，放棄也可以是一種快樂，一種睿智。

現代社會，經濟快速發展，科技日新月異，物質日益豐富，人們所面對的選擇與誘惑也越來越多。在這樣的背景下，如何選擇取捨實在是一個難題。然而，貪大求全卻成了一些人的流行病：做學問的總想搞出大而全的「體系」，做生意的唯恐遺漏任何一個賺錢的機會，就連吃喝宴請也要講究「十全大補」和「滿漢全席」。但是，又有多少人會想到，人的時間、精力以及胃口是有限的，一味貪大求全、四處開花，什麼好處都想占到，最後難免顧此失彼，甚至鬧出各種毛病來。

兩千多年前的思想家老子透過對名譽、財富、得失等問題的追問和思考，得出一個結論：過分的貪戀必然會付出沉重代價，過多的擁有必然導致失去更多。所謂「少則得，多則惑」，「夫唯不爭，故天下莫能與之爭」，同樣是講矛盾的辯證轉化。這些觀點，在今天仍然發人深省。

該認輸時就認輸，該撒手時就撒手

這一課沒有哪一個學校開設，這一課卻人人都應學會，這一課叫：學會認輸。

學會認輸是什麼？一個人如果聽慣了這些詞彙：百折不回，堅定不移，前仆後繼，永不言悔……那麼，他需要學會認輸。

學會認輸，就是知道自己在摸到一張爛牌時，不要再希望這一盤是贏家。只有傻子才在手氣不好的時候，對自己手上的一把爛牌說，我們只要努力就一定會勝利。當然，在牌場上，大多數人在摸到一張爛牌時會對自己說，這一盤輸定了，別管它了，抽口煙歇口氣，下回再來。可在實際生活中，像打牌時這樣明智的，卻少之又少。想想看，你手上是不是正捏著一張，捨不得丟掉？

學會認輸，就是在陷進泥塘裡的時候，知道及時爬起來，遠遠地離開那個泥塘。有人說，這個誰不會呀！不會的人多了。那個泥塘也許是個不適合自己的公司，也許是一堆被套牢的股票，也許是個「三角」或「多角」戀愛。也許是個難以實現的夢幻……

生活中不同的人在這樣的泥塘裡是怎樣想的？他們會想，讓人家看見我爬出來一身污泥多難為情呀；會想，也許這個泥塘是個寶坑呢；還會想，泥塘就泥塘，我認了，只要我不說，沒人知道！甚至會想，就是泥塘也沒關係，我是一朵荷花，亭亭玉立，可以出淤泥而不染……

學會認輸，就是在被狗咬了一口時，不去下決心也要咬狗一口；就是在被蚊子咬了一口以後，不會氣呼呼地非要抓住「元凶」不可……

也許有人會說，這有什麼不懂，誰又不是傻子。不過在現實生活中，若被狗咬，很難做到不去跟狗較勁。

學會認輸，就是上錯公車時，能及時下車，另外坐一輛車。

這也好懂，只是人們這樣的行為，一旦不是在公車上出現，自己就不太願意下車了。比方說，如果是一樁婚姻，一個寫了一半的劇本，一個正從事的發明，難！於是就努力向售票員證明是他的錯，是他沒有阻止自己登上公車；於是就努力說服司機改變行車路線，教育他跟著自己的正確路線前進；於是就下決心消滅這輛車，因為消滅一個錯誤也是件偉大的事業；於是說堅持坐到底，因為在 999 次失敗後也許就是最後的成功。

人生道路上，我們常常被高昂而光彩的語彙弄昏了頭，以不屈不撓、百折不回的精神堅持死不認輸，從而輸掉了自己！學會認輸應該是最基本的生活常識，爛牌教過我們，泥塘教過我們，蚊子和狗也教過我們，只是我們一離開這些老師，就不願從上錯了的車上走下來。也真奇怪了。

記住：該認輸時就認輸，該撒手時就撒手。

第四章
看淡得失成敗

轉變的思考

兩雙被主人拋棄的舊鞋子在垃圾堆上不期而遇，它們開始互相傾訴自己的不幸遭遇。

運動鞋傷心地說：「想當初，15 歲的小主人非常喜歡我，打籃球、跑步、爬山都把我穿上，我也非常盡責，從未讓小主人摔過一個跟頭，誰知事過境遷，一年後的今天，小主人的腳長大了，我已經不再適合他，小主人竟將我無情地扔在這裡。」

「唉！比起我來，你這不算什麼。」皮鞋難過地說：「我的樣式雖然過時，但絕對貨真價實。5 個月前，落魄的男主人以實惠的價格買下我，每天穿在腳上征戰商場，我忠心耿耿地為他的雙腳擋寒遮雨，走向事業頂峰。誰知他剛一發財，立即花費近千元買下一雙時髦名貴的皮鞋，今天早晨將我遺棄在這裡。」

一切都變了，往日被人穿在腳上精神抖擻的兩雙鞋子，如今卻同病相憐地躺在垃圾堆上。兩天後，在風吹日晒中它們變得面目全非。兩雙鞋子開始絕望，長籲短嘆，覺得再不會有「用武之地」，人生就此暗淡無光了。這時，一位撿破爛的老人發現了它們。老人拍了拍鞋上的塵土，將它們帶回到貧窮的家中。

經過老人一番認真刷洗、擦拭後，兩雙鞋子不僅變得容光煥發，而且分別有了「用武之地」。運動鞋成了老人小孫子的所愛，皮鞋變成老人奔波四方的親密夥伴。兩雙鞋子終於在「轉變」中找到了適合自己生存的環境。

不是嗎？一成不變的事物只能被拋棄或滅亡。

捨不得的代價

一位藥材商人來到村子，向村民收購靈芝，出價十分的高。但此時正值冬季，高山上的氣溫已經降到了攝氏零下幾十度，上山採藥十分危險，許多村民都不敢輕易上山，也只好望價興嘆了。

有一家父子 3 人決定冒一次險，因為商販出的價格實在太誘人了。他們登上了高山，並且到了冰川地帶，但卻一無所獲。準備回來的時候，山上起了暴風雪，氣溫驟降，年事已高的父親被嚴重凍傷，無法行走了。他倒在冰冷的雪地上，明白自己無論如何也走不下山了，便果斷地對兩個兒子說：「我不行了，你們快把我的衣服脫下來穿上，設法下山。」

兩個兒子不肯丟下父親，不願從父親身上脫下大衣，堅持要背父親下山。

父親不斷斥責他們這種「自殺行為」，但卻無法阻止他們。他們背著父親只走了一小段路，就迷失了方向，父親也昏過去了。

兒子們淚流滿面，一聲聲喊著「爸爸」。大兒子脫下身上的大衣蓋在父親身上，試圖把父親救回來。過了許久，父親已經沒有一絲氣息，大兒子也被凍傷了。他對弟弟說：「看來我要在這裡陪父親了。小弟，你把我的衣服脫下來穿上，設法走下山去，家裡還有母親、奶奶在等著我們。」

弟弟悲痛萬分，他摸摸父親，再摸摸哥哥，父親的身體已經僵硬，哥哥的身體還有一絲餘熱，他脫下自己的大衣，蓋在哥哥的身上，企圖救活他。

第二天，暴風雪過去了，父子 3 人倒在一塊，父親蓋著大兒子的大衣，大兒子蓋著小兒子的大衣，而小兒子只穿著一件薄薄的棉衣。

村人們把他們抬下山來，邊走邊流淚。

他們說：「什麼叫骨肉相連，他們父子 3 人就是。」

但是有人卻惋惜地說：「應該有兩人可以活下來，但他們錯過了生存的機會。」

的確，如果兩個兒子穿上父親的大衣，徒手下山，是可以回到家的，但他們捨不得父親。

此後一年之中，他們的家人紛紛在痛苦中鬱鬱而終。

凡事應辯證地來看

有人做事總是把眼前利益看得很重，而不能辯證地看事情，結果反而失去了永遠的利益。

古時，一位姓塞的老翁。不小心丟了一匹馬，鄰居們都認為是件壞事，替他惋惜。塞翁卻說：「你們怎麼知道這不是件好事呢？」眾人聽了之後大笑，認為塞翁丟馬後急瘋了。幾天以後，塞翁丟的馬又自己跑了回來，而且還帶回來一群馬。鄰居們見了都非常羨慕，紛紛前來祝賀這件從天而降的大好事。塞翁卻板著臉說：「你們怎麼知道這不是件壞事呢？」大家聽了又哈哈大笑，都認為老翁是被好事樂瘋了，連好事壞事都分不出來。

果然不出所料，過了幾天，塞翁的兒子騎著新來的馬去玩，一不小心把腿摔斷了。眾人都勸塞翁不要太難過，塞翁卻笑著說：「你們怎麼知道這不是件好事呢？」鄰居們都糊塗了，不知塞翁是什麼意思。事過不久，發生戰爭，所有身體好的年輕人都被拉去當了兵，派到最危險的前一線去打仗，九死一生的塞翁的兒子因為腿摔斷了未被徵用，在家鄉過著安定幸福的生活。

這就是老子的《道德經》所宣揚的一種辯證思想。基於這種辯證關係，我們可以明白，即使是看起來很壞的「吃虧」，也會帶來意想不到的好處。生活中此類事常見，因此人一定要把眼光放遠，懂得該忍就忍，有時看似吃虧的事反而是獲得更大利益的前提和資本。

美國亨利食品加工工業公司總經理亨利·霍金士先生突然從化驗室的報告單上發現，他們生產食品的配方中，起保鮮作用的添加劑有毒，雖然毒性不大，但長期服用對身體有害。但如果不用添加劑，又會影響食品的鮮度。

亨利·霍金士考慮了一下，他認為應以誠對待每一位顧客，毅然把這一有損銷量的事情告訴每位顧客，於是他當即向社會宣布，防腐劑有毒，對身體有害。

這一下，霍金士面對了很大的壓力，食品銷路銳減不說，所有從事食品加工的老闆都聯合了起來，用一切手段向他反撲，指責他別有用心，打擊別人，抬高自己，他們一起抵制亨利公司的產品。亨利公司一下子跌到了瀕臨倒閉的邊緣。

苦苦掙扎了 4 年之後，亨利·霍金士已經傾家蕩產，但他的名聲卻家喻戶曉，這時候，政府站出來支持霍金士了。亨利公司的產品又成了人們放心滿意的熱門貨。

亨利公司在很短時間裡便恢復了元氣，規模擴大了兩倍。亨利·霍金士一舉登上了美國食品加工業的頭把交椅。

生活中的聰明人善於從吃虧當中學到智慧。「吃虧是福」也是一種哲理，其前提有兩個，一個是「知足」，另一個就是「安分」。「知足」會對一切都感到滿意，對所得到的一切充滿感激之情；「安分」則使人從來不奢望那些根本就是不可能得到的或者根本就不存在的東西。沒有妄想，也就不會有邪念。表面上看來，「吃虧是福」以及「知足」、「安分」會有不思進取之嫌，但是，這些思想確實能夠教導人們成為對自己有清醒認識的人。

第四章　看淡得失成敗

人非聖賢，誰都無法拋開七情六欲，但是，要成就大業，就得分清輕重緩急，該捨的就得忍痛割愛，該忍的就得從長計議。歷史上劉邦與項羽在稱雄爭霸、建立功業上就表現出了不同的態度，最終也得到了不同的結果。蘇東坡在評判楚漢之爭時就說，項羽之所以會敗，就因為他不能忍，不願意吃虧，白白浪費自己百戰百勝的勇猛；漢高祖劉邦之所以能勝就在於他能忍。懂得吃虧，養精蓄銳。等待時機，直攻項羽弊端，最後奪取勝利。

楚漢兩王平日的為人處世之不同自不必說，楚漢戰爭中，劉邦的實力遠不如項羽，當項羽聽說劉邦已先入關時，怒火沖天，決心要將劉邦的兵力消滅掉。當時項羽 40 萬兵馬駐紮在鴻門，劉邦 10 萬兵馬駐紮在霸上，雙方只隔 40 里，兵力懸殊，劉邦危在旦夕。在這種情況下，劉邦先是請張良陪同去見項羽的叔叔項伯，再三表示自己沒有反對項羽的意思，並與之結成兒女親家，請項伯在項羽面前說句好話。然後，第二天一早，又帶著隨從、拿著禮物到鴻門去拜見項羽，低聲下氣地賠禮道歉，化解了項羽的怨氣，緩和了他們之間的關係。

表面上看，劉邦忍氣吞聲，項羽掙足了面子，實際上劉邦以小忍換來自己和軍隊的安全，贏得了發展和壯大力量的時間。劉邦對不利條件的隱忍，面對暫時失利的堅忍不拔，反映了他對敵鬥爭的謀略，也體現了他巨大的心理承受能力。

劉邦正是把眼光放遠，靠著吃一些眼前虧的技巧，贏得了最後的勝利。有人說劉邦是一忍得天下，相信這種智慧不是有勇無謀的人可以修練成的。今天，我們不一定會遇到這種你死我活的敵對關係，但無論在怎樣的條件下，都要把眼光放遠，能夠忍讓，懂得吃虧，因為「塞翁失馬，焉知非福」，捨小謀大才最後成功。

小利不爭，大利不放

生活中總有這樣的人，他們做事時一門心思只考慮不能便宜了別人，但卻忽視了於自己是否有利。不便宜別人就得自己吃虧，因此，不要怕便宜了別人，「便宜」別人又「得益」自己，何樂而不為呢？有時候，急於成功，反而會適得其反。

事實上，任何事情要想做好、做精，都需要有良好的心理素養，不為情緒所左右。武林高手不會輕易揮動老拳，軍中名帥不會一怒出師。精明的商人也是這樣，絕不會憑一時衝動而撒財使氣。只有這樣，才能把生意做到藝術的境界。

「迴避」也是生活的藝術

1960年代早期的美國，有一位很有才華、曾經做過大學校長的人，出馬競選美國中西部某州的議會議員。這位先生資歷很高，又精明能幹、博學多聞，看起來很有希望贏得選舉的勝利。但是，在選舉的中期，有一個很小的謠言散布開來：三四年前，在該州首府舉行的一次教育大會中，他跟一位年輕女教師「有那麼一點曖昧的行為」。這實在是一個彌天大謊，這位候選人對此感到非常憤怒，並盡力想要為自己辯解。由於按捺不住對這一惡毒謠言的怒火，在以後的每一次集會中，他都要站起來極力澄清事實，證明自己的清白。

其實，大部分的選民根本沒有聽到過這件事，但是，現在人們卻愈來愈相信有那麼一回事，真是愈抹愈黑。人們振振有辭地反問：「如果他真是無辜的，他為什麼要百般地為自己狡辯呢？」如此火上加油，這位候選人的情緒變得更差，也更加氣急敗壞地在各種場合為自己洗刷，譴責謠言

的傳播。然而，這卻更使人們對謠言信以為真。最悲哀的是，連他的太太也開始相信謠言，夫妻之間的親密關係被破壞殆盡。最後他失敗了，從此一蹶不振。

硬漢阿諾史瓦辛格（Arnold Schwarzenegger）競選州長時，也面對了各種刁難和中傷，可他根本不去理會，不去應答那些無聊的責難。這反而增加了他在選民中的人格魅力，贏得了更多選民的信賴和支持，並最終獲得了大選的勝利。

競選是這樣，現實生活也是如此，自己想做什麼事，就一心一意地去實現它。對出現的阻撓，不要介意，把它們當作生活中的瑣屑之事，暫時迴避一下，就會風平浪靜，一切就會過去了。

揚長避短，智慧經營

商人的目的就是以賺錢為主，做事一定要有眼光，不能隨意出手，要根據自己的特長，學會從小處突擊，去奪得大的收益。

專注於「小」市場

公司可分為大公司和小公司。此外，尚有個人獨資的小商店，也具有私營公司的特性。

如果以船來比喻，大公司就像航空母艦，中小公司是驅逐艦，而個體商店和私營公司就是炮艇。航空母艦雖強而有力，但卻缺少機動力，炮艇則行動敏捷，狹小的地方也能進入。

現在的大公司不見得穩如泰山，因投資不慎而倒閉者不計其數，依舊需要瞪大眼睛尋求新事業。所以，中小公司若熱衷於新路線，如果不能別出心裁，一旦讓大公司侵入，辛苦開發的市場就會被搶走，而淪為大企業的附庸，甚至被擠出。

中小公司，想要開發某一和大公司相同的產品，或拓展大公司很容易滲入的行業，一定沒有能力競爭，所以，盡力做大公司不易滲入的生意才是生財之道。

小公司宜重點突破，不宜分散經營

小有成就的經商者一旦成了小強人便飄飄然，除了自以為一貫正確外，還有一種通病，就是認為自己是萬能的，在這裡，萬能不僅是什麼工作都能做，更是指做什麼行業都能成功。

大公司分散經營，自有它的道理，那就是要維持增長。分散經營，可避免某一行業、某一市場的起落對公司的不利影響。投資別的公司，目的是使資金永遠活躍。要使公司不斷增長、不斷有盈利是很困難的，而分散經營是解決這些困難的捷徑。

小公司無須分散經營，如果真的一帆風順的話，最有利的做法是不斷擴大經營，不斷滲透市場。

當企業在市場上遇到阻力時，往往就是小公司分散精力的第一個引誘。在這種情況下，公司可直闖下去，也可繞過問題另闢戰場。許多小公司會選擇後者，因為這樣可以不打硬仗，看來是個聰明的方法。殊不知，無論你如何聰明能幹，步入一個新行業時，必定要重新學習，重新吸取新的知識和技巧，重新培養新的供應商和客戶關係，這都需要很多的時間、精力以及其他人力物力。如果你能狠下決心，將同樣多的資源投入現在的戰場上，其成果未必比開闢新的戰場小。

大公司有時會遇到市場衰老停滯的困境，欲進不能，但小商品市場海闊天空，距離這個困境則遠得很。即使處於衰退之際，如果設法降低成本

以增加競爭力，改進產品，加強促銷，也是可能逆流而上的。試想，在衰退的環境下，開闢一條新戰線，是多麼艱難的一件事！

多元化經營不可貿然行事

多元化經營是多數成熟期企業的共同做法：鋼筆製造公司生產機器人，汽車業者進入不動產市場，意外地發現「某某公司在製造某產品」之類事，早已屢見不鮮。

多元化經營是彌補主業發展不足的有效手段。但是，基於「本業產品銷路不好，所以採取多元化經營」的動機，突發奇想地進行多元化經營，日後必有隱憂。

認為某個市場正在成長，貿然加入而失敗的例子很多。與本業有關的市場還好，如果是一個新的領域，就必須從頭開始，成功的可能性也就大大地降低。況且，既然是成長中的市場，其他企業必然也會前來分一杯羹，這就增加了冒險機會，一旦失敗恐怕只會血本無歸。如起初參與手機市場的一些企業，品牌在數次競爭後，退出的退出，倒閉的倒閉。所以，在開發另一個新領域之前，必須做好相當的市場調查，選定市場定位，訂立周全的計畫，同時還得適時覺悟才行，

在此必須強調的一個原則是「不可因本業不振而任意走上多元化一途」。在走向多元化之前，首先必須重新徹底地反省本企業，如果改進之後結果依然不見好轉，才可開始考慮多元化經營。

學會彎曲

在加拿大的魁北克有一個南北走向的山谷，山谷沒有什麼特別之處，唯一能引人注意的，是它的西坡長滿松、柘、女貞等樹，東坡卻只有雪

松。對這一奇異的景觀許多人都不明所以，也一直沒有令人滿意的答案。而揭開這個謎底的，是一對夫婦。

那是 1983 年的冬天，這對夫婦打算進行一次浪漫之旅，他們來到這個山谷的時候，天下起了大雪。當他們支起帳篷，望著漫天飛舞的大雪時突然發現，由於特殊的風向，東坡的雪總比西坡的雪來得大，來得密，不一會兒，雪松上就落滿了厚厚一層雪。不過，雪積到一定程度，雪松那富有生氣的枝椏就會向下彎曲，直到雪從枝頭滑落；這樣反覆地積，反覆地落，雪松完好無損。可其他的樹，如那些柘樹，因沒有這個本領，樹枝壓斷了。西坡由於雪小，總有些樹挺了過來，所以西坡除了雪松，還有柘樹、女貞之類。帳篷中的妻子發現了這一景觀，對丈夫說：「東坡肯定也長過雜樹，只是不會彎曲才被大雪摧毀了。」丈夫點頭稱是，並興奮地說：「我們揭開了一個謎——對於外界的壓力要盡可能地去承受，在承受不了的時候，要像雪松一樣，學會彎曲，學會給自己減輕壓力。

人生在世，不如意的事很多，有時面對壓力，我們要學會適應地「彎曲」與退避，並不是軟弱無能，是為了更好地「生存」與前進。

別向你的習慣投降

在西元 1870 年代，肖爾斯公司是當時最大的專門生產打字機的廠家。由於當時機械在擊打之後的彈回速度較慢，一旦打字員擊鍵速度太快，就容易發生兩個字鍵絞在一起的現象，必須用手很小心地將它們分開，從而嚴重影響了打字的速度，為此，公司常常會收到客戶對於這一問題的投訴。

為了解決這個問題，肖爾斯公司的設計師和工程師們非常傷腦筋，因為實在是沒有辦法再增加字鍵的彈回速度了。後來呢，有一位聰明的工程師提議：打字機關鍵的原因，一方面與字鍵的彈回速度有關，另一方面

呢，也跟打字員的擊鍵速度太快有關。既然我們無法提高字鍵的彈回速度，為什麼不想法降低打字員的擊鍵速度呢？

這條辦法得到了大多數人的贊同，那麼怎樣降低打字員的擊鍵速度呢，最簡單的方法就是打亂 26 個字母的排列順序，把比較常用的字母放在較為笨拙的手指下，而把那些不常用的字母放在比較靈敏的手指下面，比如字母 a 是使用頻率比較高的字母，但卻把它放在了左手的小指下面，同樣的道理，v、r、u 等這些使用頻率較低的字母卻由最靈活的食指來操控。

後來，由於材料工藝的發展，字鍵的彈回速度遠遠大於打字員的擊鍵速度了，可是當時打字機的鍵盤上，字母排列的方式並不是很科學，為什麼那些新推出的鍵盤排列樣式依舊維持原來的設計呢？這恰恰說明了習慣的力量有多麼強大。

哥倫布打破常規的習慣思維給我們豎起了雞蛋，弗萊明沒有習慣地將試驗的廢棄物丟掉而從中發明了青黴素，牛頓沒有習慣地把從樹上跌落下來的蘋果當作一個普通的蘋果而最終發現了萬有引力，習慣雖然有著那麼巨大的力量，但千萬別向你的習慣投降。

認錯未必是輸

山上有兩間和尚廟，甲廟的和尚經常吵架，互相敵視，生活痛苦；乙廟的和尚卻一團和氣，個個笑容滿面，生活快樂。於是，甲廟的住持便好奇地前來請教乙廟的小和尚：「你們是怎樣讓廟裡永遠保持愉快的氣氛的呢？」小和尚回答：「因為我們經常做錯事。」

甲廟住持正感疑惑時，忽見一名和尚匆匆從外面回來，走進大廳時不慎滑了一跤，正在拖地的和尚立刻跑過來扶起他說：「都是我的錯，把地擦得太溼了。」站在大門口的和尚也跟著進來，懊惱地說：「都是我的錯，沒有告訴你大廳正在擦地。」被扶起的和尚則自責地說：「不，不，是我的錯，都怪我自己太不小心了。」

前來請教的甲廟住持看了這一幕，心領神會，他已經知道答案了。

換一種角度和方式思考

某國政府每年都要將一定數量的罪犯分批的從甲地用船送往乙地，令人頭疼的是，每次都有相當數量的罪犯死在途中。

為了有效地降低死亡率，政府向社會公開徵集解決的方案和建議。各種建議和意見蜂擁而來。

「減少每次輸送罪犯的數量……」

「加強罪犯的營養……」

「提供良好的醫療設施……」

但這些建議毫無例外都是以增加開支為代價的，因此都被一一否定了。

於是有人提出透過法律手段來解決。

「制定最低食物標準和醫療標準……」

可是，新問題又出來了：為了確保船長能依法辦事，政府就必須至少派一名官員監督，而且這個官員既要能做到不受賄，又要面對船長的威脅不妥協，實施起來有一定難度。

這時，一位經濟學家了解到造成死亡率高的真正原因是：一些船長在途中故意剋扣罪犯的食物，將部分罪犯餓死，到達乙地後將食物賣掉換取錢物……

他提出按到乙地的罪犯人數結算的建議，問題迎刃而解。

政府既不必為增加輸送成本費心，也不用擔心船長從中做手腳，同時又能調動船長的工作熱情和主動性，從而達到降低死亡率的目的。

面對一些棘手的問題和困難，我們不妨換一種角度和方式去思考，往往能取得事半功倍的奇效。

最後一週糧食

在古希臘的城邦國家時期，各個城邦之間經常發生殘酷的戰爭。其中有一次戰爭，雅典城邦被敵對的城邦圍困了半年之久。這個時候，雅典最高長官命令負責軍糧的官員認真的計算一下，他們還有多少糧食，雅典還能支撐多久？沒有多長時間，官員驚慌失措地來報，我們的糧食僅僅還夠支撐一週的時間，一週以後全城的人就會被餓死。

最先聽到這個消息的一些官員也驚慌失措起來，他們紛紛向長官進言，與其被圍困餓死，還不如開城投降，保住全城百姓的性命。

這個時候，最高長官站了起來，他的臉上充滿了自信和樂觀。他說，我們還有一週的糧食可以支持，太好了，難道我們不能利用這一週突圍嗎？敵人的軍糧就能夠一週用嗎？難道一週我們還想不出更好的辦法嗎？

是啊，還有一週呢，一週，也許敵人就會堅持不住了，我們就會不戰而勝了。

正如最高長官預測的那樣，到了他們的糧食還能夠支撐三天的時候，圍城的敵人開始撤退了，原因是他們的軍糧已經用盡了，雅典靠信心和希望戰勝了敵人。

人生的高度

一個登山運動員，有一次參加攀登聖母峰的活動，當他奮力攀登到6,400公尺時，因體力不支，停了下來。他的朋友們知道了這段經歷後，都替他惋惜。大家說，如果他能堅持一下，咬緊牙關挺住，再攀登一點高度，不就上去了。

沒想到這位登山運動員卻平靜地說：「不，我自己最清楚，6,400公尺是我登山生涯的最高點，我一點都不遺憾。」

實際上，每個人，無論做何事，都必定有他所能達到的最高高度。

只要盡自己所能，問心無愧就行。能及時地了解和承認自己的局限，會令自己十分清醒，能讓自己在必要的時刻及時轉舵。增強駕馭人生的能力。

第五章
知足才能常樂

別太在意天生的容貌

每個人容貌是與生俱來的，是父母給的。有的人漂亮，有的人醜陋，也有的人，既不美麗，也不醜陋，屬於普通的那種。

一個人的容貌本來也沒什麼，可是人是一種追求完美的高級動物。況且，人還有意識，總希望自己眼前的東西能夠「賞心悅目」，因此容貌的美醜就極為重要了。

其實很多人都承認，無論容貌好與壞，帶給人的煩惱往往是一樣多的。

容貌美麗者有容貌美麗者的煩惱，這往往是容貌平平的人所體會不到的。美好的容貌，可能給你帶來幸運，卻不一定能帶給你幸福。而容貌美麗者往往又體會不到容貌平平所帶來的煩惱，整日生活在「求美無小事」中，或梳妝，或保養，日子久了，難免生出些煩悶。

不過常人並不管這麼多，尤其是那些容貌平平者和容貌醜陋者。常言道：「郎才女貌」，「窈窕淑女，君子好逑」，可見，容貌的美醜對於女人更為重要。

既然有美醜之分，就少不了有個標準。

古時說書的形容美人是這樣的：瓜子臉，柳葉眉，丹鳳眼，櫻桃小嘴，體形也是不高不矮，不肥不瘦，「增一分則長，減一分則短」，美妙絕倫。

美麗的標準也不是絕對的，單就中國的歷史而言，歷朝歷代對美的認識就不統一，甚至有可能相互衝突。「楚王好細腰」，所以，趙飛燕的細腰傾倒全國的男子。到唐朝，就以胖為美了，楊貴妃的模樣是當時婦女的「崇拜偶像」。但到宋朝，就又變為以瘦為美了。

但不論怎樣，沒人否定愛美這一點。愛美之心，人皆有之。孔子尚且說道：「食色，性也」。就是說喜愛美麗的事物和喜愛食物一樣，是人的本能。

美麗，不僅能讓別人賞心悅目，更能增加自己的自信。競爭激烈的現代社會，尤其證明了這一點。所以那些即將畢業，忙於找工作的同學，更不忘把自己打扮得美麗一些，因為「美麗」方可「動人」。

美，是一種至高無上的東西。追求美，無可厚非。從古至今，人都在追求著美。美，有心靈之美，有容貌之美。心靈之美，是見不著的，容貌之美是形諸於外均，是隨時隨地可見的。所以，人更多的是注重自己的外在美。甚至可以為了保存自己的外在美，而放棄內在的東西。這種極致，為威脅利誘以達到某種目的提供了依據。

但人畢竟有美醜之分，美人也會有一點點缺陷，醜人想要美一點，美人想要更美一點，這樣，「求美」就出現了。求美，是人的一種天性。以外在美來看，外在美有天生之美與人工之美之分。當天生容貌不能與別人相比時，就會求助人工美，進行美容。美容，就是針對人的這一心理而興起的一門行當。就是試圖改變一個人的外在形象，改變自己與生俱來的不足。

記得那位代父從軍，南征北戰的巾幗英雄花木蘭吧？馳騁沙場多年的她，回到家中做的第一件事，就是「開我東閣門，坐我西閣床」，然後，從從容容地「對鏡貼花黃」。目的很簡單，用些裝飾品，把自己打扮得漂亮一些，還我女兒裝。

古時的女人們，就已經很會「求美」了，可以修剪眉毛，貼花黃（就是把一些有顏色的紙剪成星月等形狀，貼在額頭上），可以給臉上擦胭脂，嘴上塗唇膏，頭上別上各式各樣的簪子。

時至今日，求美的方式就更多了，對普通容貌的人而言，變成美人已經不再是一個遙不可及的夢想。現代的整容手術，能讓你不敢相信自己的眼睛，還有整形手術，也能讓「醜人」大飽眼福。而且基因技術已經給我們預示了美好的未來。可以在父母親交合的那一刻，修改不滿意容貌的基因，比如把單眼皮的基因修改成雙眼皮的基因，把矮個子基因修改成高個子基因，把黑頭發基因修改成黃頭髮基因。如此一來，我們可真要生活在一個賞心悅目的世界裡了。

不過，真到那時，也還有美中不足，就是美的標準問題。如果有個統一的標準，那麼，滿眼的美女中，就很難分清楚這個「美人」和那個「美人」了。

你在乎年齡嗎

樹有樹輪，人有人齡。萬物蒼生，都有它發生、發展和死亡的過程。年齡對我們每一個人來說，都熟悉得不能再熟悉了。誰能沒有年齡呢？可是，又有誰真正地考慮過年齡這個問題？

小孩常會問爸爸媽媽：「我什麼時候才能長大？」在孩子的眼中，長大意味著可以自己決定去什麼地方玩，穿什麼衣服，自己決定做什麼或不做什麼。長大，在他們眼裡意味著自由與獨立；在少男少女的眼中，年齡意味著美麗，意味著激情與活力；在青年的眼中，年齡意味著成熟，意味著權利，是一切可以驕傲的資本的根源；在中年人眼中，年齡意味著不斷失去的過去，意味著負擔、壓力，意味著責任與義務；在老年人眼中，年齡意味著美好的過去和難以預測的未來，意味著生與死交換的界限。

在年齡面前，人是無能為力的，因為它既不會因為孩子的企求而加快腳步，也不會因為老人的感慨而放慢腳步。它平等地對待每一個人，無論是總統，是科學家還是罪犯，它就像一個忠誠的僕人，一絲不苟地記錄著你所走過的每一分、每一秒，一旦走過，再好的化妝品也無法掩蓋歲月寫在臉上的滄桑，再注重保養的肌體也無法避免衰弱的命運。

年齡，人們之所以在乎它，是因為人們在乎它背後的生命，在乎它帶給人的心理的舒適與滿足。

老人的生命必然是在走向衰退，這種衰退是人所難以接受的，所以他們希望忘記自己的年齡，而青年人的生命正是輝煌的時候，所以他們希望留駐年齡，兒童的生命正在走向希望，這種希望給人力量，所以他們渴望增長自己的年齡。

任何事物的存在都有一個過程，事物與事物之間就存在個先後、大小的問題。年齡大的在年齡小的之前而出現，這似乎是再明白不過的道理了。

所以，年齡在很大程度上，也意味著一種資本。年齡大的人一般會有更多的經歷，也就有了較深的閱歷，這本無可厚非，但也給人一種錯覺，覺得年齡大的人懂得的當然要多些，處理事情要妥當些，有些所謂「大人」就據此倚老賣老：「你小小年紀，懂什麼？」好像年齡大就有資格、有條件去教訓別人一樣。年齡成了一個人的權力、權威、威嚴等的象徵，成了可以隨意教訓人的唯一資本。

在我們這個以尊重長輩為美德的國度裡，傳統道德潛移默化地影響著人們。在長輩面前，我們習慣於恭恭敬敬，習慣於唯命是從，於是，年輕的在年紀大的人面前、在權威面前唯唯諾諾，不敢大聲，不敢思想。順著年紀大的人的思想向下走，失去了一個年輕人應有的激情與活力，失去青年時代最可寶貴的東西——激情的創造。

年輕人做錯事，尤其沒有按上一輩意思去做的時候，經常會被罵「不聽老人言，吃虧在眼前」。年輕人好像注定是老年人的出氣筒。

第五章　知足才能常樂

小的總想著長大，「三十年媳婦熬成婆」，可以說：「我吃過的鹽比你吃過的飯都多，過的橋比你走過的路還要多。」青年人容易把年齡和青春容貌畫等號，中年人為小的欣喜，為即將來臨的老而內心發毛，老人卻想著能有朝一日「返老還童」，再活他一朝。

「長江後浪推前浪，世上新人換舊人。」老的終將逝去，小的也會變老。

年齡猶如四季。不能青春永駐是一種遺憾，可是倘若永遠生活在春天裡，沒有機會品味夏日的茂盛，秋色的燦爛，冬雪的綺麗，也會是一種遺憾。

有這樣一個寓言，未來某天，地球人的代表來到太空，他向太空酋長提出抗議：「地球人的壽命實在太短暫了，我們要求長生不老。」無奈之中，太空酋長帶他到天鵝星上，指給他看地上密密麻麻的白毛般的生物告訴他：「這些生物已經存在了兩萬年了，他們的文明高度發展，他們的人口密度也遠超過極限，但因這些貪婪的生物都想永遠占有自己所得到的一切，他們都不願意去死，我就把長生不老的祕方給了他們，這樣，他們再也沒人死掉，但他們活得更痛苦，沒有死亡也沒有了希望，他們又懷念有死亡存在的日子，但他們已不可能去死，連自殺也不可能，你看，他們正在強烈懇求我賜予死亡呢。」地球人看了，心生恐懼，便匆匆回去覆命了。因此，人類依然有年齡，有生老病死。

同樣的年齡，有的人要比實際年齡蒼老許多，有的人卻要比實際年齡年輕許多。一張蒼老的臉上，寫滿的是逝去的流金歲月和歷經的人世間的滄桑；一張光潔的臉上，感悟到的是生活是夢想，年輕是夢，年老是回憶。

青年人在夢中醒著，老年人在醒中夢著。

我們無法抗拒容顏的衰老，卻可以抗拒心靈的衰老。活出你自己來，保持著一顆永不衰老的心，世界才真正在你的年齡中掌握。

逍遙自在樂事多

人們都渴望自由自在，無拘無束，逍遙的境界令人心馳神往。

逍遙之境是什麼樣？莊子是這樣描寫的：逍遙之境，至廣至大，超越無限，入無窮之門，以遊無極之野，與日月參光，與天地為常。逍遙之境內外兼忘，物我合一，不知有生，不知有死，超凡脫俗，游心於無窮。逍遙之境悠閒而自得，恬然而自適，泰山不為大，芥子不為小；四時不為久，暫態不為暫；喜怒由己，進退自如。

逍遙的境界是精神大解脫、大自由的境界，這樣的境界拋棄了神靈的虛構，萬物造化，自生自滅。這樣的境界，擺脫了人為的造作和虛飾，自然純真，樸素天成。這樣的境界，沒有了繁文縟節，率性正直，至情至性。這樣的境界，沒有了功名利祿、鉤心鬥角，超然物外，析萬物之理，判天地之美。這樣的境界超越了是非、善惡、彼此、生死的區別對待，得自然之道，游於無窮。逍遙境界是立於天地之間的博大和超越，「上游蒼穹，下攬萬物」，「怒而飛，不知幾千里」這種境界特別表現出對個體、部分、有限的超越，對無限、無恃的嚮往。

逍遙境界還有悠然自得的一面。萬物皆有其性，能任性自得，能順其本然，發揮自我的本性，就是逍遙，所以「任性即逍遙」、「自在即逍遙」。它是一種超越功名利祿的純粹的審美體驗。把自然百態、人間萬象等一切都視為審美物件，視為人生的舞臺，從而得以獲取一種自由感、超越感。

不要讓自己陷入無聊的瑣碎事務糾紛當中，只有心靈世界的豐富才能感知外在世界的豐富，狹隘「無明」與偏執者走不出自身世界的洞穴。只有好奇的眼睛才能感知世界的新奇，不願深入探究的人眼裡永遠是單調的色彩。襟懷坦蕩者能逍遙天地之間，蠅營狗苟者永遠是擔驚受怕、提心吊膽。

入逍遙境界，作逍遙之遊，一是需要超越世俗的桎梏，超脫「塵垢」的羈絆。只有精神的博大才能超越個體的小我，才能超越形骸、名利的束縛，從狹隘的小知小我中提升出來，不為美言而動心，不為美貌而迷惑，喜怒哀樂不入於胸中。

二是超越精神的負累，破除私我和現實對精神的束縛，達到無己、無功、無名、無欲無求，清靜自然。無心無情，超脫生死，虛靜安然，怡然自得，外在的任何變化都不傷於心，不累於懷。成為與萬物為一，與天地同生的大心胸。

三是超越精神的局限。超越相對、有限的分別和執著，齊萬物、和是非、超善惡、忘生死，人無限之門，得自由之境。

四是與造化為友。自然是造化的象徵，也是道的精髓。天地造化萬物，天聲無息，又無處不在、無所不備。造化鐘神秀，這造化的神妙就是道。悟道之人不再計較於一時名利的得失，不再糾纏於一時一地的是非，不再限於一草一木之情，不再陷於個體生死之境。

無所為才能有所為

做人，當學學老子的「無為」。說起「無為」，人們自然想到老子和莊子，自然想到那種隱匿山林與世無爭的思想。有人認為老莊的思想太消極，其實這是對老子的一種誤解。老子比一般人看得更遠、更深。也有人認為老子的「不爭，故天下莫能與之爭」、「無私歟，故能成其私」與「將欲取之，必固與之」之類的精闢之論是一種陰謀家的學問。其實陰謀不陰謀就看誰來用、為誰而用，以及怎樣用了。以陰謀境界看無為之論，最多搞幾手陰謀還搞不太像，陰謀家是沒有無為而治的這種氣魄、這種靜適、這種虛懷若谷與這種海闊天空的。還有人認為老莊提倡無為，屬隱世哲學，這與儒家主進取，宣導人世哲學相左，其實不然，兩者異曲同工相輔相成，成為中國古代士大夫的一種處世哲學，即「以出世的態度做人世的事業」。進而求取功名兼善天下，退則隱逸山林修身養性。

「無為」並非是「無所作為」、「碌碌無為」，什麼事也不做，只是不做那些愚蠢的、無效的、無益的、無意義的，乃至無趣無聊，而且有害有傷有損有愧的事。回首平生，一個人可能經歷了許多事情，聊以自慰的是自己做出了一點成績，做出了一點有意義的事，可讓自己唏噓不已的更多，那就是自己也做了很多的蠢事糊塗事以及一些無意義的事。比如說不做無謂的爭執，還有庸人自擾的患得患失、大話連篇的自吹自擂、大驚小怪的裝腔作勢；還有小圈子裡的唧唧喳喳、長篇累牘的空話虛話；還有不信任人的包辦代替（其實是包而不辦，代而不替），以及許許多多根本實現不了的一廂情願及為這種一廂情願而付出的巨大精力和活動。無為，就是不做這樣的事。無為，誠如王蒙所言，就是力戒虛妄，力戒急躁，力戒脫離客觀實際，搞形式主義。這樣就可把有限的精力時間節省下來，才可能做一點事，這也就是有為。無為體現了一種效率原則。

無為是一種超然的智慧，它又體現為一種快樂原則。因為只有無為才能擺脫世俗名利的纏繞和羈絆，才會不為名利所累，金錢所惑，才不會自尋煩惱。當然這裡並不是說，人們不應該去追求功名。無論是為官從政，還是經商下海，人人都想功成名就，這是正當的追求，無可厚非。說無為，是「而治」的無為，在名利問題上，要拿得起，放得下，一邊享受著名利，一邊又不為名利所困擾，所羈絆。莊子曾堅辭楚王千金重禮，卿相高爵不受；因為他深明「飛鳥盡，良弓藏；狡兔死，走狗烹」之理，不想去充當君王祭祀天地的犧牲的那頭牛，寧願在田野裡自由自在，無拘無束。

無為的要義在於有所不為而不是無所不為，這樣，才能使自己脫離低級趣味，不糾纏於雞毛蒜皮之事，不醉心於蠅營狗苟之當。一個事無巨細都上心都操勞的人不會有成績，一個斤斤計較於蠅頭小利的人不會有作為，一個熱衷於關係學的人不會有真正的建樹，一個拚命做表面文章的人不會有深度，一個孜孜求成的人反而成功不了。一定要放棄許多誘惑，不僅是聲色犬馬、消費享樂的誘惑，而且是小打小鬧、急功近利、竅門捷徑、事半功倍的做事的誘惑，才能有所為。有意栽花花不活，無心插柳柳成陰，這正好說明強求而不得。

大智若愚，藏鋒露拙

大智若愚，字面上的意思是指真正有智慧之人表面都顯得很愚笨。歷史記載孔子去訪問老子，老子對孔子說：「君子盛德，容貌若愚。」這句話的意思是指那些才華橫溢的人，外表上看與愚魯笨拙的普通人毫無差別。

大智若愚，在外表的愚笨之後，隱含無限巧計，如同大巧無術一般，愚後面隱含著大徹大悟、大智大慧。大智若愚，藏鋒露拙，實在是一種智者的行為，用以修身養性，則是一種智慧人生；用來處人待世，則是一種智慧之術。用它可以保全自己，免遭滅頂之災。

常言道：木秀於林，風必吹之；行高於岸，流必湍之。如果一個人鋒芒畢露，一定會遭到別人的嫉恨和非議。這種例子在現實生活中比比皆是。在整個自然界中，各種昆蟲被人們視作最無能、最讓人任意宰割的生命體了。豈不知昆蟲自有一套避凶趨吉的妙法，這就是他們的保護色和偽裝術。如變色龍的身體顏色會隨著環境的顏色而改變；竹節蟲爬附在樹枝上如同竹節一般，以此來騙過天敵的眼睛；枯葉蝶在遇到天敵時會裝成枯黃的樹葉，它的天敵哪裡會想到這枯黃的樹葉竟然是他苦苦尋找的美味。還有的動物遇危險時裝死以迷惑敵人。在人們看來，這些方法未免太簡單了，可是正是這些看似無能的方法使動物種群得以生存和發展。

在中國古代，皇帝跟前的王公大臣，可以說是伴君如伴虎，稍有不慎，便有性命之憂，時時刻刻都在戰戰兢兢，如臨深淵，如履薄冰。在這種情況下，大智若愚的人才能獨保其身。商紂王在歷史上是個有名的暴君，終日飲酒作樂，不理朝政，竟然弄不清年月日，問左右的人也都說不清楚。紂王又派人問箕子，箕子是很清醒的人，他知道這件事後，悄悄對自己的弟子說：「做天下的大王而使國家沒有了日月概念，國家就危險了。而一國的人都不知道時日，只有我一個人知道，那麼我也就很危險了。」於是箕子也假裝酒醉，推說自己也不知道今天是幾月幾日，因此而得以保命。

大智若愚，不僅是一種自我保全的智慧，同時也是一種實現自己目標的智慧。俗語說「虎行似病」，裝成病懨懨的樣子正是老虎吃人的前兆，所以聰明不露，才有任重道遠的力量。這就是所謂「藏巧於拙，用晦如明」。現實中，人們不管本身是機巧奸猾還是忠直厚道，幾乎都喜歡傻呵呵不會弄巧的人，因為這樣的人不會對對方造成巨大的威脅，會使人放鬆戒備和設防。所以，要達到自己的目標，沒有機巧權變是不行的，但又要懂得藏巧，不為人識破，也就是「聰明而愚」。

大智若愚並非讓人人都去假裝愚笨，它強調的只不過是一種處世的智慧即要謹言慎行，謙虛待人，不要太盛氣淩人。這並不是一種消極被動的生活態度。倘若一個人能夠謙虛誠懇地待人，便會得到別人的好感；若能謹言慎行，更會贏得人們的尊重。

是非成敗轉頭空

電視劇《三國演義》的主題歌曲慷慨、激昂、悲壯，尤其是詞中「是非成敗轉頭空」這七個字，頗能表達人們偶爾對人生所興起的感觸。三國中無論是足智多謀的諸葛亮、勇猛豪爽的張飛、義薄雲天的關羽，還是雄姿英發的周瑜、雄才大略的曹操等無數英雄豪傑都隨滾滾長江向東流去，縱橫馳騁的戰場早已硝煙散盡，空空如也。藝術家的彩筆為我們道盡人世的悲歡離合，但終如南柯一夢。人生無常，是非成敗轉頭空。

人生無常，無物永駐。天下沒有什麼事物、物件、情勢、局面是永遠不變的。明月曾經照古人，古人不見今世月；好花不常開，好景不長在；年年歲歲花相似，歲歲年年人不同。人無百日好，花無千日紅。物有生、死、毀、滅；人有生、老、病、死。盛極必衰、否極泰來；月有陰晴圓缺，人有悲歡離合；天下大勢是分久必合，合久必分；官無常位，境遇常變；三十年河東三十年河西，風水輪流轉。老子說：「金玉滿堂，也無法永遠守住。」人生聚散、浮沉、榮辱、福禍，這一切都在不斷地轉化，相輔相成。「百年隨手過，萬事轉頭空。」明白此理，你就會視一切變化為正常，就會對一切事情的發生有思想準備，就不會呼天搶地，不撞南牆不回頭與天道（客觀規律）死頂下去。做人，不能逆天道（客觀規律）而行事。

人生無常還指事物變動的不可預見性、偶然性，事情的不期而遇。俗話說天有不測風雲，人有旦夕禍福；福無雙至，禍不單行；運去金成土，時來土做金；屋漏偏逢連夜雨，船遲又遇頂頭風……人生之中不可預測的事太多太多。

人生無常，天道有常。人生無常，正是天道有常的表現。對於那些覬覦權勢、玩弄陰謀的人來說，既有小人得志飛黃騰達之時，也有時運不濟，栽跟頭之日。秦檜玩弄詭計、陷害忠良，落得個無窮罵名；嚴嵩專橫跋扈、不可一世，終落得滿門抄斬。多行不義必自斃，逞一時之能稱一世之雄又能存於幾時？爬得越高，跌得越慘。也許對爬得高的這個人來說，這是他人生際遇的無常，對於群體和社會來說，則正是有常的表現。一個肆無忌憚，傷天害理的人早晚會受到客觀規律的懲罰，一個霸主早晚有稀里嘩啦那一日。這對於他本人是天道無常的表現，對於別人則恰恰證明了天道有常。正所謂天網恢恢，疏而不漏。

感嘆人生之無常，並不完全出自無奈的悲愁，相反，它可能出自人心對幸福的追求與對永恆的嚮往。哲學家努力透視人生真諦，幫助人們建構精神家園。

聰明的人總是在變化無常中力爭主動，在變化之前或之初看到變化的端倪，去把握有常，居安思危，未雨綢繆，處變不驚，臨危不懼，從而在惡劣的處境下，能登高望遠，看到轉機，看到希望，有所準備，不失時機地轉敗為勝，扭轉乾坤。

唐伯虎詩中說：「釣月樵雲共白頭，也無榮辱也無憂；相逢話到投機處，山自青青水自流。」如果人人都能了然於山自青青水自流，就自然會寵辱不驚，物我兩忘，也不會去徒自貶抑，自尋煩惱了。

學會放棄

每一次高傲的老鷹去獵食野鴨，它都要惱火。那些聰明的野鴨每次都把它當作傻瓜似地戲弄，到了最後一刻，就潛進水裡去，留在水下，比它能在天空中翱翔著等候它們的時間還要長。

有一天早上，老鷹決心要再試一次。它張開翅膀在天空盤旋了一陣，觀察好形勢，小心地挑選好要捕捉的野鴨。這高傲的肉食鳥，就像一塊石頭似的，直墜而下。但野鴨子比它更快，把頭一鑽，就潛進水裡去了。

「這次我可不放過你啦？」老鷹惱火地喊叫道，也跟著插入水裡去。

野鴨一見老鷹栽進水裡，就一擺尾巴，鑽出水面，張開它的兩翼，開始飛走。老鷹的羽毛全被水泡溼了，它飛不起來。

野鴨子在它頭上飛過，說：「再見吧，老鷹！我能夠飛上你的天空，但在我的水底下，你就要淹死啦？」

每個人都有自己的強項和弱項，強項是用來發揮的，弱項是用來規避的。用你的弱項去對抗對手的強項無異於坐以待斃，最好的方法就是放棄這塊肥肉。

坦然面對「不完美」

人生太完美了，也就沒有了生活的樂趣，所以殘缺也是一種美，是一種展現真實的美。

著名的音樂家湯瑪斯·傑弗遜其貌不揚，他在向他的妻子瑪莎求婚時，還有兩位情敵也在追求瑪莎。一個星期天，傑弗遜的兩個情敵在瑪莎的家門口碰上了。於是，他們準備聯合起來羞辱傑弗遜。可是，這時門裡傳來優美的小提琴聲，還有一個甜美的聲音在伴唱。如水的樂曲在房屋周遭流淌著，兩個情敵此時竟然沒有勇氣去推瑪莎家的門，他們心照不宣地走了，再也沒有回來過。

傑弗遜並不完美，也不出眾，但是他有了小提琴和音樂才華，他就不可戰勝了。生活中，對自己的缺陷和弱點，不同的人會採取不同的辦法，傑弗遜是小提琴，我們呢？其實我們都有發現自己優點的武器。

對於每個人來講，不完美是客觀存在的，但無需怨天尤人，在羨慕別人的同時，不妨想想，怎樣才能走出誤區。或用善良美化，或用知識充實，或用自己一技之長發展自己。生命的可貴之處，在於看到自己的不足之處之後，能坦然面對。

等待 3 天

應邀訪美的女作家在紐約街頭遇見一位賣花的老太太。這位老太太穿著相當破舊，身體看上去很虛弱，但臉上滿是喜悅。女作家挑了一朵花說：「你看起來很高興。」

「為什麼不呢？一切都這麼美好。」

「你很能承擔煩惱。」女作家又說。然而，老太太的回答令女作家大吃一驚。當我遇到不幸時，就會等待 3 天，一切就恢復正常了。

「等待 3 天」，這是一顆多麼普通而又不平凡的心。我們從來就不應該承認與生俱來的命運，只要相信人生並非盡是事事如意，總要伴隨著幾多不幸，幾多煩惱。這樣一來，人生旅途豈不美好之至。

第六章
理智面對人生

生活之花需要理智的泉水澆灌

生活是需要理智的。理智到底是什麼呢？辭典裡寫道：理智是辨別是非、利害關係及控制自己行為的能力。生活告訴我們，理智是對人和事的理性觀察、認定和對待。我們身處的世界是個紛繁複雜的世界，我們從不停步的人生路上布滿荊棘和謎團。要想看清世界走好路，需要理智。

有人說，生活需要激情。是的，沒有激情，就沒有勇敢、創造；可是，沒有理智的激情，就像無鞍鐙的野馬，既不好駕馭，更不可憑藉它到達目的地。

有人說，生活需要幽默。是的，沒有幽默，就沒有輕鬆、親切、平等感；但是，沒有理智的幽默，直白且膚淺，不過是一種調侃和嘲諷的手段。

因此，在生活對於人的諸多要求中，最重要的莫過於理智。

有了理智，我們才知道該做什麼，不該做什麼。理智認同的事八九不離十；而理智不許做的事，都是尋常狀態下不應該或不能做的事。

有了理智我們才知道該怎麼做，不該怎麼做。理智能使人審時度勢，揚長避短，走向成功。而缺乏理智的人，往往憑藉一時的衝動去行動，枉費了時間、精力，到頭來一事無成，甚至頭破血流。有了理智，我們才能正確對待人生的各種境遇。勝不驕，敗不餒，順境不頭腦發熱，受到冷落以至羞辱也能保持僻靜。沒有理智，就會忘乎所以，或失去本心，或喪失意志，或在關鍵時刻迷失方向。

其實，理智既是一種明智，更是一種胸懷。不明智，當然談不上理智。而胸懷狹隘的人，總是缺乏開明和長遠的眼光。

我們要在生活中多一些理智，只有靠學習。向書本學，在實踐中學；向前人學，向今人學。還要在學習知識中陶冶情操，開闊眼界，拓展胸懷。胸懷開闊了，能包容的事多了，也就更理智了。

惱怒會帶來瘋狂

美國金融公司經理丹德亨先生，在年輕時，出任某家公司的一個小小的職員。由於種種原因，同事們都很輕視他，上司也不肯提拔他，這使他感覺非常不舒服。其實每個初入社會服務的青年，大多也都有過這種感覺。當然，如果他們把這種感覺顯露到臉上來，必使上司更加反感。而丹德亨是怎麼做的呢？

他告訴別人：「我有一個時期，這種不快的感覺十分嚴重，以致到了忍無可忍的地步，我想，非辭職休息不可了，便預備好紙筆，決定開始寫辭職信。

「在動手寫信之前，我用紅墨水（因為紅墨水的字跡較黑墨水更易使我洩憤）把所有上級職員乃至經理每個人的缺點，都一一寫在紙上，我自己覺得寫得十分恰當。因為我用了不少形容詞，把我所批評的人，罵得體無完膚，寫好後，我自己再從頭到尾複誦一遍，感覺十分得意，便拿去讀給我的一個老朋友聽。

「這位老朋友聽我讀完後，既不讚許，也不反對，只是讓我再去拿一瓶黑墨水來，把那些曾經被我批評得體無完膚的人的才能寫出來，再把我自己的才能寫出來，隨後又令我寫出在公司任職十年後的改善自己地位的計畫。最後我把那張紅墨水寫的紙條拿出來對照看了一遍，於是我的滿腔怒火完全消失殆盡了。我再經過一番理智的考慮後，決定仍舊繼續在這裡工作。」

從這件事以後，丹德亨先生接著說：「每當我胸中憤怒的時候，總是立即坐下來，把我滿肚子的牢騷都用紅墨水寫在紙上。這樣一來，我立刻感覺輕鬆了不少，好像一個被放了氣的皮球一樣。這些紙條一直被我隱密

地收藏起來從不拿給別人看。幾年之後，公司裡的同事們都知道了我有著制止怒氣的極大涵養而另眼看待。我希望那些心浮氣躁的人，都學學這種寫紙條的方法來約束自己！」

著名的美國紐約電氣大王愛德里茲先生也說：「當你大發雷霆、滿腹牢騷時，寫一封斥罵的信，是你發洩的最好方法。但最要緊的是，你寫好了之後，暫時把它擱到明天再說。你在這擱置的時間中，應該仔仔細細地想一想，如果你把這封信寄了出去，結果是不是對你有利？」

記住：把你的怒氣發洩在無關緊要的小事上，可以使你養成遇到任何大事都鎮定自若的忍耐力。美國名人之一畢林斯先生，曾任全美煤氣公司總經理達三十年之久。他在總經理任內，給人最深刻的印象，就是他對於許多小事常常會大發脾氣，對於那些重大事情卻反而鎮靜異常。

例如有一次，他乘車回家，下車時，把一盒雪茄遺落在車裡了，不久後他記起來，再返身去找，但早已不見了。

這包雪茄的價值，不過是五美分一支，對他而言真可算是微乎其微的損失。但他竟因此而氣得面紅耳赤、暴跳如雷，以致旁觀者都以為他失去的是一件蓋世無雙的珍寶。

後來有一次，他憑空遭遇了十萬倍於那次的損失，但他卻反而鎮定得若無其事。

那是全世界鬧著經濟恐慌的年代，畢林斯先生有好幾天因為臥病在床，沒有去公司辦公。就在這幾天裡，有一家銀行倒閉了：他湊巧在這家銀行裡有三萬美元的存款，結果竟成了「呆帳」。等到他病癒後，聽到這個消息，卻只伸手搔了搔頭髮，然後沉思了一會兒，便說：「算了，算了。」

因為這個時候，他已經懂得，任何怨恨都是徒勞。這是一條金科玉律：遇到一些感覺不快的小事時，儘管發洩你的怒氣，直到你的心境完全恢復舒坦為止。因為這樣可以使你永遠保持開朗鎮定的情緒，使你一旦遇到大事發生，就可以用全副精神從容地應付。否則，不論事情大小，遇到氣便積在心裡，等到面臨更大的打擊時，你堆積多時的大小怒氣，便都將如爆裂的氣球一樣，衝破了理智的範圍，變得毫無自制的能力了。

更重要的是：怒氣發洩後，就必須立即把心情寬鬆下來，這樣你的怒氣才算沒有白白發作。反之，如果你發作後，仍然把這事牢繫在心，不肯忘卻，那你所獲得的結果，一定會達到不堪想像的地步，而且到處都難與人相處。

已故的紐約商界名人鮑蒙先生，曾經與人談及一樁關於他自己很有趣的故事。

事情是這樣的：有一日，鮑蒙出外散步，偶然地聽見他的下屬喬治正在對人埋怨他們公司的待遇太苛刻，而他的工作時間是那樣長，上司又不肯提拔他。鮑蒙聽得怒火上升，幾乎想立刻走過去叫他滾蛋。但是他靜立了一會，等到自己怒氣稍退後，才走過去向那個職員問道：「喬治，近來你可是受了什麼委屈嗎？」

喬治一時驚惶失措，忙說：「沒有什麼，先生，我覺得很好！」

「方才你不是在說你的工作太多，公司待你不好嗎？」鮑蒙仍很和悅地說。

這使喬治感到局促不安，終於承認方才的失言，並且說他感覺不快的最大問題，是由於昨天黃昏時，在泥地中換了一個汽車輪胎的緣故。

當你在日常生活中，或與人接觸時受了一些氣時，最好是回到房間裡靜靜地坐一會，甚至寫下來思考一下，或是到鄉下去散散步，到各種娛樂場所去玩玩。總之，你必須用一切方法來解除你的煩惱，直到恢復你的心情為止。

第六章　理智面對人生

有一次，美國銀行界大亨史蒂文，因為某位職員做錯了事而痛加斥罵。他讓那可憐的職員站在他的面前，自己坐在辦公桌後，板起一張冰冷的面孔，手裡拿著一枝鉛筆，指著職員的鼻子，大聲痛斥。言詞間極盡嘲諷譏刺之能事，尤其當他說到最後幾句惡毒的話時，那位職員不由得全身戰慄起來，恐慌得滿頭大汗、啞口無言。

當時恰巧有一個史蒂文的朋友在旁坐著，他看見了這幕令人難堪的場面，忍不住義憤填膺，站起來向史蒂文說：「朋友！我有生以來，第一次看見像你這樣凶惡殘暴的人。這位先生是貴銀行極重要的一位職員，現在你竟當著別的客人的面毫無顧忌地痛加辱罵，幸虧他的修養過人，否則即使他因此對你動粗人家也將不以為奇。我們對待任何人，都不該擺出這種毫不留情的鐵面孔來。現在我只想替你說句解圍的話：你的精神受到太深的刺激了，應該趕快走出這裡，好好地靜養一下！」

這一番話驚醒了史蒂文，雖然臉色並未立刻和緩下來，但當那位朋友走後不久，他立刻收拾行李，到外埠去靜養了一個時期。因為他知道造成他態度惡劣的，是一大堆的煩惱憤怒所累積而成的。因此，當他旅行回來之時，他已幾乎完全變成另外一個人——一個和藹可親的人了。

發怒最易使人們喪失理智，因而犯下種種不近情理的滔天大禍。所以當發覺自己已經忍無可忍、快要發作時，最好立刻設法離開，跑到一個可以使自己暫時忘了一切的地方去靜一靜。

愈是在緊張複雜的場合，愈應使你的頭腦冷靜清楚，這樣你才不會給自己找麻煩。

當別人大發雷霆時，你愈保持冷靜沉著的態度愈好，如果你能做到這步，你就不難發現對方因情緒波動而顯露出的種種不妥，利用它逐一加以擊破了。

聰明的人會依照自己的個性，選擇一種最適當有效的泄怒方法，並將它養成習慣，那麼當那危險的怒火上升時，就不難立刻將它消除於無形之中了。

把你的痛苦表達出來

在某公司，餐廳裡有一個姓賀的年輕人，黑紅的皮膚，人高馬大，幹起活來十分賣力。那一年因談戀愛與父母發生分歧，他一時想不開，就跑到附近的鐵路上去撞火車。

虧他命大，被火車頭碰了一下，竟沒有死。但還是在醫院裡住了半個多月。

幾個同事到醫院去看他。有人開玩笑地問：「下次還去撞嗎？」

他苦笑著，搖搖頭：「再也不做那種傻事了！」

在場的人都笑了。

只有小賀的父母坐在一旁沒有笑。他的母親眼淚直流，用粗糙的手抹著。幸好小賀只是受了傷，如果真的被撞死，這一對老夫妻該多難受啊！

小賀只是自殺未遂，受害的是自己和家人，而有些人的感情用事卻造成他人的悲劇，對社會造成危害。

心胸狹窄是犯罪的主要原因。這樣的人遇事喜歡鑽牛角尖，往往為了一件小事耿耿於懷，老在心裡想著。不良情緒像麵團一樣發酵、膨脹。如果他們能夠將這種不良情緒宣洩出來，比如找個朋友、親人或上司，好好談一談，或者有人勸一勸，也許就沒事了。反之，不良情緒積蓄到一定程度，會像決堤的洪水傷害他人。

長期以來，人們十分重視智力發展，這當然很重要。可是，只重視智力遠遠不夠，更重要的是關注他們的心理健康。

忍耐一時的得失

現實生活中，患得患失的人是把個人的得失看得過重。其實人生百年，貪欲再多，官位權勢再大，錢財再多，也一樣是生不帶來死不帶走，處心積慮，挖空心思地巧取豪奪，難道就是人生的目的？這樣的人生難道就完善，就幸福嗎？其實，要忍一時的失，才能有長久的得，要能忍小失，才能有大的收穫。過於注重個人的得失，使一個人變得心胸狹隘、斤斤計較、目光短淺。而一旦將個人利益的得失置於腦後，便能夠輕鬆對待身邊發生的事，遇事從大局著眼，從長遠利益考慮問題。

中國歷史上很多先哲都明白得失之間的關係。他們看重的是自身的修養，而非一時一事的得與失。春秋戰國時期的楚國人子文，擔任令尹一職。這個人三次做官，任令尹之職，卻從不喜形於色，三次被免職，也怒不形於色。這是因為他心裡平靜，認為得失和他沒有關係了。子文心胸寬廣，明白爭一時得失毫無用處。該失的，爭也不一定能夠得到，越得不到，心理越不平衡，對自己毫無益處，不如不去計較這一點點損失。

南朝梁人張率，十二歲時就能做文章。天監年間，擔任司徒的職務，他喜歡喝酒。在親安的時候，他曾派家中的僕人運三千石米回家，等運到家裡，米已經耗去了大半。張率問其原因，僕人們回答說：「米被老鼠和鳥雀損耗掉了。」張率笑著說：「好大的鼠雀！」後來始終不再追究。張率不把財產的損失放在心上，是他的為人有氣度，同時也看出來他的作風。糧食不可能被鼠雀吞掉那麼多，只能是僕人所為，但追究起來，主僕之間關係僵化，糧食還能收得回來嗎？糧食已難收回，又造成主僕關係的惡化，這不是失的更多、更大嗎？同樣，唐朝柳公權，他家裡的東西總是被奴婢們偷走。他曾經收藏了一筐銀杯，雖然筐子外面的印封依然如故，可其中的杯子卻不見了，那些奴婢反而說不知道。柳公權笑著說：「銀杯都羽化成仙了。」從此不再追問。

《老子》中說：「禍往往與福同在，福中往往就潛伏著禍。」得到了不一定就是好事，失去了也不見得是件壞事。正確地看待個人的得失，不患得患失，才能真正有所得。人不應該為表面的得到而沾沾自喜，得也應得到真的東西，不要為虛假的東西所迷惑。失去固然可惜，但也要看失去的是什麼，如果是自身的缺點、問題，這樣的失，又有什麼值得惋惜的呢？

胸襟豁達的人能夠做到不計較得失，追求長久幸福的你也要從中有所借鑑，做一個看得長遠的人。

勇於把握機會

生活中往往有這樣的情況：不是機會等人，而是每個人要努力去找機會。但找到了機會也要敢於把握機會，以靈活的方式和執著的態度，實現自己的目的，否則也是徒然。唐代名流裴略很會找機會，而又巧妙地牢牢把握住了機會，因而達到了目的。

裴略出身高官名流之家，得以成為唐太宗時期的一個宮廷侍衛。他頭腦靈活，為人機警，當了兩年多的宮中侍衛，長了很多見識，也認識了許多朝廷大臣。

這一年，裴略參加了兵部主持的考試。考完後裴略自我感覺不錯，覺得很有把握被錄取。誰知到了開榜之日，裴略竟名落孫山。氣惱之餘，他想去找宰相溫彥博申訴，或許能爭得一個轉折的機會。反正是死馬當活馬醫，成功了是驚喜，不成功也沒什麼損失，裴略抱著這樣的心理去見溫宰相。

裴略是宮中侍衛，沒費什麼周折，便進入宰相官邸。正巧，兵部尚書杜如晦也在溫家，二人在客廳飲茶交談什麼，已有一會兒了。

裴略一見杜如晦也在座，感到來的不是時候，上前施禮後，便臨時改換了一個話題。裴略彬彬有禮地對溫、杜二人說：「我在宮中做了幾年，長了不少見識，我覺得自己能明辨事理，記憶力極好，尤其對語言特別敏感，別人說一段話，我能一字不漏地複述下來，如果在朝廷做個通事舍人，我相信是非常稱職的。」

溫彥博一聽，笑了起來，心想：這傢伙真是一個自命不凡的人。他看了看杜如晦，見他沒有開口說話的意思，便對裴略說：「太宗皇帝愛才惜才，古今少有，但皇上量材錄用，視能授職，要通過一定的考試程序。前不久兵部主持的考試，就是為了選拔人才，你參加了這次考試沒有？」

裴略介面說：「我不但參加了，而且考得很好；但也許是考官們那天喝多了酒，醉眼昏花，錄取時把我的名字給弄丟了。」

溫彥博哈哈大笑，對杜如晦說：「你看，有人到這兒來告你兵部的狀了。」

杜如晦從容說道：「我真希望有人能對我們兵部的工作提出意見。不過，評卷、複查，手續完備，至今尚未聽說過有什麼偏差。年輕人，你考得也許是不錯，但別人考得更不錯呢。這次沒被錄取，下次再考嘛。」裴略一聽，心裡涼了半截。杜如晦接著又說：「看你這樣能說會道的，你還有何才能？」

裴略一聽，隨即轉憂為喜，馬上大聲說：「我會寫詩作賦，不信，您出題試試？」

溫彥博抬頭看到院子甬道兩旁的數枝翠竹，於是對裴略說：「你就以竹為題，賦詩一首吧。」

裴略低頭略加思索，一首詩脫口而出：

> 庭前數竿竹，風吹青蕭蕭。
> 凌寒葉不凋，經夏子不熟。

竹就是這樣「虛心未能待國士，皮上何鬚生節目。」

這首詩抓住竹子外表有節、內裡空虛，經冬不凋、經夏無子的特徵，譏諷竹子徒有其表而不務實際，以竹喻人，一語雙關。

溫彥博和杜如晦聽完點點頭，露出贊許的目光。溫彥博心想：也許他曾經作過這個題目的詩，所以顯得敏捷、成熟，便決定換個題目，再試一下。於是又指著屏風對裴略說：「你再以屏風為題，作詩一首，好嗎？」

裴略隨即緩緩走到屏風前，口中吟道：

> 高下八九尺，東西六七步。
> 突兀當庭坐，幾許遮賢路。

他略一停頓後，突然亮開嗓門大聲說：「當今聖明在上，大敞四門以待天下士人，君是何人，竟在此妨賢？」話音剛落，伸出雙手「嘩」地一聲，將屏風推倒在地。裴略出語驚人，行動更是出人意料。這首詩，這番話，明裡說的是屏風擋道，實際暗示當權者不識人才，堵塞賢路。裴略說話時，吐字清晰，語調鏗鏘，聲音洪亮，落落大方。

愛才的溫彥博笑著對杜如晦說：「你聽出來沒有？年輕人的弦外之音，是諷刺我溫彥博哩。」

裴略隨即藉機，一面比劃著自己的臂膀和肚皮，一面說：「不但刺膊（博），還刺肚（杜）呢！」溫彥博和杜如晦不覺被他的機敏逗得哈哈大笑。

沒過幾天，補齊必要的手續後，裴略被朝廷授予陪戎校尉，這是武職中第30位，一個從九品的小官。官職雖小，但裴略畢竟是正式進入了仕途。

在懷才不遇的情況下，忍是積極地忍，而不是消極地忍，是積極進取，用自己的才華，讓世人認識自己，而不是忍氣吞聲，不再奮鬥。奮鬥不奮鬥所獲得的結果是完全不同的。

吃得苦中苦，方為人上人

艱苦的生活對人是一種磨練，是對意志特質的考驗，也是培養自己遠大理想和浩然正氣的途徑。只有能夠忍受住這種生活中的艱苦，也就不怕前進道路中的任何障礙了。

明朝宋濂字景濂，是浦江人，官至士，承旨知制誥。主修《元史》，參加了明初許多重大文化活動，參與了明初制定典章制度的工作，頗得明太祖朱元璋器重，被人認為是明朝開國文臣之中的佼佼者。

宋濂年幼的時候，家境十分貧苦，但他苦學不輟。他自己在《送東陽馬生序》中講：「我小的時候非常好學，可是家裡很窮，沒有什麼辦法可以尋找書看，所以只能向有豐富藏書的人家去借來看。因為沒錢買不起，借來以後，就趕快抄錄下來，每天拚命地趕時間，計算著到了時間好還給人家。」正是這樣他才得到了豐富的學識。

有一次天氣特別寒冷，冰天雪地，北風狂呼，以至於硯臺裡的墨都凍成了冰，家裡窮，哪裡有火來取暖？手指凍得都無法屈伸，但仍然苦學不敢有所鬆懈，借書堅持要抄好送回去。抄完了書，天色已晚，無奈只能冒著嚴寒，一路跑著去還書給人家，一點不敢超過約定的還書日期。因為這麼誠信，所以許多人都願意把書借給他看。他也就因此能夠博覽群書，增加見識，為他以後成材奠定了基礎。

面對貧困、飢餓、寒冷，宋濂不以為意不以為苦，而他所追求的是成大業，努力向學。到 20 歲，他成年了，就更加渴慕向賢達之士學習，他常常跑到幾百里以外的地方，去找自己同鄉中那些已有成就的前輩虛心學習。有一位前輩，尊名旺，他那裡的名人來往的很多，名氣也很大，有不少人趕來他那裡學習，他的言辭和語氣很傲慢，一副盛氣凌人的樣了。宋濂就侍立在他旁邊，手拿著儒家經典向他請教，俯下身子，側耳細聽，唯恐落下什麼沒有聽明白。有時候這位名氣很大的同鄉，對他提出的問題不耐煩了，大聲叱責他，他則臉色更加恭敬，禮節愈加地周到，連一句話也不敢說。看到老師高興的時候，又去向他虛心請教。他還自謙地說：「我雖然很愚笨，但也學到了許多東西。」

後來他覺得這樣學習不是長久之計，於是就到學校裡拜師學習。一個人背著書箱，拖著鞋子，從家裡出來，走在深山峽谷之中，寒冬的大風，吹得他東倒西歪，數尺深的大雪，把腳下的皮膚都凍裂了，鮮血直流，他也沒有知覺。等到了學館，人幾乎凍死，四肢僵硬得不能動彈，學館中的僕人拿著熱水把他全身慢慢地擦熱，用被子蓋好，很長時間以後，他才有了知覺。

為了求學，宋濂住在學館之中，一天只吃兩頓飯，什麼新鮮的菜，美味的魚肉都沒有，生活十分艱辛。和他一起學習的同學們，個個衣服華麗，戴著有紅色帽纓鑲嵌珠寶的帽子，腰裡佩著玉環，左邊佩著寶刀，右側戴著香袋，光彩奪目，像神仙下凡一樣，但是宋濂不以為那是什麼快樂，絲毫也沒有羨慕他們，而是穿著自己樸素無華的衣服，不以為低人一等，不卑不亢，照樣刻苦學習，因為學問中有許多足以讓他快樂的東西，那就是知識。他根本沒有把吃的不如人，住的不如人，穿的不如人這種表面上的苦當回事。

正是宋濂能忍受窮苦，自得其樂，才能成就一番事業。他的那些同學個個生活得很快樂，但是又有幾人名留青史呢？

留後路也要有勇氣

想成就大事的有志青年要學會忍耐生活的艱難艱辛，要有持之以恆的決心與毅力去面對蒼茫人生。只有學會忍耐的人，才有可能與成功攜手前行。歷史上，總有人為了長久的目的，而忍受了巨大的痛苦的。武則天年方 14，便已豔名遠播，被唐太宗召入宮中，不久封為才人，又因性情柔媚無比，被唐太宗暱稱為「媚娘」。當時宮中觀測天象的大臣紛紛警告唐太宗，說唐皇朝將遭「女禍」之亂，某女人將代李姓為唐朝皇帝。種種跡象表明此女人多半姓武，而且已入宮中。唐太宗為子孫後代著想，把姓武之人逐一檢點，作了可靠的安排，但對於武媚娘，由於愛之刻骨，始終不忍加以處置。

唐太宗受方士蒙蔽，大服丹鉛，雖一時精神陡長，縱欲盡興，但過沒多久，便身形枯槁，行將就木了。武則天此時風華正茂，一旦太宗離世，便要老死深宮，所以她時時留心擇靠新枝的機會。太子李治見武則天貌若天仙，仰羨異常。兩人一拍即合，山盟海誓，只等唐太宗撒手，便可仿效比翼鴛鴦了。

這時的武則天當然不會考慮「撤退」，她還在安排如何大舉進攻，攀附上未來的天子。

當唐太宗自知將死時，還想著要確保子孫們的皇帝位置，要讓頗有嫌疑的武則天跟隨自己一同去見閻羅王。臨死之前，他當著太子李治之面問武媚娘：「朕這次患病，一直醫治無效，病情日日加重，眼看著是起不來了。你在朕身邊已有不少時日，朕實在不忍心撇你而去。你不妨自己想一想，朕死之後，你該如何自處呢？」

武媚娘冰雪聰明，哪還聽不出自己身臨絕境的危險。怎麼辦？武媚娘知道，此時只要能保住性命，就不怕將來沒有出頭之日。然而要保住性命，又談何容易，唯有丟棄一切的一切，方有一線希望。於是她趕緊跪下說：「妾蒙聖上隆恩，本該以一死來報答。但聖躬未必即此一病不癒，所以妾才遲遲不敢就死。妾只願現在就削髮出家，長齋拜佛，到尼姑庵去日日拜祝聖上長壽，聊以報效聖上的恩寵。」

唐太宗一聽，連聲說：「好，」並命她即日出宮，「省得朕為你勞心了」。原來唐太宗要處死武媚娘，但心裡多少有點不忍。現在武媚娘既然敢於拋卻一切，脫離紅塵，去做尼姑，那麼對於子孫皇位而言，活著的武媚娘等於死了的武媚娘，不可能有什麼危害了。

武媚娘拜謝而去。一旁的太子李治卻如遭晴空霹靂，動也動不了。唐太宗卻在自言自語：「天下沒有尼姑要做皇帝的，我死也可安心了。」

李治聽得莫名其妙，也不去管他。借機溜出來，去了媚娘臥室。見媚娘正在收拾行李，便對她嗚咽道：「卿竟甘心撇下了我嗎？」媚娘道：「主命難違，只好走了。」「了」字未畢，淚已雨下，語不成聲了。太子說：「你何必自己說願意去當尼姑呢？」武媚娘鎮定了一下情緒，把自己的計策告訴了李治：「我要不主動說出去當尼姑，只有死路一條。留得青山在，不怕沒柴燒。只要殿下登基之後，不忘舊情，那麼我總會有出頭之日……」

太子李治佩服武媚娘的才智，當即解下一個九龍玉佩，送給媚娘作為信物。太子登基不久，武媚娘果真再次進宮，之後成為中國歷史上聲名赫赫的一代女皇。

忍耐到底才能轉敗為勝

學會用理智克制心中的情感，只有這樣才能辦成大事。

日本礦山大王古河市兵衛就說過：「忍耐即是成功之路」。古河市兵衛，小時候是一名豆腐店的工人。後又受雇於高利貸者，當收款員。有一

天晚上，他到客戶那兒催討錢款，對方毫不理睬，並且乾脆熄燈就寢，一點兒都不把古河放在眼裡。古河沒有辦法，忍飢受餓，一直等候到天亮。早晨，古河並沒有顯出一點憤怒，臉上仍然堆滿笑容。對方被古河的耐性所感動，立即態度一變，恭恭敬敬地把錢付給他。他的這種認真隨和又富有耐性的工作精神，誠懇的待人態度，讓老闆大為欣賞，不久，老闆就介紹他去財主古河家做養子。之後，他便進入富商小野組（組等於現在的公司）服務。因工作表現優異，幾年後就被提升為經理。

發家後的古河買 下了廢銅礦 —— 足尾銅礦。足尾銅礦山是個早已被人遺棄的廢銅礦山。因此他一開始進行開採，就有人嘲笑他，視他為瘋子。

但是，古河對此根本不在乎。就這樣，一年過去了，兩年過去了，卻不見銅的影子，而資金卻一天一天地在減少。但他一點都不氣餒，面對困境，咬緊牙關，抱定死要和礦山一起死的決心，跟礦工們同甘共苦，慘澹經營，四年如一日，就在一萬兩金子的本錢幾乎要化為烏有時苦盡甘來，銅礦石，終於挖出來了。

他這種倔強和不達目的絕不甘休的忍耐性，便是別人所做不到的。

有人問古河成功的祕訣，他說：「我認為發財的祕方在於忍耐二字。能忍耐的人，能夠得到他所要的東西。能夠忍耐，就沒有什麼力量能阻擋你前進。忍耐即是成功之路，忍耐才能轉敗為勝。」

李密忍敗的啟示

不是有高偉的志向就一定能實現。在奮鬥的過程中，不同的人會有不同的遭遇，所以要能夠忍受失敗的痛苦，遭受挫折以後的消沉，要總結經驗和教訓，努力奮鬥，擺脫遭受挫折後的困頓。

唐人李密，家居京兆長安，父親是隋朝上柱國、蒲山公李寬。李密生活在隋末大亂的歷史年代，曾經投楊玄感，加入瓦崗寨義軍，參加爭鼎逐鹿的戰爭。西元 618 年，李密敗在東部王世充的手中，因勢力窮盡暫時歸順李唐。爾後又起兵叛唐，失敗後被殺。

李密是一位亂世的梟雄，也是起起落落，遇到了不少挫折和失意。

魏先生，史傳失其名。他生於北周，除博涉儒家經籍外，對於樂章尤為精通，但其人生性淡泊，不喜仕宦，以琴瑟為友，以飲酒為樂。在隋末天下大亂的時期，他避世鄉野，過著隱者的生活。

隋大業九年，隋朝禮部尚書楊玄感在黎陽舉兵反隋，由於善用時機，勢力發展得很快。在短短的時間內，他集結了 10 多萬兵力，並且圍困了隋朝的東都洛陽。但是，楊玄感在此之後，卻多次失去有利的戰機，逐漸走入困境；後來，在閿鄉，被隋軍擊敗。楊玄感戰敗身亡之後，黨羽四散。李密作為他的謀士之一，是朝廷要捉拿的要犯，罪在不赦，無奈只得隻身逃往雁門。

三十六計走為上策，對一個失敗者，屢屢受挫之人而言，也只能忍受一時的不得勢，先保存自己。一次次遭受挫折和處於困境的李密，別無他法，只能先忍受住挫折、失敗的考驗，慢慢再圖東山再起吧。

李密逃到雁門，為躲避朝廷的通緝，改名換姓，操起書本，當教書匠糊口；而魏先生也恰巧逃避戰亂居於雁門。魏先生與李密有同鄉之誼，兩人相敘之後，經常相互往來，並不時探究些音樂方面的問題，各自擺出與世無爭的超脫模樣。但是，任何超然的議論總難免透露出議論者的情志和性格，李密是一個受過良好教育，又生性聰明過人的才子，在與魏先生的交談中，不自覺地便流露出他的才能，流露出他失意之後的情緒。這一切自然都引起精於樂道又善於察人的魏先生的關注。

一天，二人又相聚於茅屋之中，屋外依然是和風清徐，屋內的魏先生話鋒已不似尋常。他以玩笑的口吻，對李密說道：「我察君氣色沮喪而目光不穩，心旌搖動而談吐含混。請允許我對此妄作猜測：氣色沮喪必然是因為事業破敗，目光紊亂必是胸無主見，心旌搖動則是精神未定，至於談吐含混、欲言又止，這必定是心中有事欲找人商量啊！」魏先生這番話揭出李密的心底隱事，李密如坐針氈，外露不安之色。魏先生見狀，知道自己所斷無誤，遂即單刀直入挑開李密的真面目說：「今天朝廷上下都在搜捕楊玄感的黨羽，君恐怕也是反抗隋煬暴政的人吧？」魏先生這一句話，如旱天霹靂，震得李密愕然良久，然而心中則深深地為魏先生犀利的目光所折服，遂起身，對魏先生說道：「先生高明能識我，先生的睿智又何不能救我呢？」

李密向魏先生徵詢立身亂世的良策。

魏先生見眼前的李密態度誠懇，便以誠相待，說道：「君既沒有帝王的風姿，也不是做將帥的人才，恕我直言，只是亂世的雄傑啊！」然後，他博稽古今，侃侃而談。

最後，魏先生以睿智的目光，審視了當時群雄爭起的形勢，認定李密要想富貴，唯一可以選擇的是投奔擁兵晉陽的李淵。

在受到挫折和困厄時，暫時隱忍，修身養性，冷靜地分析一下自己失敗的原因，聽一聽他人的意見，也是忍受挫折的一種方法。

總統忍罵的啟示

無論你的身分、地位如何，忍都是一項為人處世的基本功。善於用忍者，定能有所成就。

麥金利做美國總統時，他特派任某人為稅務主任，但這一提名被許多政客反對。政客們派代表前往進謁總統，提出諮詢，要求說明出派該人為稅務主任的理由。為首的是某國會議員，身材矮小，脾氣暴躁，開口就給總統一頓難堪的譏罵。如果當時總統換成別人，也許早已氣得暴跳如雷，但是麥金利卻視若無睹，不吭一聲，任憑他罵得聲嘶力竭，然後才用極和婉的口氣說：「你現在怒氣應該可以平和吧？照理你是沒有權利這樣責問我，但是，現在我仍願詳細解釋給你聽。」

這幾句話把那位議員說得羞慚萬分，但是總統不等他道歉，便和顏悅色地說：「其實我也不能怪你，因為我想任何不明究竟的人，都會大怒若狂。」接著便把自己的理由解釋清楚。

其實不等麥金利總統解釋，那位議員早已被他折服了。他私下懊悔不該用這樣惡劣的態度責備一位和善的總統。他滿腦子都在想自己的錯，因此，當他回去報告諮詢的經過時，他只搖搖頭說：「我記不清總統的全盤解釋，但只有一點可以報告，那便是 —— 總統並沒有錯。」

由此可見，向來為人所輕視的「忍氣吞聲」具有極大的妙用，不發怒不但使麥金利的解釋獲得極有效的助力，而且使那位議員從此徹底悔悟，以後永遠不再做出令人難堪的舉動。現實中不可不防那些狡猾的人，往往故意用種種狡計，使你大發脾氣，你一發脾氣，便做出種種不合理的事，這結果無異使你自投圈套，自討苦吃。

為求學忍受清苦

我們現在無從考證小小年紀的和珅從哪裡知道了讀書的重要性，和珅下定決心，哪怕要忍耐多麼大的困窘，無論如何也要繼續在咸安宮官學的學業。

第六章　理智面對人生

和珅為了籌措生活費用，只得強壓住心頭的羞愧，四處舉貸。在家人劉全的陪伴下，向父親生前的故友去借錢。俗話說：「人走茶涼」，常保生前的故友，在他在世時，常來常往，親熱非常，及至常保病逝，所有的交情在一夜間就蕩然無存了。和珅家中早已是門庭冷落車馬稀，再無一人上門探望。和珅原本指望他們能看在與父親相交多年的分上，絕不會見死不救，於是滿懷希望地登門造訪，誰知迎接他的不是冷冰冰的閉門羹，就是惡狠狠的猛犬。一次次的乞求，換來的只是無情的嘲弄與奚落，和珅小小年紀就要在冷眼與屈辱中生活。

在向自己的親戚以及父親的故舊告貸無門的情況下，和坤只得去向管理自己家十五頃官封地的賴五討要。

賴五本是常保的部下，是常保非常信任的人，因此，常保將自己家的官封地交給賴五管理。由於常保常年在外，賴五交給和珅家的租銀很少，常保也不逼問。常保死後，賴五交給和珅家的租銀就更少了。

賴五也許是覺得和珅年幼可欺，非但不給租銀，反而將和珅趕了出來。

和珅無奈，將賴五一紙告到保定府，結果保定知府不但不主持公道，反將和珅一頓痛斥。

為了能夠活下去，為了能夠繼續自己在咸安宮官學的學業，和珅當機立斷 —— 賣地。

和珅忍受屈辱，作出賣地的決定時，才僅有 13 歲。

和珅的決定是正確的，靠著賣地所得的銀兩，他與和琳在咸安宮官學的學業才不至於中斷。在這裡，和珅受到了傳統文化與軍事的最好的教育，這成為他日後為官能充分施展才能的基礎。

曲意逢迎，阿諛諂媚自然是和珅後來少不了的法寶，但是，倘若沒有真才實學的累積，他也不能在以後博得乾隆的信任，將國家大權玩弄於股掌之中。

機會只青睞那些有準備的人，和珅在咸安宮官學裡刻苦攻讀為他以後的飛黃騰達打下了堅實的基礎，只等待機會的來臨了，只要有機會，和珅是無論忍耐什麼都不會放過。

捨棄小我，顧全大局

磨練身心要像煉鋼一般反覆陶冶，急著希望成功的人就不會有高深修養；做事要像拉千鈞大弓一般，假如隨便發射就不會收到好的功效。

才智超群的人廣博豁達，自然不會急躁、輕狂。豐富的知識使得他們的思想深沉，涵養有素；氣節堅貞的人壯懷激烈，應該修德養性，融解自身的偏激。

立身處世，事事都須謹慎，心思動念更要光明磊落。一念、一言的偏差正是失之毫釐，謬以千里。防範猶如乘坐在渡海中的橡皮艇上，船身不可有針眼大的裂縫。蓋棺定論，終身無愧，全靠平素的修持，一點一滴地累積，不敢有絲毫的懈怠和雜念，這也就是做人的難為之處。所以說唯有心胸開闊的人，才能把幸福與禍患一視同仁。深解「禍兮福所倚，福兮禍所伏」的道理。唯有意志堅強、聰明大度的人才能在失敗中尋找出成功的因素。在成功時總能思考危險的成分，在喜悅中總能注意探求不利的因素。

保持獨立的思考

老子說：「正因為他不與別人爭，所以沒有一個能和他相爭。」把它運用到經營上，可以這樣理解：所謂「不爭」，就是當你力量弱小時，不

要到競爭激烈的領域去，應選擇沒有競爭，或者對手力量不強的領域，如此才能生存。

因為你進入的領域沒有競爭對手或者對手力量不強，所以別人已經競爭不過你了。

沃爾瑪公司在小城鎮悄悄壯大之後，又以其強大的實力向大城市發展，所到之處，不但中小商店紛紛倒閉，連凱馬特等大商店也有些招架不住。因為沃爾瑪公司不但服務周到，而且它的商品定價比別人的進價還便宜。如果我們細心觀察，凡新生的、弱小的東西，想要生存發展，都離不開這種戰略。

美籍華人李政道不到三十歲，就獲得了諾貝爾物理學獎。他談到自己成功的訣竅時說：「向還沒有開闢的領域進軍，才能創造新天地。」

盲目跟「風」的市場經銷後果，必然是過度競爭、相互壓價、企業利潤下降，甚至虧損、倒閉。那麼，為什麼會一而再、再而三地重複跟「風」現象呢？主要原因有以下兩條：

- **缺乏創新能力**：許多經營者不但不知道如何去創新，甚至想不到去創新。換句通俗的話，這些人想不出什麼「點子」，只好跟「風」，看到別人做什麼，他也做什麼。如何增強創新能力，是關係到民族強盛、個人前途的大問題。它涉及到歷史淵源、思想啟蒙、社會環境教育體制、政策法規等一系列因素。
- **不善於獨立思考**：客觀事物本身複雜多變。人們對它的認識是由此及彼、由表及裡、去粗取精、去偽存真的過程。這個過程伴隨著實踐、認識、再實踐、再認識這樣多次的反覆。這個過程不是輕鬆容易的，需要付出，需要花氣力，也可以說是艱難的、痛苦的。正是這種認識客觀事物的艱巨性，使許多人不敢於、不善於或不願意進行獨立思考。他們認為模仿現成的、別人已經成功的東西是一條「捷徑」，可以不冒風險地達到成功。

然而，事情的發展往往與人們的願望相反。「捷徑」成了死胡同，不想冒風險，結果風險更大。

成功人士之所以成功，重要原因在於他們的思維方式與一般人不同。

巴菲特（Warren Buffett）小時候，他的父親霍華德，十分注意培養孩子們獨立思考的習慣。他經常把孩子們叫到自己身邊，給他們背誦愛默生（Ralph Waldo Emerson）的一段名言：「最偉大的人，是在嘈雜人群中完全地保持獨立人格的人。」這樣的教育使巴菲特終生受益。

山姆·沃爾頓（Sam Walton）的成功，同樣離不開這一思想方法。沃爾瑪公司副總裁詹森，這樣評價他的老闆：「我想，山姆的一個重大力量在於他的獨創性，他只屬於他自己；獨立思考。因此，他從不是橡皮印章式的主管，也從不隨聲附和任何人或任何事。」

至於世界巨富比爾蓋茲，更是從小就喜歡獨立思考，行事往往與眾不同。在學校裡，他把精力集中在自己喜歡的數學和閱讀兩門課上，對其他課程不花大多的精力。實在不喜歡的課，乾脆睡覺。只要是會做的功課，他就不做作業。以傳統教育觀念來衡量，他不是一個守規矩的好學生。但正是由於他「有所不學」才能「有所學」，成為了某一領域裡的「菁英」。換言之，他寧可成為有缺點的天才，也不願成為面面俱到的平庸之輩。

理智的人總能獨立思考，從新的角度看問題，找方法，往往能事半功倍。這種能量累積下來，自然改了自己的命運。

把獨處從孤單變成享受

有一次，年輕的克爾凱郭爾（Soren Aabye Kierkegaard）在是選擇愛人還是選擇上帝這個問題上陷入了混亂和困惑。

他很愛一名女孩，但是他認為人的愛是唯一的，這和愛上帝是完全衝突的，他必須而且也只能選擇一個。在經過一番思想鬥爭之後，他還是選擇了上帝。克爾凱郭爾終身未婚，他把自己的全部熱情和才智都獻給了上帝。但是他又和真正的教徒不同，他對上帝的愛是一種追求至高無上真理的愛，也就是說，他的愛不可避免地成為一種背叛與皈依至死鬥爭的愛。這樣一來，無論是教徒還是非教徒都不理解他。

克爾凱郭爾認為自己無論是在人群中還是在精神上都是孤軍奮戰的，他的孤獨正是他區別於別人的標誌。

孤獨本身並不是一件美好的事情，但是孤獨可以造就一個人的人性光輝和偉大，它幾乎是每一個偉人的必經之路。因為不經過孤獨的歷練，就不會有堅忍的精神和不屈的意志，更不會有屬於自己的道路。

因為，要想成為真正意義上的人，必要忍受孤獨，甚至忍受一生。當然，孤獨是可以改變的。

一位中學老師講過這樣一段故事：有一個學生本來性格內向，後來他借著玩足球而變得開朗起來。原來，這位同學的生活環境很差，缺課又多，當然成績不會進步，因而使得他非常自卑。他上學常常遲到，放學後也常常流連於校園裡，而後才拖著蹣跚的步伐回家。有一天，一位體育老師在校園裡碰見他說：「看到你無所事事，你過來跟著我練球好啦！」老師說著，馬上把球投過去。從此以後，這個少年就熱衷於足球運動，接著他也恢復了爽朗的性格。

從上述的例子裡，可以發現在體育活動或學習過程中，隱藏著不可思議的力量，能使人從不安或失意中穩定下來。

例如學習射箭也有一個具體的目標。想射中中間的紅心，就必須聚精會神於一點上。同樣，任何競技活動，它們眼前都擺著一個具體的目標或敵人。在書法、讀書裡，也有具體的形象表示樣本，那些學習小提琴的孩童，他們上課之後，也立刻能發揮驚人的集中力，因為他們就要登臺表演了。

如果你和自己都不能好好相處的話，還能期望別人什麼呢？

很多人都害怕孤單。他們不知道自我創造的後果，所以犯了極大的錯誤，即認定自己絕對不能孤單。他們每次盡量讓自己避免孤單的時候，都讓自己再度感受到恐懼的侵襲。恐懼什麼呢？就像有人說的「我單獨一個人的時候，簡直覺得自己一無可取。」

許多人都有同樣的恐懼。也許你喜歡和一些朋友聚在一起，在電話中聊上半天，或偶爾探問人家的私事，或在別人忙的時候堅持要去看他，或在團體裡太注意自己，好像怕別人會看漏了你或忘記你似的。你可能會要求別人幫你做一點小事，以確定別人真的喜歡你。很多人都這麼做，結果卻愈來愈不喜歡自己，別人也覺得他不容易接近。

當獨處難免時，你要練習學會獨處。如果你已經習慣和別人一起的話，剛開始打破這個習慣可能會使你覺得不舒服。如果你覺得不愉快的話，就探測自己的感覺。你為什麼一直盼望電話鈴響呢？你是否擔心自己和某人的關係？你是不是厭煩自己？如果這樣的話，你可以找點事做做 —— 以克服獨處時的恐懼。但不要覺得獨處的時候，一定得做點有「建設性」的事情，才能掩飾單獨一人的怪異行為。

如果你能享受獨處的時刻，那麼你找朋友的意圖將完全出之於真心，

而非軟弱。你打電話給朋友約他吃晚飯，只因為你想看他，而不是因為你無法忍受一個人單獨吃飯。你的朋友會覺得你真心地喜歡他、看重他，而不是只想依賴他。你將變得更可愛 —— 對那些想找個真心朋友，而不是找個比他更脆弱的朋友的人而言。

聰明反被聰明誤

人在許多方面不及動物。比奔跑之快不及馬，比力氣之大不及大象，比視力之遠不及空中的老鷹，比靈活不及水中的小魚，但人又能駕馭萬物，為萬物之靈長，這是為什麼呢？法國哲學家帕斯卡（Blaise Pascal）說：「人只不過是大自然中最柔弱的蘆葦，但他是會思想的蘆葦。」蘆葦極易受到風雨摧折，正如人人都難免要老病衰亡，但是人能夠思想，具有聰明智慧，由此而改變了一切。

人類的歷史，實際上就是人類用自己的聰明才智克服重重困難，不斷尋找最佳生活方式的歷史。和原始初民相比，今天的人類正享受著自己創造的文明：火藥的發明、電的發現、印刷術與電腦的創造，都給人類帶來了光明。人類插上了自己創造的翅膀，上可九天攬月，下可五洋捉鱉，可以棲居在現實和虛擬兩個世界當中。人類似乎變得越來越聰明了，並且也形成了這樣一種假像：人無所不能、無所不知。難免不發出這樣的感嘆：人是多麼神聖與偉大！他是天地玉成的精華，是大自然的精靈和主宰。

但是，在這個世界上，有的事人能夠做到，但有的事人卻難以做到。這就是那句古話：「謀事在人，成事在天」。如果人過於依靠自己的聰明，則極容易聰明反被聰明誤，這種聰明就會成為一種糊塗。

人有聰明和糊塗之分，同為聰明人，又有大聰明和小聰明之分；同為糊塗人，則又有真糊塗和假糊塗之分。糊塗往往給人以愚拙的印象。因為或智或愚對人一生的命運關係極大，所以人們大都以聰明為美，表現自己聰明的一面隱瞞自己笨拙的一面。

有的人的確很「精」、「很聰明」，處處體現出一種實用主義的色彩，用得著你時，好話說盡，將人誇得心花怒放，為他服務；然而用過之後，就判若兩人。此類人的「精」，使人寒心。還有一種人的「精」，「勢利眼」得很，將人分等級，對那些有權有勢的人、現在或將來自己「用得著」的人，就一副肉麻諂媚模樣，令人很不舒服。而對那些普通人或「用不著」的人，就一副瞧不起、愛理不理的模樣，讓他人有一種受侮辱、受傷害的感覺。此種人自以為很「精」，實是很傻，因為他（她）們的那種「勢利眼」和「分等級」的處世方法，實際上是在為自己尋找更多的「反對者」。所以亞里斯多德（Aristotle）說：聰明人並不一味追求快樂：而是竭力避免不愉快。「勢利眼」者實質是為自己製造更多的「不愉快」。

真正聰明的人卻不這樣做。他們信奉大智若愚、大巧無術，他們以大智若愚為美。聰明人幾乎都採取大智若愚的方式來保護自我。嫉賢妒能，幾乎是人的本性，所以《莊子》中有一句話叫「直木先伐，甘井先竭」。一般所用的木材，多選挺直的樹木來砍伐；水井也是湧出甘甜井水者先乾涸。人也如此。有一些才華橫溢的人，因為鋒芒太露而遭人暗算。三國時的楊修就是因才蓋過主而遭殺身之劫。《紅樓夢》中的王熙鳳正是「機關算盡太聰明，反誤了卿卿性命」。還是中國那句千古名訓「大智若愚」為妙。

有時，糊塗一點，反而是一種聰明與智慧，甚至是一種大聰明和大智慧。列寧說過這樣一段話：「聰明人是不犯重大錯誤同時又能容易而迅速地糾正錯誤的人。」真正的「精」者，既能明白他周圍所發生現象的是是

非非，也非常明白自己身上弱點所在。他們善於與他人合作，善於吸收他人的優點來豐富自己、彌補自己的不足。他們從不用語言來顯示自己，總使人有一種謙虛、實在的感覺。因而真正的「精」者，永遠是生機勃勃的，富於進取精神的。

樹大招風，鋒芒不要太露

孔子曾經拜訪過老子，向他問禮。智者告誡仁者說：「一個聰明而富於洞察力的人身上會潛藏著危險，那是因為他喜歡批評別人。雄辯而學識淵博的人也會遭遇相同的命運，因為他暴露了別人的缺點。」所以，人還是有所節制為好，採取謹慎的處世態度，不可處處占上風。如果一個人鋒芒畢露，一定會遭到別人的嫉恨和非議。就像出頭的椽子會先腐朽，太高的樹容易遭大風折斷。這樣的例子在現實生活中很多。

世上的高人往往其貌不揚，由於不太搶眼，可以避免別人的注意力，所謂真人不露相，露相非真人；練就一筆好字的人謊稱不會書法，這樣可以推掉許多違心的差事；力大無比的人往往裝成手無縛雞之力，緊急時才能夠出乎意料地打敗敵人。做人，鋒芒太露，就等於把自己的底細給對方交代得一清二楚，一旦交起手來，就首先輸掉了一半，實難收到突見奇功的效果。

但做人又不能不露鋒芒或藏而不露。不露鋒芒、藏而不露，總給人一種遮遮掩掩、躲躲藏藏的感覺，讓人覺得你這人虛偽無比。不可不露，卻又不能太露或亂露，那就只有深藏不露。深藏不露的真諦就在於，不刻意顯露。有能力終究是要露出來的，只要時機、地點、人事三者合適。如果有一樣不合適，那就不要亂露，以免招來不必要麻煩，徒然增加自己的苦惱。

這種深藏不露的處世智慧與西方張揚個性注重表現有所不同。西方教育注重「表現」，主張「有能力就要表現出來，有一手就要露出來」，否則和沒有能力沒有什麼兩樣。東方人當然也明白「表現」的道理，知道「老虎不發威，很容易被當作病貓」。不過我們更了解「虎落平陽被犬欺」的慘痛苦境，在表現之前，先做好「等到達那裡，先打聽一下當地的情況，再做打算」的準備工作。所以兩者的區別不在於表現不表現，而是怎樣表現。前者是捨身哲學，主張能露就露，露光了就走路，後者是守身哲學，主張先打聽一下，看一看揭露到什麼程度最合理，然後才合理地顯露。

深藏不露是為了看一看有沒有比自己更合適的人走出來。若大家都爭先要出頭，特別是那些才能平庸，又缺乏自知之明的人，其結果只能是埋沒了真正的有才華的人，阻了他們的道。不強出頭，其實就是在不應該自己出頭的時候千萬不要出頭，一定要出頭不可，也應該設法讓別人先出頭。萬一讓不過，才抱著我是不得已而為之的心情來出頭。當然，沒有什麼本領的人無需講究什麼深藏不露。因為自己很平庸，就算利用深藏不露來「藏拙」，充其量也只能隱瞞一時，最終會被人識破，結果原形畢露。

能屈能伸，學會低頭

大凡英雄豪傑，胸懷大志，打算幹一番轟轟烈烈的事業的人，都能屈能伸。這就好比一個矮小的人，要登高牆，必須要尋找一個梯子作為登高的臺階，假如一時尋找不到梯子，那麼，即使旁邊有一個馬札，未嘗不可利用作為進身的階梯。假如嫌它小，就爬不到高牆上去。當初，張良、韓信就是劉邦的梯子，韓林兒就是朱元璋的馬札。

第六章　理智面對人生

韓信年少時曾受過胯下之辱，但他並不是懦夫。他之所以忍受這樣大的屈辱，是因為他的人生抱負太大了，沒有必要小不忍則亂大謀。後來跟隨劉邦逐鹿中原，風雲際會，先後跟隨過齊王和楚王。在他與部下談起這件事時說：「難道當時我真沒有膽量和力量殺那個羞辱我的人嗎？而是如果殺了他，我的一生就完蛋了，我忍住了，才有今天這樣的地位和成就。」

人們在制定理想目標時，往往在實踐過程中都會遇到這樣那樣的困難和挫折，致使你氣憤、膽怯、自卑、情緒衝動、灰心喪氣、意志動搖等，立志愈高，所遇到的困難就愈大，猝然臨之而不驚，無故加之而不怒，這就是大丈夫能屈能伸、樂觀堅毅精神的表現。

苦難是一種前兆，也是一種考驗，它選擇意志堅韌者，淘汰意志薄弱者。要達到奇偉瑰怪的人生境界，要成就任重道遠的偉業，必須具有遠大的志向和極端堅韌的特質。

一場大雪過後，樹林出現了有趣的現象，只見榆樹的很多枝條被厚厚的積雪壓得折斷了。而松樹卻生機盎然，一點兒也沒有受到傷害。原來榆樹的樹枝不會變曲，結果冰雪在上面越積越厚，直到將其壓斷，實在是備受摧殘。而松樹卻與之相反，在冰雪的負荷超過自己的承受能力時，便會把樹枝垂下，積雪就掉落下來。松樹樹枝因能向下，使雪易滑落，所以枝幹依舊挺拔，巍然屹立。能屈能伸，剛柔相濟，正是這種氣度和風範使松樹經受了一場暴風雪的洗禮。

人世間的冷暖是變化無常的，人生的道路是變化無常的，當你在遇到困難走不通時，或許退一步就會海闊天空；當你在事業一帆風順的時候，一定要有謙讓三分的胸襟和美德，應該把功勞讓與別人一些，不要居功自傲，更不要得意忘形。該進則進，該退則退，能屈能伸。

一個人要想在世上有所作為，「低頭」是少不了的。低頭是為了把頭抬得更高更有力。現實世界紛紜複雜，並非想像得那麼一帆風順，面對人生旅途中許多低矮的「門框」，暫時的低頭並非卑屈，而是為了長久的抬頭；一時的退讓並非是喪失原則和失去自尊，而是為了更好的前進。縮回來的拳頭更有力。只有採取這種積極而且明智的初始方法，才能審時度勢，透過迂迴和緩而達到目的，實現超越。對這些厚重的「門框」視而不見，傲氣不斂，硬碰硬撞，結果只能是頭破血流，成為擺在風車面前的「唐吉訶德」。

第七章

幽默讓人更具力量

巧說幽默話的作用

為什麼只要卓別林（Charlie Chaplin）等喜劇人物一露臉，他們一張口、一舉手、一投足，立即便能把人們的心弦撥動，使千萬人為之捧腹、為之噴飯傾倒？這奧妙就在於：他們的一言一行、一舉一動都充滿了啟人心智、令人愉悅的幽默。

世界上沒有人不喜歡風趣幽默的語言。在中國的傳統文藝晚會上，相聲小品之所以一直成為最受歡迎的節目之一，就在於它的表現形式離不開幽默，那幽默的語言強烈地感染著觀眾的心，幽默的話能抓住聽者的心，使對方平心靜氣；也可以使一些深刻的思想表達得更加生動和形象。

生活中如能妙用幽默，對你的人生自然是大有益處的。綜合起來看，大致能產生以下幾種效用。

改善人生，消除煩惱

人們在生活中可能遇到種種引起麻煩的事情，如果借助於大笑一場，就能「化干戈為玉帛」，從而減少過分憂慮，所以說，「笑一笑，十年少；愁一愁，白了頭」。大笑還可以使人振作起精神，以輕鬆的態度對待生活。這樣，引起煩惱和憂慮的麻煩並沒有什麼了不起，憂鬱的情緒也就逐漸消除了。

保持健康，身心愉悅

幽默能夠使人健康，對於這一點現在已經沒有人懷疑了。因為幽默能使人變得格外坦率和誠懇，使人感到愉快、心寬體胖，自然身體也會變得更加健康。

加強合作，促進溝通

許多人在事業和工作的路途上，往往會遇到許多障礙。其中有一個障礙就是人們在心理上對新的工作感到難以適應。究其原因，很多是來自對人際關係的憂慮。但挑戰和困難其實也是一種機會。要知道，獲得成功是要付出代價的，其中一個代價就是應該把自己的某種能力和專長放在一邊，在與他人的交往上多下工夫。

也許你是世界上最好的教師、職員、工人，但是讓你當校長、經理或其他負責人的時候，你可能就會感到不勝任，從而陷入困境。因為處理眾多的人事問題要比發揮個人的才能困難得多。因此，你不僅自己要有獻身精神，還要幫助大家解決困難，以取得部下的信任和擁護，否則的話，你就會一事無成。所有這些挑戰，應該看作是獲得了某種機會，機會便是動力。幽默可以幫助你接受挑戰，並且在實踐中獲得成功。幽默能使你輕鬆對待挫折和失敗，從而使得自己和眾人溝通。

促進親情，加深感情

家庭是社會的細胞，是最親密、最可靠、最穩定的社會單元。「生老病死，婚姻嫁娶」，乃自然與社會規律，兩個男女相愛結婚，如能學點幽默，對於相互情感溝通、減少摩擦是有好處的。夫妻之間，為生活、為金錢，彼此難免存在分歧。可是如果不用恰當的形式轉移矛盾，而是赤裸裸地批評對方的缺點，夫妻之間不吵才怪。可見家庭之中也要有幽默的表現形式，才能增進感情、減少分歧，令雙方陶醉。

助長事業，伴你成功

在現實生活中，每個人都有自己的職業，都要從事某項工作。雖然某項工作你可能喜歡，也可能厭煩，但你終究要做下去。

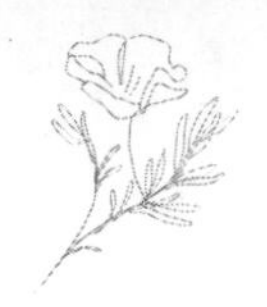

為了使自己的工作出色、事業成功，更要加倍努力。那些在「位子」上不思進取的人是無所作為的。一般而言，人們雖然有各種各樣的追求，但其共同點都是考慮如何創造一個良好的人際關係環境，加強與同事及上下級的溝通，避開人際關係中的僵化與失誤，使自己的事業獲得成功。

要做到這一切，學點幽默能夠使你與主管、同事之間建立和諧的關係。你也會因此而成為一個樂觀的人，一個能關心和信任別人、又能被眾多的人所信任和喜歡的人。有人說，獲得工作上的成就和事業上的成功要具備很多條件，但幽默有助於你改善與他人的關係、促進成功，則是一個不爭的事實。

幽默可以讓人發笑

幽默給人的第一個好處就是它能讓人發笑。以笑來面對日常生活中足以引起我們不快的小事情，不快的情緒會隨之消失。借助笑的分享，你就可以把瑣細的問題擺在它適當的位置，看到它和你整個生活相形之下就顯得很小了。你也會因此提醒別人，這有助於他們輕鬆地面對事情，你會使他們重振精神。

任何足以使你的休閒生活充滿生機的消遣活動，都可以拿來作為幽默的題材。幽默可以使你為他人製造更好的氣氛，並增進你個人的情緒和自我形象。你以輕鬆的方式表示出這樣的真意：當我們有心情享受休閒活動時，的確是很幸運的。

坦誠開放與人相處能幫助我們承認，我們有時也會懷疑自己，或對自己沒有安全感。但透過幽默的力量，我們則可承認這種不安全感，而不致把它看得太嚴重。然後我們能除去疑慮，強化自我觀念，扎穩人生的根基。而且，我們不需要擔心過於坦誠開放，因為我們能深信自己的缺點、背景，以及過去或現在的環境，無論是好是壞，都會比過去我們試圖掩飾逃避要好得多。

也許你覺得你生錯了時代，生錯了地點，或生錯了家庭；或者你為過去的經濟環境感到困窘，生怕有人提起。這時，若我們發揮幽默的力量，同樣可以非常順利地解決這些小小的困境。

現代醫學知識告訴我們，笑對心臟有益，能調節過低和過高的血壓，促進消化，增強活力，並延長壽命。所以，幽默可以增進你的健康。當你生病、住院或遭受意外傷害時，幽默也能幫你覺得好過一些。當你去探望病人，或者病人來找你，你都可以用和健康有關的小故事或笑話、妙語，使對方重振精神，早日康復。

總之，幽默是人際關係的潤滑劑，它以善意的微笑代替抱怨；避免爭吵，使你與他人的關係變得更有意義；幽默可以幫助你減輕人生的各種壓力，擺脫困境；幽默能幫你戰勝煩惱，振奮精神，在沮喪中轉敗為勝；幽默能幫你把許多不可能變為可能；幽默比笑更有深度，其產生的效果遠勝於咧嘴一笑。

幽默可以消除煩惱

我們時常處於緊張或焦慮之際，此時如果用幽默力量，則完全可以幫助我們擺脫困境，消除煩惱。

我們每天都會遇到或想到一些或大或小的惱人的問題，如能源緊張、物價上漲、經濟壓力太大；事業剛剛起步，找工作求職太難；年齡漸長不饒人，體力不支，青春不復存在；社會競爭太過激烈，人際關係不如以前，等等。這些問題的確會讓人心煩。然而，我們的某些焦慮和較大的問題，在幽默面前憂慮看得輕鬆些，用幽默的態度來對待，則一切都不是問題。

第七章　幽默讓人更具力量

有了幽默力量，你就可以消除緊張，卸掉煩憂，不論是對年齡、對身高體重，甚至對金錢的煩惱都會變得對你無足輕重。例如年紀漸長似乎是大多數人覺得最難處理的煩惱。但是不論你多年輕，或者多老，你都能透過幽默力量幫助他人把年歲的增長看得輕鬆。美國鳳凰城著名的演說家羅伯特，以有一顆年輕、風趣的心而聞名。他在70歲生日那天，還簽了一份5年的演說合同。不論在私底下或在公開場合裡，他都把年齡看得輕——把減變為加，他說：「我要盡可能在最年輕的時候死去。」你聽，他說得多麼幽默、輕鬆。

在我們的生活裡，幽默具有一種把年齡變為心理狀態而不是生理狀態的力量。

「他正處在尷尬的年齡——二十幾歲。在電視上扮演天才兒童嫌太老，但是演十幾歲少年又嫌太年輕了。」

「我實在太老了，我的保險公司只送給我半年分的日曆。」這話多幽默，誰聽了還會在乎年齡問題呢？

再如，身體肥胖問題以及如何瘦身，是當今中外人士最熱衷的話題。為體重而煩惱的人，不計其數。不妨先聽聽這位憂愁的人怎麼說：「我已經努力節食6個月，但是唯一消瘦的卻是我的頭了。」如果我們詼諧地採用幽默來看待自己的身體，又何來煩惱呢？

有人為自己在人生中扮演的角色而煩惱嗎？只要我們留心那些具有幽默力量的成功者所說，用它來減少自我的重要性，這些煩惱就會消失。

用幽默的力量來釋放你自己，使你的精神超脫塵世的種種煩惱。用幽默來增加你的活力，使生活多一點情趣。幽默的力量能使你令人難忘，同時給人以友愛與寬容。

幽默的語言能夠帶來快樂

在生活中，我們經常會笑，幽默就是一種逗我們快樂的方法。笑是人的一種本能，但人卻不會時時刻刻都能笑，想笑，要笑，笑是在一定的條件作用下才會發生的。幽默會引人發笑，所以特別受到人們的重視。

笑是可見、可聞的。

幽默並不是講笑話，它比笑話更有深度，產生的效果比笑話更強，比哈哈大笑或咧嘴一笑更能得到回報。幽默也不一定要引人發笑，當然它也通常由笑來幫助我們把幽默散播出去。

幽默的人不會為不愉快的事生氣，反而會讓它變成樂趣。

著名心理學家兼教育學家凱絲畢德（Kathy Bid）在《幽默心理學》一書中說，她進行了包括橫膈膜振動、上身運動、鼻孔擴張、眼球突出，以及下顎振動在內的測量，結果發現，「我們看了有關笑的客觀描述之後，會有一種感覺，就是做這種舉動的人必定累得要命，而不會樂在其中」。

這類關於笑的測驗本身就是幽默，我們會一笑置之，但我們一定知道「笑」在生活中扮演了何等重要的角色。

用幽默可以使自身樂觀、豁達 —— 不僅僅如此，幽默還能潤滑現實，讓人們在艱難、苦悶的現實中感覺不那麼痛苦、尷尬和難受。

《今日心理學》雜誌給讀者提供了 30 則笑話，接著調查 14,500 名讀者的意見。結果是，每一則笑話都有為數不少的讀者喜愛，同時也有另外一群人斥之為「根本不好笑」。人們由此而得出結論：這種有趣感因人而異，它的關鍵在於何時產生，而並非是何事或何物。當你對他人的幽默以快樂和肯定來回應時，當你也能幫助他人感受快樂時，有趣就已經產生了。

我們可以看下面的幽默，從中得到一些樂趣。

兩個國家的人在比吹牛，看究竟是哪個國家的火車跑得更快。

英國人說：「我們英國的火車那才叫快，得不停地往車輪潑水，不然的話車輪就會變得白熱，甚至熔化。」

「那又有什麼了不起呢？」俄國人不以為然地說，「有一次我要作國內旅行，我女兒到車站送我。我剛坐好，車就開動了。我連忙把身子探出去吻我的女兒，卻不料吻了離我女兒六英里外的一個黑糊糊的鄉村老太太。」

這兩個吹牛大王吹得也太離譜了，但給大家帶來了快樂。

安迪沙米曾說過：「如果你為別人做了一件好事，那麼同時你也治癒了自己。因為歡樂是一劑精神良方，能超越一切障礙。」使人歡笑、使人快樂的途徑，只能是做讓人愉快的事、說令人愉快的話。就這個意義來說，幽默的語言可以快樂別人，也能夠快樂自己。當你在處理自己的大小失誤時，如果你能笑談自己的失誤，並與他人同笑，那麼你不僅給別人帶來了愉快和輕鬆，同時也治癒了失誤引起的痛苦。以自己為話題的笑可以消釋誤會，抹去苦惱，擊倒失敗，重振士氣。學會去看你自己認為可笑的一面，你就會獲得自尊。

此外你還給別人建立了一個榜樣，使得人也感到能與你一樣自在地取笑自己。即使以後你與他一同取笑他的失誤時，你既不會傷他自尊，也不會令他不悅，因為你已經證明你是個能與他人共歡笑的人，而不是只在一旁取笑、批評他的人。

當你學會了如何笑自己時，你會發現你已經掌握了這種能力。幽默是快樂的催化劑。如果你想發掘幽默的潛力來幫助你平息人生的風暴，與他人建立和諧的關係，並達成你的人生目標，那就趕緊多運用這力量並付諸實行吧。幽默的力量不會自己產生，而是需要計畫和練習來創造它、發展它，還需要勇氣來接受它。

當你把幽默付諸實行時，你就能判斷他人是如何反應的，必要的時候你要改變一下運用的方法。你用得愈多，就越能感受到運用它的效果，也就更懂得相關的技巧，這一點有賴你自己去證明。以幽默力量來連接並引導你的個人生活、家庭生活和你的事業，然後看看結果如何。以幽默的人生觀來面對窮困、失意或煩惱的處境，於是你能發展自信心。

笑一笑，十年少

醫學界普遍認為，樂觀對人的身體健康有明顯的好處。實踐證明，快樂是一種養生的有效方法。《聖經》中說：「快樂的心，乃是良藥。憂傷的心，使骨枯乾。」荀子說：「樂易者常壽長，憂險者常夭折。」今天的人則更簡單，意思明瞭，說：「笑一笑，十年少；愁一愁，白了頭。」

笑有許多好處。據說，能調節血壓，促進消化，增強活力，進而延長壽命。所謂「笑一笑，十年少」就是這個道理。很多科學研究證明了笑的確有心理上與生理上的益處。譬如：笑的動作能夠促進血液循環，促進肺部呼吸，鬆弛緊張感覺，對心臟、肺、胃部等器官都有明顯的好處。

古往今來許多幽默能夠使人發笑。一個人如果總是認為自己的言談措辭高人一籌，總保持一種莊重的態度，那絕不會生動有趣，更不能使聽眾笑顏逐開。假如能夠經常在自己可笑的地方開開玩笑，一定可以贏得許多朋友。因為你敢於取笑自己，是表示你把自己看作和對方一樣處於同等地位，毫無高傲的習氣，使對方看到你親切的形象，對你一見如故。常常拿自己開心的人，不但可以獲得許多朋友，並且可以使你心胸開闊，延年益壽。

第七章　幽默讓人更具力量

有人這樣說：「幽默有鬆弛神經的妙用，能緩和一個人的盛怒，幫助消化，增進與周圍人們的友誼，延長壽命，所以人人都應學習。」還有人深有感觸地說：「我的祖父、父親都是因過度憂慮而與世長辭，有一個時期連我也幾乎因憂慮而死亡，但幸好當時我學會了幽默，從此就覺得生活處處充滿滑稽，我便寬心做人，不再東憂西慮。我能夠活到這樣高齡，全靠幽默。」

做人一般有兩種生活方法：一種是一天到晚垂頭喪氣、愁今慮後，因而年經輕輕，就衰老而死；一種是整天歡笑喜樂，任何打擊都以笑臉對付，因而心安體健，長壽到老。

即使在一些通常認為是尷尬的場合，如果換一副幽默的姿態，會獲得另一種心境。根據研究，笑能刺激大腦產生一種物質，這種物質有消除各種病痛的作用。笑能緩解緊張的精神狀態和心理壓力，從而達到平衡精神、消除過敏和恐懼、放鬆心理壓力。人在歡笑時，據說由於受刺激，能控制多種激素的產生，對免疫調節也起作用。

研究測試表明，學生觀看喜劇電視後，神經傳遞物質腎上腺素及壓力激素氫化可體松的濃度都下降。腎上腺素濃度降低能減輕高血壓及其他心血管疾病；氫化可體松濃度降低會使免疫功能系統產生更多有益有白血球，有助於免疫系統的正常運行。

笑對人的中樞神經系統的良好調節，會影響到內分泌和全身各種機能的改善。因此，笑對於因現代生活的壓力而引起的各種疾病有明顯的治療作用。

笑能治病曾見於傳說。相傳清代河南有一巡按，每天總是不能入睡。四方請名醫治療，均不見效。巡按懷疑醫生的醫術不高明。後來，有人想個辦法，讓大人藏在閨房中，請來一位名醫按脈良久，說：「夫人之病，月經失調也。」巡按聽了，不禁哈哈大笑。幾日後，想不到病竟不藥而癒。明代梁恭辰的《北東園筆錄》一書也有相同的說法：有一男子，不幸患了噎症，四處求拜名醫診治，不見好轉。到了冬天，病勢轉重。有一次，他看到一群老鼠圍著瓶子轉來轉去。後來一隻老鼠叼來一根筷子插進瓶口，另一隻老鼠咬住這隻的尾巴使勁一拉，瓶子倒了，炒米撒了滿地。於是，「群鼠爭食，呼嘯為樂」。他禁不住樂得哈哈大笑後，想不到吐出一塊小肉團，頓感舒適，病遂不治而癒。

根據報導，國外有人開了所謂「幽默診所」為人治病。主要是實施「幽默療法」，諸如讓病人聽幽默笑話，看幽默影片、電影、滑稽表演。

有人用力敲打女醫生的房門，醫生緊張地問：「是什麼人敲門？是好人還是壞人？」

外面的人說：「很難說，我的醫生。好人是用不著找醫生的。」

病人說：「我看到眼前有一個黑影。」

醫生問：「你看得見醫生嗎？」

病人說：「看不見，只有一個黑影。」

病人問：「請問今天的藥應該怎麼吃？」

醫生回答說：「用叉子吃！」

「你知道嗎？如今太空科學家都在向醫生們請教，如何才能飛向太空，就像藥費和手術費飛速上漲一樣。」

某人對醫生說：「我的行為不檢點，總覺得良心不安。」

醫生說：「你需要增強一些自制能力。」

病人說：「其實我是想能不能減少一些良心。」

某位先生名聲不大好，到醫生那裡進行體檢，對醫生說：「醫生，我是不是應該放棄酒、女人和歌？」

醫生答道：「沒關係，你喜歡哪一首就唱哪一首好了。《酒、女人和歌》是小約翰·史特勞斯（Johann Baptist Strauss）的名曲之一。

心中常保持快樂，身體自然健康。幽默能使人身康體健，今天再也不會有人對它持懷疑否定態度了。我們應該很好利用幽默這一「無本萬利」的健康資源。

煩惱時別忘幽默

幽默帶來歡樂，憂鬱導致煩惱。利用幽默可以改善惡劣的心境，使壓抑困擾的心理狀態獲得調節。

在喧囂的現代生活中，你是否在為你自己扮演的角色煩惱不安？如果是這樣，記得幽默一下，那些煩惱與不安就可以驅除。比如人們常常受到經濟問題的困擾，金錢成了憂慮的主要內容之一。其實金錢是什麼？不過是滿足人生需要的一種媒介，而需要是可變的，也是自己能夠適當控制的。在金錢與需要這個函數關係中，掙到了錢與節制了需要，基本上持平，有這種幽默感，就不至於那麼憂慮了。當然，這並不是指金錢越少越好，而是對金錢要給予適量的關注，關注太多則並非一件好事。

劇作家霍夫曼曾有一萬美元，在二十世紀初也算一筆不小的財富。他的朋友麥克爾建議他投資買股票，結果在1929年的股票風潮中全部損失殆盡。霍夫曼對此卻很想得開，他風趣地說：「無論是誰聽了麥克爾兄弟的話拿錢去投資，都活該破產。」

有的人不能正確看待經濟問題帶來的壓力，總想和別人攀比，對別人的富有，總是很羨慕，整日處於互相競爭的壓力之中。其實不妨換一種眼光看待別人的富有，比如可以說：「你看他負擔有多重，要把那麼多的銀行存款放在保險櫃中，擔心被竊。」

今天，女孩子年齡漸長是大多數人最難解脫的煩惱之一。假如你想開一點，人生就是一個過程，無論你年輕還是年老，都不過是這個過程中的一個階段。用這種灑脫自然的態度看待人生，當然會減少一些煩惱了。

關於年齡問題，還有許多幽默的故事或妙語：

- 「什麼是中年？中年就意味把向前走當成原地不動。」
- 「我有一個保持青春的祕訣，就是謊報我丈夫的年齡，然後我實報自己年齡，我是比他年輕多了。」
- 「我不怕變老，只要能把我臉上的記號去掉。」

對於身體的其他部件也是如此，你可能為自己花白的或日趨稀疏的頭髮而憂慮，不過治理禿頭的最好辦法是戴一頂帽子。或者這樣說：「頭髮是唯一防止禿頭的東西。」

你也可能為身體超重而煩惱。有一位先生傷心地說：「我已經連續半年節食了，可只有一樣東西變瘦了，那就是頭髮。」如何減肥這是當今最時髦的話題，不妨就此開兩句玩笑：

- 「我正嚴格地遵守節食規定，晚飯時連音樂都不聽了。」
- 「現代最難解答的問題是，減輕的體重到哪裡去了？」

美國《星期六評論》雜誌的編輯卡森斯（Norman Cousins）曾罹患僵直性脊椎炎，一次他看逗笑的喜劇片時，發現一部 10 分鐘的笑劇可以帶給他 2 小時無痛苦的睡眠，同時笑還可以減輕發炎，這種效果可以持續很久。另外，他又注意了飲食的營養。結果卡森斯從被醫生認為是很難康復的狀況下，恢復了健康，又快樂地生活了 15 年。卡森斯把他的經驗歸結為幽默處方。

認清每個人都有內在的康復能力；認清生活的本質是最重要的；承擔

起自己生活的責任；充實內在康復的能力；利用笑製造一種氣氛，激發自己和周圍其他人的積極情緒，發展感受愛、希望和信仰的信心及能力，同時培養強烈的生存意志。

幽默讓生活更快樂

生活是幽默的源泉，又是幽默表達的舞臺，而正是幽默能夠將生活點綴得更加絢麗多彩。善於觀察生活，懂得幽默的人都知道，生活中有許多軼聞趣事，幾乎無需任何藝術加工，信手拈來，便是絕妙的幽默小品和喜劇原型，給人以趣味和美感。先看下面的幾個小段：

爸爸：「有時候，一個愚蠢的人提出的問題，會使聰明的人回答不出來。小貝你想一想，有沒有遇到過這種情況？」

兒子小貝：「爸爸，您的這個問題我回答不出來。」

這是兒童的幽默。

兩個老人坐在公園的長椅上。

「活著真累，到處都是廣告。」

「您可以選用我們公司的廣告消除器。使用它，你就能回到一個沒有廣告的時代。價格便宜，而且是最新技術……」

這是商場的幽默。

生活就是這樣豐富多彩，無趣不有。如果生活中只是緊張的節奏、拚命的競爭，煩人的工作……會讓人變得神經衰弱。相反，在幽默的笑聲中，一切憂煩、邪念和懊惱、沮喪都會煙消雲散。享受幽默之後，人們心中的癥結得以解脫，情懷為之開闊，人與人之間也會變得多一分理解和親切。

幽默存在於生活中，哪裡有人群，哪裡就有幽默。

美國心理學者赫伯‧特魯（Herb True）認為：幽默可經後天學習而獲得。當你注意到幽默的特徵、去追求幽默的源泉時，幽默感就會成為你人格特徵的一部分，就會使生活顯得更充實而富有情趣，就會使生活中的一些難題迎刃而解。

亂丟垃圾雜物是城市生活中傷腦筋的問題。荷蘭一個城市為了杜絕此患，起初採用了增加罰金和加強巡視的措施，但仍收效甚微。有人提議反其道而行之，在垃圾桶裡安裝自動退幣機，倒垃圾者可從中得獎。此方法雖高，但時間長久了市府財庫承受不了。後來，城中配備了講笑話的垃圾桶，每當有人倒入垃圾，答錄機就自動播出一段笑話，不同的垃圾桶有不同的笑料。自從垃圾桶能講笑話後，這個城市就格外清潔了。

美國一些城市也有能講話的垃圾桶，當丟入雜物後，它會說：「好吃，好吃啊，再給我吃點。」肯亞野生動物園的公布欄十分幽默：「凡是向鱷魚池內投擲物品者，必須自己撿回」。

現在許多地方的公共廁所，也將原來的各種禁語改為幽默語言：來也匆匆，去也冲冲；前進一小步，文明一大步等更輕鬆的溫馨提示，人們更容易自律了。

生活中諸如此類的幽默非常多，也具有很不錯的應用價值。事實證明，它們是解決問題的良好途徑。

幽默來自於生活，也應該服務於生活。充滿幽默的生活，才是更文明、更幸福的生活。

美國人魯特克先生在其《幽默與人生》一書中指出，在人生的各種際遇中，幽默力量是人際關係的潤滑劑，它以善意的微笑代替抱怨，避免爭吵；幽默力量可以幫助你減輕人生的各種壓力，擺脫困境；幽默力量能幫

助你戰勝煩惱，振奮精神；幽默力量能夠幫助你把許多不可能變為可能；幽默力量比笑更有深度。總之，幽默力量是一切奮發向上者所不可或缺的力量。

這裡講兩個小故事，你可以領悟幽默的本質。

英國前首相邱吉爾一次應邀到廣播電臺發表重要的演說。途中車出了障礙，他只好從路邊招一部計程車，對司機說：「載我到 BBC 廣播電臺。」

「抱歉，我不能去，我正要趕回家開收音機，聽邱吉爾的演講呢！」司機說。

邱吉爾於是乎非常高興，馬上掏出一英鎊給司機。

司機一見有那麼多錢，也很高興，他叫道：「上車吧！去他的邱吉爾。」

下面再介紹一則小故事：

張工程師受聘為一家製造公司的生產部經理，他引進一些增加生產的新觀念，於是在他加入公司的 3 個月，產量又增加 10%。

老闆很高興，拍拍張工程師的背說「你做得真好！繼續努力，做得更好。」

「好，」張工程師說：「但是你為什麼不把這話放在我的薪資袋裡？」

「一定。」老闆說。他真的遵守諾言。

當下個月張工程師領到薪資袋時，發現裡面附著一張紙條，上面寫著：「你做得真好！繼續努力，表現更好。」

幽默具有以愉快的方式娛人的特性；幽默感是一種能力，一種了解並表達幽默的能力；幽默力量是一種藝術，一種運用幽默和幽默感來增進你與他人的關係，並改善你對自己作真誠的評價的一種藝術。

幽默的妙用

在口才技巧中，幽默的作用是顯而易見的，但是像對待任何事物一樣，要適度。過分的幽默往往會使人產生「賣弄」的感覺。所以，那種過分想透過幽默表現出聰明過人和滿腹才華的樣子，就會使人引為笑談。

善於幽默的人，不應該取笑別人，免得使人感到窘迫。在許多場合，寧可將自己作為「調侃」對象，以此使整個場面輕鬆、歡快。

正如俄國文學家契訶夫（Anton Chekhov）所說：「不懂得開玩笑的人是沒有希望的人！這樣的人即使額高七寸——聰明絕頂，也算不上真正的有智慧。」幽默中的智慧如果運用在常見的宣傳鼓動中，寓莊於諧，在爽朗快慰的笑聲中，就能提高人們對問題的認識，感受到其中蘊含的深刻意義。

根據資料顯示，史達林的《關於蘇聯憲法草案》的報告，聽眾曾大笑達 15 次。可以肯定，聽這樣的報告，則終生不忘，並會受益無窮。

類似這樣的幽默而發人深思的例子比比皆是，很多思想巨匠的幽默趣事能成為文化遺產的一部分，就是因為它的內涵深刻。例如，愛因斯坦不喜歡到處宣傳他自己，他對為他畫像的畫家反覆說：「有一句話你千萬不要忘記，這張畫請不要登在什麼報上，把畫像登在報上，那是表演的人要做的事，我是用不著的。」還有人問這位科學界泰斗，你能否告訴人們成功的公式是什麼？愛因斯坦略加思索，便幽默地說：「有，這就是 A ＝ X ＋ Y ＋ Z。其中 A 代表成功，X 代表工作，Y 代表休息，Z 就是少說話！」

世界文豪蕭伯納（George Bernard Shaw）曾講述了一則笑話，以告誡人們要永遠謙遜。他訪問蘇聯時在街頭遇見了一位小女孩，那小女孩活潑可愛，蕭和她玩了很久。分別時蕭對她說：「你回去告訴你的媽媽，今天

和你玩的是世界有名的蕭伯納。」沒想到小女孩竟學著他的傲慢口吻說：「你回去告訴你的媽媽，說今天和你玩的就是蘇聯女孩瑪莎。」聽了這個笑話，別人都笑了。蕭伯納卻深有感觸地說：「一個人不論有多大成就，他對任何人都應該平等相待，要永遠謙遜。」

幽默的話語可以有效地傳遞感情，增加相互的了解。有一次，郭沫若與茅盾談到魯迅時，郭老詼諧地說：「魯迅願做一頭為人民服務的『牛』，我呢，我願意做這頭牛的『尾巴』，為人民服務的尾巴。」茅盾聽了笑著說：「那我就做牛尾巴上的『毛』吧！它可以幫助牛把吸血的大頭蒼蠅和蚊子掃掉。」兩位大師的謙遜更增加了彼此的尊重。

幽默風趣用在批評中，它可以使批評委婉含蓄，使人在笑中思索，引以為戒。

義大利音樂家羅西尼（Gioachino Antonio Rossini）是個幽默的人。一天，一位青年帶了自己所作的曲譜向他請教。當青年演奏時，他一面傾聽，一面不斷地將帽子脫下又重新戴上。那青年不解地問：「您覺得屋子裡太熱嗎，羅西尼先生？」羅西尼回答：「不，這是我的一個習慣。每逢遇到熟人時，總要脫帽打招呼。現在我在您的曲子裡遇到那麼多老朋友，所以不得不脫帽致意呀！」這種表達方法比直說作品抄襲太多了更容易讓人接受。有時，幽默的作用會使人自動糾正錯誤。

有家電影院，一些戴帽子的女觀眾，很不自覺。坐在她們後邊的人很頭疼，轉告經理想辦法公告禁止。經理說：「禁止不妥，只有提倡戴帽子才行。」眾人不解其意。一天，電影開演前，銀幕上果然出現一則公告：「本院為照顧衰老高齡觀眾，允許他們照常戴帽，不必摘下。」一下子，所有的女帽都摘下，沒有一個再戴了。這位經理是很了解社會心理的，他善於批評的方式，也很懂得具體分析，利用婦女心理的特點，比明令禁止好得多。

幽默就是這樣，它用影射、諷刺的手法，機智、靈活、巧妙地揭露他人的缺點，善意地進行批評，使人難以發怒，在笑聲中接受教育。

幽默的趣味在於笑過之後

人們的笑，可按照笑時的表情分為多種多樣。幽默可以使人發出輕鬆的微笑、快樂的大笑，也可以引起人們的冷笑、嘲笑或大笑、狂笑等等。但笑並不是幽默的目的，而在於人們笑過之後所得到的深刻哲理和啟迪，心靈的感悟，思想的震撼……也就是說幽默在於笑的背後。

現實生活裡，很多幽默話是逗人開心的鑰匙，主要為了娛樂性質。根據一些資料顯示，世界上已經興起了「笑學」這門新興學科，美國華盛頓成立了「笑的電臺」，專門播放引人發笑的節目；德國有專門從事笑的俱樂部叫「笑聯盟」；匈牙利等國家的電臺經常有引人發笑的幽默小品等節目。國內外公開出版的幽默漫畫、書籍、flash 動畫等則到處可見。

這樣說來，幽默之後的笑的確是調節人們感情和情緒的「潤滑劑」。在一個公司或一個家庭，當人們工作緊張都有了疲勞感時，同事中或家庭成員中如有人出來講段幽默故事，室內空氣立即就會變得輕鬆活躍，人們也不再那麼緊張和疲勞了。這裡有這樣一則幽默故事：

三個人在爭論何種職業最先出現在這個世界上。

一位醫生說：「當然是醫生這一行，因為上帝是最偉大的治病家。」

第二個是工程師，他說：「不，是工程師最早，因為《聖經》上說，上帝從混沌之中創造世界。」

第三個是位金融家，他說：「不，你們兩位都錯了，是政治家最早。你們想那混沌的狀態是誰造成的？」

幽默所引起的笑在社會生活中，不僅對人體健康有益，而且笑在人群中可以增進友誼，緩衝矛盾，消除隔閡。笑的確是增進友誼的橋梁和紐帶。幽默確屬引發笑聲的藝術，在各式各樣幽默作品面前，人們笑得那麼開心，笑得前仰後合，笑得淚流不止。人們嚮往著歡聲笑語，所以，我們絕不可以小看了「哈、哈、哈⋯⋯」大笑幾聲的作用。

幽默的口才能夠讓你增添魅力

幽默能顯示出說話者的風度、素養和魅力，能讓人在忍俊不禁、輕鬆活潑的氣氛中交往、工作和學習。幽默是一種高深的說話藝術，恩格斯（Friedrich Engels）曾經說過：「幽默是具有智慧、教養和道德的優越感表現。」幽默不僅能給周圍的人以歡樂和愉快，同時也可以提高個人的語言魅力，為談話錦上添花。

博覽會上，某公司的產品展銷臺上，幾位年輕的行銷人員用專業術語詳細地向採購商介紹了產品的性能、使用方法等，給人以業務精通的印象。在回答採購商提出的問題時，他們反應敏捷快，對答如流。最重要的是，他們的表現既彬彬有禮，又幽默風趣，給採購商留下非常難忘的印象。

有採購商問：「你們的產品真能像廣告上說的那麼好嗎？」行銷人員立即答道：「您用過後就會發現它會比廣告上說的更好。」

採購商又問：「如果買回去使用後發現性能並不好怎麼辦？」行銷人員馬上笑著回答：「不，我們相信您的選擇。」

展銷會獲得大獲成功，產品銷量大大超過以往，更重要的是，該公司產品品牌的知名度得到了提高。在公司召開的總結會上，許經理特別強調，是行銷人員語言訓練有素才讓這次展銷如此成功。他要求公司全體人員都應像行銷人員那樣，在「說話」上下一番工夫，既能提升自己的語言魅力，也能提升公司的整體形象。

英國思想家培根（Francis Bacon）說過：「善談者必善幽默。」幽默的魅力就在於：話不需直說，但卻讓人透過曲折含蓄的表達方式心領神會。「二戰」結束後，英國首相邱吉爾到美國訪問。當記者問他對美國的印象時，邱吉爾回答道：「報紙太厚，廁紙太薄」。一句話讓記者們哄堂大笑。但笑過之後，人們發現了邱吉爾語言的尖刻所指。

風趣幽默的語言是說話的一大特色，它往往能產生「四兩撥千斤」的力量，達到舉重若輕、一言九鼎的交際效果。

幽默是一種能博得好感、贏得友誼的好方法，尤其是在遇到那些沒必要爭執或不值得爭執的問題時，幽默更能收到很好的效果。

無論我們從事什麼工作，無論我們處於何種地位，與人交往是不可避免的。幽默不僅能幫我們與他人進行有效的溝通和交往，還能幫助我們處理一些特殊的人際關係問題，讓我們能順利地渡過困境。適當的幽默能幫助我們與他人建立和諧的關係，贏得別人的信任和喜愛。

在與人交往時，當你看穿了別人的想法但又不便直說時，不妨神色自若地運用一下幽默的技巧，相信定能達到你想要的結果。

西方某位著名的喜劇女演員卡洛柏妮，一次坐在某餐廳裡用午餐。這時有一位老婦人走向她的餐桌，竟然舉起手來摸摸卡洛的臉龐。老婦人的手指滑過她的五官，帶著歉意說：「我看不出它有多好。」

「省省你的祝福吧！」卡洛柏妮說，「我看起來也沒多好看。」

卡洛柏妮的這一妙語，打破了雙方的尷尬局面。

如果你想在與人交往時給人留下一個良好的印象，就要善於運用幽默的力量。不論在別人家做客，還是在自己家待客，充滿幽默的氣氛相信是

我們每個人都能感覺輕鬆和愉快的。當你走入室內，就要將你的幽默表現出來。一個面帶怒容或神情憂鬱的人，是永遠都不會比一個面帶微笑、風趣幽默的人更受歡迎的。

在美國，曾有這樣一件令人稱道的事：美國哲學家喬治·桑塔亞那（George Santayana）選定某天結束他在哈佛大學的教授生涯。這天，他在哈佛大禮堂講最後一堂課時，一隻美麗的知更鳥停在窗臺上，不停地歡叫著。桑塔亞那出神地打量著小鳥，許久，他轉向聽眾，輕輕地說道：「對不起，諸位，我要失陪了，因為我與春天有個約會。」言畢，他微笑著走了出去。

這句美好的結束語充滿了詩意，也頗具幽默，從而贏得了聽眾熱烈的掌聲。

幽默可調節人際關係

有一次，美國 329 家大公司的行政主管人員，參加了一項幽默意見調查。這項調查的結果由一家業務諮詢公司的總裁霍奇在報上公布，結果表明：97%的企業主管相信，幽默在企業界具有相當的價值；60%的企業主管相信，幽默感決定著人的事業成功的程度。由此我們可以看出，幽默之於現代人的重要。

現代人需要幽默，可以說如同魚需要水、樹木需要陽光一樣。具有幽默感和幽默力量，是現代人應具的素養之一。

前些天，某報紙上講了這樣一則故事：在公車上，乘客和售票員經常處於對立的局面，一點小事都會引起激烈的舌戰。一名乘客大腿被門夾住了，報站名沒聽到，錯過站的乘客慌慌張張地大叫：「售票員，下車！」

此時再開門，是讓人覺得生厭的，也不安全。當售票員瞪眼瞅他，正在醞釀幾句冷言冷語的奚落話。

如果這時，有一位乘客及時插嘴說：「售票員不能下車。售票員下車了，誰來售票？」

不僅那位錯過站的乘客會報以微笑，可能連售票員也會變得和顏悅色起來。

同樣，當我們要表達內心的不滿時，如果能使用幽默語言的話，別人聽起來也會順耳一些。例如：皮特和他的情人莎雅想喝咖啡，但端上來的咖啡差不多只有半杯，這時皮特笑嘻嘻地對咖啡店主人說：「我有一個辦法，保證叫你多賣出三杯咖啡，你只需要把杯子倒滿即可。」

皮特巧妙地運用幽默來表達自己的失望感，卻不致給對方帶來難堪。也許皮特並沒有喝到滿滿一杯咖啡，但皮特一定會得到友善、愉快的服務，咖啡店主人或許還會請皮特下次再光臨該店。

以消費者為例，在大多數情況下，以富有幽默感的評語來代替抱怨，都可以使你得到比較周到的服務，包括從餐廳點菜，到抗議商店出售有品質問題的商品。請看下面一段對話：有一次，王總到一家旅館去投宿，旅館員工說：「對不起，我們的房間全部客滿了。」

王總問：「假如總統來了，你可有房間給他？」

「當然有！」員工說。

「好。現在總統沒來，那麼你是否可以把他的房間給我？」

結果是王總得到了房間。當我們需要把別人的態度從否定改變到肯定時，幽默力量具有說服效果，它幾乎是一種有效的特殊處方。

有時我們也能以有趣且有效的方式來運用敵意的幽默，因為當我們把自己放進其中時，原本敵意的幽默也就變得沒有敵意了。

你不一定要像演員那般去「表演」幽默。任何時候、任何地點，你都站在人生的舞臺上，你都能將心底所想表現出來，解決你的困難、怨恨、

痛苦和困窘。更重要的是，你也能夠幫助他人，讓他們看到如何將個人的困擾表現出來。

這說來似乎有點矛盾，但敵意的幽默的確能提供某種關懷、情感和友善。小趙走到鄰居門口，手裡握著一把斧頭，說：「我來修你的音響設備了。」

小趙並不想把鄰居的音響砸壞，他只是恰當地表達了對鄰居噪音太嘈雜的不悅，而不是對鄰居大發雷霆。他的行為似乎是對鄰居說：「我認識你，我希望和你好好相處。因此，可不可以請你把音響的聲音關小一些？」

你不一定要找個道具如斧頭，才能將意思表達出來。只要試著把你自己和你自己的感受放進你的幽默中，作為幽默力量的來源，就可以達到幽默的效果。

事實上我們只有對所愛、所關心的人運用幽默時，才能把化解敵意的幽默有效運用，從而產生好的結果。

公司裡的職員有時開玩笑說到妻子們的大手大腳。例如：老李說：「就算皮包內層是黏鼠貼做的，我太太的錢也不可能留在皮包裡。」

這個玩笑表面上看來似乎很損人，但是我們可以從另一面來解釋，老李其實很愛自己的妻子，也以她為榮，認為自己的妻子比別的婦女穿著更好，更具魅力。他以戲謔妻子的奢侈來表示對妻子的愛和驕傲，並且以此代替誇耀，也顯示自己的大度和富有。

這當然不是讓大家多加使用或經常運用這類「損人」的幽默。我們強調的是將這類幽默轉變為幽默力量，來幫助我們把內心的溫暖表達出來。表達內心的感受，能使我們和他人免於爆發戰火。當我們把內心負荷過重的事情表達出來時，就能卸載心頭的緊張而不致引起怨懟。

幽默力量可以避免戰火爆發，卸載心頭重擔！

「真正的幽默是從內心湧出，更甚於從頭腦湧出。它不是輕視，它的全部內涵是愛和被愛。幽默力量的形成主要在於我們的情緒，而不在我們的理智。你的幽默力量是你，是你以愉悅的方式表現出來的你。它表達出你個人的真誠，你心靈的善良，你對別人、對生活的愛心。你能夠真正掌握幽默這種力量，那麼你也能夠表現不平凡的作為，創造有意義的人生。

生活離不開幽默口才

不論在任何時間或場合下，幽默的口才都能幫你打開人與人溝通的大門。假如你要赴朋友新居喬遷的宴會，主人也許有些緊張，此時正是你運用幽默向他開開玩笑幫他放鬆心情的好機會。不妨向主人說：「張姐邀請我來時，告訴我說：『你只需用手肘按門鈴即可。』我問她為什麼非用手肘按，她說：『你總不至於空手去吧？』」

只要你稍微留意一下，生活中到處都可以發現許多的幽默，儘管它們可能不易為人察覺。一位員警在處理一起交通事故後，坐下來填寫報告單。在乘客的反應一欄中，他覺得很難用簡單的幾個字說清楚，於是乾脆寫道：「他們像熱鍋上的螞蟻，急得團團直轉。」生活中，正是這些似是而非的趣事，給我們帶來了無窮的歡樂。

對於他人給予你的幽默，你要善於用自身的幽默來接受和回應。有兩個保險公司的員工發生了爭執，雙方都誇耀自己公司在支付保險金上的速度快。第一位說他的公司肯定能在事故發生當天就能將保險金送到要保人手裡；而另一位則說：「那根本不算快。我們公司在大樓的第 23 層，如果有一天一位要保人從 40 層樓跳下來，當他經過 23 層時，我們就能將保險金支票從窗戶交給他了。」

第七章　幽默讓人更具力量

在人類智慧的財富中，幽默是人們最珍貴的無價之寶之一。人們需要各式各樣的財富，也同樣需要幽默，如同樹木需要陽光、空氣和水分一樣。充滿幽默的人生是富有的人生，輕鬆舒適的人生，是幸福快樂的人生。

許多偉人均具有很強的幽默感。世界偉大的劇作家莎士比亞曾經詛咒金錢，他說：「金子，金黃的，發光的，寶貴的金子……這東西，只這一點點，就可以使黑的變成白的，醜的變成美的，錯的變成對的，卑賤變成尊貴，老人變成少年，懦夫變成勇士。」他的言詞激烈，評點尖刻同時顯示了莎士比亞的高尚幽默風格。

世界上許多名人都曾給幽默下過定義。正如莎士比亞所說：「幽默和風趣是智慧的閃現。」人們把幽默看作是智慧的聚寶盆。

我們來看下面這個例子，一定會領悟到幽默中的智慧。

馬克吐溫（Mark Twain）心不在焉的毛病是很出名的。一天，馬克吐溫外出乘車。當列車員檢查車票時，馬克吐溫翻遍了每個口袋，都沒有找到。

這個列車員認識馬克·吐溫，就安慰他說：「沒有什麼大關係，如果實在找不到，也不礙事。」

「咳！怎麼不礙事？我必須找到那張該死的車票，不然我怎麼知道要去哪兒去呢！」

兩句幽默的話語，幾段短小精幹的幽默讓故事，或者一張令人發笑的幽默漫畫，都可叫人心生頓悟。幽默的智慧之光何其大啊！

幽默詼諧破解僵局，擺脫困境

幽默是一個人內在氣質的表現，一個人內在氣質的美，勝過外表的美。

你可能有這樣的體驗：與人談話的時候，發現對方將你的話一句句頂回，換之以帶刺的應答，令你陷入僵局。這時的環境氛圍使對方不再接受你的觀點，從而破壞了原有的和諧關係，或者破壞了談判交涉的順利進行。

而且，這種僵持的局面極易產生更多的不利影響。無論是由於自己或是對方造成的僵持局面，如果這種情況出現，那麼化解它的最好的訣竅是用幽默巧答。

無論何人，只要充分運用自己的睿智，隨機應變，用幽默的言辭以緩和窘境，這就是一種成功。它能化衝突為喜悅，變危機為幸運，即使在充滿火藥味的場合，也可以成為最佳的緩和劑，幫助你擺脫困境。

清乾隆時期的大學者紀曉嵐（紀昀）編纂過中國古代最大的一部圖書集成——《四庫全書》。在民間傳說中他是一個學問很大、又富於幽默感的人，他的幽默以出奇制勝的機智見長。傳說他夏天乘涼，脫個赤膊，不料乾隆皇帝突然到來，他來不及迴避就躲到床下去，過了好久，以為皇帝已經走了，便問書童：「老頭子走了沒有？」不料乾隆皇帝並沒有走，當即要求他解釋「老頭子」是什麼意思。紀曉嵐面臨這樣嚴峻的局面並沒有驚慌失措，更沒有失去思考能力，他調動了全部的智慧對「老頭子」三個字作了巧妙的辯解，他從容地解釋說：「萬歲為『老』，人上為『頭』，『子』乃聖賢之尊稱。」乾隆聽了一笑，紀曉嵐就這樣得到了解脫。其實他用「老頭子」來稱呼皇帝是大為不敬的，可是經他這樣機智地巧辯了一

番，變成了十分尊崇乾隆帝的意思。而很有文化修養的乾隆皇帝未嘗不知他這是一種即興胡謅，但卻放過了他，主要原因顯然是欣賞紀曉嵐的機智，以及處變不驚地應付僵持局面而具有的幽默趣味。紀曉嵐這一次可以說全因機智性的幽默而免於殺身之禍。

又有人把幽默當作一種不得罪人的錦囊妙計。當一個人和別人發生某種不快時，使用幽默的手段，可以緩解矛盾。只要幽默是出於善意的，看到別人難堪伸手拉一把，就不至於使人陷於窘境。有一位先生在鬧市行走，突然一青年騎車直衝過來，他本能地躲開了，自己沒撞著，可是年輕人摔得倒悽慘。圍觀人很多，青年自知理虧，很不好意思。不料，先生卻幽默地說：「幸虧是撞上了我，要是撞上別人真會給撞到醫院裡去了。你看看車有沒有撞壞，我幫你修修，以後可得小心。」他見到年輕人的困窘狀態，說個笑話為他解了圍。

一輛公車上，人很擁擠。一位男孩沒站穩，身子一晃，他的皮鞋一下子踩在身後一位女孩的腳上。女孩哎喲一聲，立時柳眉倒豎，杏眼圓睜，難聽的話就要出口。男孩一看，馬上道歉：「實在對不起，我不是故意的。」他見對方火氣未消，似乎覺得道歉還不夠勁，便把自己的腳往前一伸，說：「不然，你再踩我一下！」男孩傻乎乎的樣子，使女孩也忍不住「撲哧」一聲笑了，說「沒什麼關係，誰踩誰呀！」

幽默可以減少憤怒，調節情緒。在公共場合，幽默的人插科打諢，妙語橫生，常使可能出現的衝突緩和而至解決。一人在車上踩了別人的腳，被踩者罵句「德性」，被罵者回了句「不是德性，是慣性」，這樣就緩和了氣氛，減少了衝突的機會。人們在生活中難免會產生各種矛盾，幽默往往能起到其特殊的作用，使這些矛盾得到解決。

英國前首相邱吉爾任國會議員時，有個向來行為囂張的女議員，居然在議席上指著邱吉爾罵道：「假如我是你老婆，一定要在你的咖啡裡下毒！」此話一出，人人屏息。然而邱吉爾則輕鬆地說：「假如你是我老婆，我一定會一飲而盡！」結果，全場哄堂大笑。

有一次蕭伯納在街上行走，被一個冒失鬼騎車撞倒在地，幸好沒有受傷，只是虛驚一場。騎車人急忙扶起他，連連道歉，可是蕭伯納卻作出惋惜的樣子說：「你的運氣不好，先生，你假如把我撞死了，你就可以名揚四海了！」

美國總統林肯在一次演講時，有人遞給他一張紙條，上面只寫了兩個字：「笨蛋。」他舉著這張紙條鎮靜地說：「本總統收到過許多匿名信，全都是只有正文，不見署名，而剛才那位先生正好相反，他只署了自己的名字，而忘了寫上內容。」林肯以柔克剛，在笑聲中不僅替自己解了圍，也有力地回擊了對方。

社交、談判時陷入僵局後，面對針鋒相對的矛盾，如果用幽默力量來打破它，就會淡化矛盾，甚至還會讓你領悟體驗心理預期落空而造成的怪異之感，從而產生了笑，使你的情感從緊張中得到了鬆弛。

一個人不僅要善於幽默地調侃他人，也要能接受他人的幽默調侃，如此才能贏得友誼，成功地建立社交關係。在社交的任何一個團體之中，不論你只是其中的普通一員，或是擔任委員、幹事、總幹事、主席等，善於運用幽默的力量，都能讓自己獲益匪淺，在社交活動中遊刃有餘，不斷獲得成功。

要知道，並不是所有的幽默都可以起到解圍，擺脫僵局的作用，因為在窘境中人們的自尊心極易受到損害，若幽默不當，則不僅不能解圍，反而會使人更加受窘。能用幽默解圍，其成功的關鍵在於：理解對方的心情，維護其尊嚴。須使處於窘境中的各方都能夠接受，既能遷就別人又無損於自己。

幽默是教育園地的朝露

1950 年代末，某大學英語系有一門基礎必修課——「語音學」，這門課要教學生熟練地掌握國際音標，其熟練程度要達到學生無論聽那一種陌生的外國話都能用國際音標把它一字不漏地記錄下來，然後即使完全不懂該種語言，也能按照記錄熟練地拼讀出來，此外還要求學生透過課堂練習學會標準的英國發音和語調。

因此，當時的學生們對這門要求嚴格的必修課一開始便抱有抵觸情緒，絲毫不感興趣，一進教室門就直打哈欠。開這門課的老師是位曾留學英國的沈教授，他似乎一眼就看出了學生們的心思，他不動聲色地把他在英國學到的一種很別致的課堂教學方法，運用到自己的課中來了。只要看到學生中有走神的，他便及時地、恰到好處地用純正的英國腔調的英語抽空講一兩則幽默小故事。這一來教室裡原來凝重的空氣立即活躍起來，同學們的學習精神也立即振奮起來，大家不約而同地都被那些有趣的小故事所吸引，同時也不知不覺地為那純正的英國腔調所陶醉。

不僅是英語教學，其他科目也適合把幽默運用其中，因為這樣往往能收到很好的效果。某高校一位老師發現學生不愛聽他講的課，上課時，下面的學生小動作特別多。於是他就說：「後面打撲克的同學如果像前面看小說的同學那麼安靜的話，就不會影響中間睡覺同學的休息了。」一席話把同學們全逗樂了，同學們的注意力又開始朝講臺集中了。

教育工作者通常把幽默當成一種學習「工具」，深深地理解幽默在教育工作中所發揮的不可取代的特殊作用。正像 1987 年 8 月 16 日巴西《聖保羅州報》的一篇文章《幽默有助於學習和工作》中所說的：

「研究顯示，幽默是一種興奮劑，運用得當，可以提高勞動效率，提高兒童和少年的學習效率，此外有助於聯想。……任何一個笑話都能使我們進行廣闊的和富有創造性的思考……」

英美人之富於幽默感，也並不是生而有之的，而是和他們的生動活潑的、富有成果的教學方法、文化習慣分不開的。

其實，幽默應該作為教育的一個「工具」、一個必備的輔助手段，幽默必須作為教育的一個重要的組成部分，教師要有點幽默感。

過去，人們對教育心存誤解，似乎一提「教育」就是一本正經的訓導，就是居高臨下的頤指氣使，就是「填鴨式」的灌輸。而一提「幽默」，似乎就是不莊重、不正經，就意味著嬉皮笑臉，言行輕浮。

教育實不能忽視了幽默的重要性，幽默不僅是培養人們高尚的理想和道德，陶冶人們美好的品格和情操的重要途徑，而且在開發人們智力，提高人們對自然對社會的觀察、想像能力方面具有重要作用，特別是對青少年，良好的幽默因為幽默藝術、喜劇性藝術發揮著獨特的審美功能、教育功能，它們能使人們在笑聲中滿足審美的要求，並提高明辨是非的能力。

明白了以上的道理，在教學園地裡辛勤耕耘的園丁們，在教育崗位上長年工作的可尊敬的老師們，請多運用「幽默」這個強而有力的利器來提高學生們學習的興趣、美育素養。

有經驗、教學能力強的教師就會常常自覺地運用幽默的語言，提高課堂教學的效果。

有一位教師在一篇《「笑」在教學中的作用》中寫道，「笑」在課堂上有以下三方面的作用：

「笑」可激起學生的求知慾

他說他用「笑」來刺激學生的學習熱情，事實證明效果是好的。有一次這位教師講《師說》這一課。課文的作者韓愈有一段簡歷：25 歲時才登進士第，又經過許多挫折，才得到「試校書郎」這樣的小官，「祕書省校書郎八人，正九品上」。其後又屢遭排擠貶斥，直到晚年才做到「吏部侍郎」，「吏部侍郎二人，正四品上。」

這位教師覺得，在談韓愈的簡歷時，如果正面介紹唐吏制度、品味、等級，是很枯燥的，意義也不大。他臨時腦筋一動向學生們說了一個幽默評述：「七品尚為芝麻官，九品呢，只能是菜籽官吧，四品呢，大概是蠶豆官了。」（學生們笑了）這位教師馬上轉入話題「從菜籽官的渺小而至於蠶豆官的偉大，韓愈的升遷道路是艱難的、曲折的（學生們又笑了），但他卻是一位屢遭貶斥而不迷『官位』的硬漢，他曾於災年為民請命而被貶，還曾因反對皇帝迎佛骨而幾乎被處死。當時也盛行血統論（笑聲），出身高貴的無須求師學習就可做大官，出身低賤的學習再努力也受抑制而難出頭，這樣，社會上隨之而來的必然也是『讀書無用論』了。（笑聲）而韓愈的《師說》就是奮起討伐這股誤國害民逆流的戰鬥檄文。」

這位教師用現代的幽默語言一介紹，不過兩三分鐘，課堂上便情緒高漲，於是他趁熱打鐵，一氣講完課文。

「笑」能提高學生的抽象思維能力

有位教師在平時備課時，就留心搜集相當數量的趣味材料，以備在「純理論」分析時，幫助學生在笑聲中邁入抽象思維的領地。比如在上「邏輯」課時，講「概念」一節，這位教師就舉《唐吉訶德》中桑丘任「總督」時處理一個案件為例：

一個小氣鬼讓裁縫師給他做帽子，給一塊布要求做一頂，接著又問做兩頂三頂可不可以，最後要求做五頂。裁縫師始終答應，結果做成的五頂帽子，只能套在五個手指上。桑丘很聰明地判決兩人都有錯誤。

這個故事使學生們在笑聲中理解了「使用概念必須明確」的道理。在講「概念的內涵和外延」時，這位教師用了《威尼斯商人》中的「一磅肉」的故事，先談夏洛克的狡詐，是用逐步豐富內涵、縮小外延的方法，把欠債人的賠償物——「肉」限制在「欠債人身上的」、「靠近心口所在的」、「一磅重」的條件之下，自以為足以「依法」置安東尼奧於死地而泄私憤。

接著分析鮑西婭的聰明過人，她巧妙地利用「肉」和「血」具有不同的內涵、屬於不同概念這一點，加之原契約中有「一刀割下」之語，因而「不得流一滴血」，「不得多於或少於一磅」的同樣「合法」的理由戰勝了夏洛克。在講這一段時，這位教師在課堂上還帶表情地朗讀了課文裡的節選部分並加以詳析，使學生們在不斷的笑聲中明白了「概念的內涵和外延」，這是正確地考慮問題、準確地表達思想的必要條件。

笑可以去抵制課堂上的不正之風

有時候學校課堂紀律不好，個別學生聽不進課，自行交頭接耳，甚至公開插科打諢，干擾課堂教學秩序。遇到這種情況，這位教師既不動肝火，也不動輒採取「組織措施」，而是隨機應變，以笑制笑，扶正壓邪。

有一次，他教學生做語法練習。在糾正錯誤時，一個愛講話的學生在下面對周圍人說：「我知道做不出，所以乾脆不做。」課堂上響起了一小片笑聲。這位老師一聽，意識到不及時解決會有「後遺症」，於是他馬上針鋒相對地：這位同學，你回家還可以這樣說：「爸爸媽媽，你們看，我

知道我學不會，所以乾脆沒學，交白卷回來了。」課堂上響起了更大的笑聲，那個學生也尷尬地笑了。以後再也未見他「搗亂」了。

顯而易見，這位教師在課堂教學中摸索了一種行之有效的幽默的授課風格，提高了課堂教學的藝術性，發揮了課堂教學的主導作用，使學生們在笑聲中學到知識，學會做人，使幽默成為課堂教學獲得成功的一個重要輔助手段。

幽默是健康的心理自衛

著名的哲學家蘇格拉底一天在庭院裡與他的學生談論學術，突然，從屋裡傳出他夫人的大聲叫罵，隨後，她提一桶水出來，莫名其妙地澆到蘇格拉底的頭上，使他形同落湯雞一般滿身溼透。如此尷尬的場面著實使人難堪。但哲學家卻笑著對他的學生們說：「我早就知道，打雷之後，必定下雨。」大家被他的幽默所感染，夫人也轉怒為笑。可見，幽默可以緩解一場心理緊張、情緒尷尬的危機。

哲學家把幽默視為「浪漫的滑稽」，醫學家認為幽默是人的一種健康機智。

人在事業、生活、處事等方面，難免會遇到某種挫折與困難，這些不利因素往往會誘發負面情緒，造成心理壓力，影響身心健康，甚至發生疾病。重大的精神創傷是明顯的心理致病因素。然而，近年來的醫學研究表明，日常生活中的小事困擾同樣也可致人發生身心疾病。具有幽默特質的人，常常能善待困擾、緩解矛盾、怡暢心情、恢復平衡、保護健康，或者防止疾病的惡化。而不懂運用幽默的人，大多會精神緊張，心煩氣躁，甚至發生精神分裂的病情。比如某足球隊在一次重大比賽中慘敗。當記者問其教練，何時可以扭轉乾坤？他回答道：「待唱完『國歌』以後。」他運用幽默的力量來減輕慘痛的現實帶來的打擊，從而抹去灰心和失望，以便重整旗鼓，再振精神。

春秋戰國時期有位國君，因處理朝政操勞過度，精神萎靡，食不甘味，睡不安枕，噩夢連綿，頭昏腦漲，胸悶氣短，日漸消瘦。大臣們為其到處尋醫，可試遍了各種良方，病情卻毫無起色。後來請來了扁鵲，診視完後扁鵲說：「大王得的是月經不調。」國君聽後哈哈大笑：「荒唐，我乃男子，何來月經不調之理。」笑得他前俯後仰，眼淚都出來了。此後，每當與別人談起此事還大笑不止，說也奇怪，過了不長時間，他的病情居然好了。

幽默雖然與人的秉性有關，但幽默風趣也是可以培養的。具有幽默感的人必須具備豐富的經驗、獨創的能力、打破常規的思路。現代人要培養幽默感，積極地投身社會工作，進行創造性的勞動，鍛鍊自己具有機敏性和靈活性。此外多讀些幽默小品、名人趣聞軼事、歇後語，對周圍熟悉的人不妨常說些有趣的話，用幽默的方式表達你的觀點，也許，在日常生活中，它會化干戈為玉帛，化不和為友情。幽默是一種心理自衛行為。學會幽默，便能減輕心理的挫折和憂愁，求得內心的安寧，這也是一種心理自我保健的良方。

說話要風趣幽默

幽默口才是人的思想、學識、智慧和靈感在語言運用中的結晶，是瞬間閃現的光彩奪目的火花。幽默的口才看起來似乎是一種表面的滑稽，形式的逗笑，而實際上它是以嚴肅的態度，來對待事物、現象和整個世界。它能使聽者對你的說話感興趣，然而，卻很少能從根本上改變聽者的態度，因為從根本上改變聽者的態度的是內容。

很多心理調查表明，人們都喜歡那些具有一定幽默感的人。在社交

中，有幽默感的幾乎毫無例外地受到歡迎。幽默感可以說已經成為現代人氣質中必備的素養之一。人們常常以是否有幽默感來判斷一個人對生活的態度和認識，來觀察他的內心，了解他對人的理解和愛。所以，幽默是思想、學識、智慧和靈感在語言運用中的結晶，是衡量一個人知識水準和修養程度高低的標誌之一。

恩格斯說：「幽默是具有智慧、教養和道德上優越感的表現。」中國自古以來也有幽默的傳統，曹雪芹的《紅樓夢》中劉姥姥進大觀園的場景不乏幽默的鏡頭。例如，其中描述道：鳳姐偏揀了一碗鴿子蛋，放在劉姥姥桌上。賈母這邊說聲：「請！」劉姥姥便站起身來，高聲說道：「老劉老劉，食量大如牛，吃個老母豬，不抬頭！」自己卻鼓著腮幫子不語。眾人先還發怔，後來一聽，上上下下都哈哈大笑起來。湘雲撐不住，一口茶都噴了出來。林黛玉笑岔了氣，伏著桌子只叫「唉喲！」寶玉滾到賈母懷裡，賈母摟著叫「心肝！」王夫人笑得用手指著鳳姐兒卻說不出話來。薛姨媽也撐不住，口裡的茶噴了探春一裙子。探春的茶碗都扣在迎春身上。惜春離了座位，拉著他奶母叫「揉揉腸子」。地下無一個不彎腰屈背，也有躲出去蹲著笑的，也有忍著笑上來替他姐妹換衣裳的。

說話風趣，是人的幽默口才的一種重要表現。同時，它也能給說話者帶來諸多裨益。

首先，說話風趣，可以使尷尬、難堪的交際場面變得輕鬆和緩，使人立即消失拘謹或不安，使談話氣氛活躍，使談話者之間關係融洽。比如，前美國總統雷根在就任總統後，第一次訪問加拿大期間，他向群眾發表演說，可這時許多舉行反美示威的人群不時地打斷這位總統的話語。陪同他的加拿大總統皮耶·特魯多（Pierre Trudeau）顯得很尷尬，雷根卻面帶笑容地對他說：「這種事情在美國時有發生。我想這些人一定是特意從美國來到貴國的。他們使我有一種賓至如歸的感覺。」雷根幽默、風趣的言談，使緊皺雙眉的特魯多頓時眉開眼笑了。

其次，說話風趣，可以使人精神爽快，得到美的享受。現代社會逐步向高效率、快節奏發展、需要大量資訊，這就必然會使人的大腦容易產生疲勞。如果我們的生活多點笑聲，多點幽默，就會消除人們的煩躁心理，保持情緒的平衡。說話，在某種程度上，具有一定的娛樂性。它不應該讓人感到緊張、費力，而應給人一種舒適輕鬆之感。沒有幽默的談吐，會讓人感到沉悶枯燥，而幽默風趣的說話，則往往惹得人捧腹大笑。

再次，說話風趣，可以揭示出事物的深刻含義，使人在含笑中明辨是非；同時，還可以巧妙地揭露對方的缺點，使人在笑聲中受到教育。這種「含笑談真理」的風趣方法，使人容易接受批評，幡然悔悟。

人們都有相同的體會，在會場或課堂上，一席趣談可使笑語滿堂，氣氛和諧而輕鬆，增強了接受效果，在與友人的交談中，一則笑話，常令人捧腹不止，在笑聲中交流和深化了情感；在旅遊登山時，一句幽默，引出一陣嘻嘻哈哈，頓使人倦意全消，鼓勁前行。可見，富於幽默感是令人羨慕的。妙語聯珠，談笑風生，很容易接通感情的熱線。這樣既可深化主題，又能輕鬆氣氛，做到「其言也沁人心脾，其論也豁人耳目」。

恩丁賽說得好：「笑是從早期的一種本能開始，將伴隨著人們的一生日趨完美。」當我們的社會廣泛地透過一種笑的能力而被熟知，當每一位人民業已被笑所征服，他就置身在一種和睦的氣氛中。於是乎，才會真正領悟到幽默的內在含義。笑，往往有助於人們的理性認識和道德評價，它是知、意、情的複合，也是真、善、美的合一。譏諷的笑，是透過對醜的否定來間接地肯定美；而讚美的笑，是以愉快、歡悅的感情，用這種體驗來肯定美。

所以幽默和笑能夠促進自己修養，同時給人以美的享受。這樣在矛盾發生時，運用幽默才不會把事情弄得越來越僵。有人說幽默的口才能使交際變得更順利、更自然，幽默的語言在某些情形下會產生一種神奇的效果。可以說，它是人與人交往中的潤滑劑。

幽默是一種優美的、健康的特質。一個幽默過人的人，常常在悲苦時顯得輕鬆，歡樂時顯得含蓄，危險時顯得鎮靜，諷刺時不失禮，孤獨時不絕望。

說話風趣的益處還有很多，這裡筆者就不一一列舉。幽默風趣的談話中是必不可少的。儘管話中有許多實在的內容，假如沒有風趣，就沒有味道，也缺少魅力。

第八章
心寬讓自信打開成功之門

小男孩的夢想

有個小男孩因患小兒麻痺症而留下了瘸腿和參差不齊且突出的牙齒，他認為自己是世界上最不幸的孩子。沒有同學願意和他一起遊戲玩耍，老師叫他回答問題時，他也總是低著頭一言不發。

春天來了，小男孩的父親買回來一些樹苗，想把它們種在屋前。他把孩子們叫過來，讓他們每人種一棵。並對他們說，誰種的樹苗長的最好，就給誰買一件禮物。小男孩也想得到父親的禮物，可是看到兄妹那蹦蹦跳跳提水澆樹的身影，他卻希望自己種的那棵樹早日死去。因此，在澆過一兩次水後，他就再也沒去管它了。

結果過了幾天小男孩驚奇地發現它不僅沒有枯萎，而且還長出了幾片新葉子，與兄妹們種的樹相比，顯得更嫩綠，更有生氣。

小男孩的父親給他買了他最喜愛的禮物，並對他說，從他種的樹來看，他長大後一定能成為一個出色的植物學家。漸漸地小男孩不再自卑，開始變得樂觀向上起來。

一個月光明亮的晚上，小男孩躺在床上睡不著，忽然想起生物老師曾經說過的話「植物一般都在晚上生長」。他想去看看自己的那棵小樹是怎麼生長的，當他輕輕地來到院子裡時，卻看見父親在向自己栽種的那棵樹下潑灑著什麼。一切他都明白了，原來父親一直在偷偷地為自己栽種的那棵小樹施肥！小男孩看著父親，淚水不知什麼時候已流出眼眶……

那瘸腿的小男孩最終沒有成為一個植物學家，但他卻成為了美國總統。他的名字叫富蘭克林·羅斯福。哪怕是再弱小的生命，只要戰勝自卑，在愛的精心灌溉下，也會茁壯的成長，長大。

自信的心態最重要

人都希望自己有健康的身體，很好的工作，美麗的家庭，和諧的關係。你知道嗎，這一切都掌握在你自己手中，你是自己命運的主宰，要想獲得這些，請從自信開始。

如果你有堅強的自信，往往能夠促使平凡的人們做出驚人的事業來。即使有出眾的才幹、優良的天賦、高尚的品格，膽怯和意志不堅定的人也終難成就偉大的事業。自信是人生最可靠的資本。具備自信心態的人，往往都承認自己的魅力和相信自己的能力，總是能夠大膽、沉著地處理各種棘手的問題。自信的人開朗、活潑，他這種飽滿的精神，也同樣會贏得人們的親近，進而感染別人。

據說一代軍事天才拿破崙親率軍隊作戰時，戰鬥力便會增強一倍。原來，軍隊的戰鬥力在很大程度上基於士兵對於統帥的敬仰和信心。如果統帥抱著懷疑、猶豫的態度，全軍便要失去凝聚力，陷入混亂當中。拿破崙的自信和堅強，使他統率的每位士兵都增加了戰鬥力。

著名的發明家愛迪生曾說：「自信是成功的第一祕訣。」阿基米德、瑪麗·居禮、伽利略、祖沖之等歷史上廣為人知的科學家，他們所以能取得成功，首先因為有遠大的志向和非凡的自信心。一個人要想事業有成、做生活的強者，首先要敢想。敢想就是確立自己的目標，就要有所追求。不自信絕不敢想，連想都不敢想，當然談不上什麼成功了。著名數學家陳景潤，語言表達能力差，教書吃力，表達上不合格。但他發現自己長於科研，於是增添了自信心，從此致力於數學的研究，後來終於成為著名的數學家。

然而，現實生活中，有相當多的人缺乏自信心。缺乏上進的勇氣和信心，其影響是巨大的：本來可能有十分的幹勁，也只剩下五六分甚至更少

了。長此以往，這樣的人很難振作起來，成為一個被自卑感籠罩著的人。由缺乏自信導致自卑的人，不但會延遲進步，甚至可能自暴自棄、破罐破摔，那他將有很可悲的結局。

為什麼會出現這種現象呢？這是外因和內因互相作用的結果。從外因說，可能是受到的貶抑性評價太多，缺少成功的機會，處境不良；從內因說，可能是自尊心受損，自信心下降。又缺乏自我控制的能力。比如說，一個孩子在班級中不被重視，在集體中沒有表現自己能力的機會，或者在老師、家長面前受到太多的批評、指責，甚至諷刺、挖苦，或者受到某種挫折（如考試成績差）後沒有應有的指導和具體幫助，都會傷害其自尊，影響他一生的自信。而後，其表現不佳，又可能招致新的貶抑，形成惡性循環。

自信與否真的能決定命運，如果你希望獲得人生的幸福，獲得一個成功的事業，一段美麗的愛情，那麼請從自信開始吧，樹立起強大的自信心，自尊心和自豪感，為自己喝彩，為自己加油鼓勵，相信你的人生會從此改變，你的命運之帆也會引導你駛向美麗的人生港灣。

自信是成功人生的心靈之燈

自信宛如荒漠中的甘泉，黑暗世界的心靈之燈。自信總能夠指引我們走出人生的困境，發現自己真實的價值。

從前，在非洲，有一個農場主，一心想要發財致富。一天傍晚，一位珠寶商前來借宿。農場主對珠寶商提出了一個藏在他心裡幾十年的問題：「世界上什麼東西最值錢？」

珠寶商回答道：「鑽石最值錢！」

農場主又問：「那麼在什麼地方能夠找到鑽石呢？」。珠寶商說：「這就難說了。有可能在很遠的地方，也有可能在你我的身邊。我聽說在非洲中部的叢林裡蘊藏著鑽石礦。」

第二天，為了獲得財富，珠寶商離開了農場，四處去收購他的珠寶去了。農場主卻激動得一宿未合眼，終於他做了一個人生中最為重要的決定：將農場以最低廉的價格賣給一位年輕的農民，然後去尋找鑽石。很快，他就匆匆上路，去尋找遠方的寶藏了。

第二年，那位珠寶商又恰好路過農場，此時接待他的是新的農場主了。晚餐後，年輕的農場主和珠寶商在客廳中閒聊。突然，珠寶商望著主人書桌上的一塊石頭兩眼發亮，並鄭重其事地問主人這塊石頭是在哪裡發現的。農場主說：「就在農場的小溪邊發現的，有什麼不對嗎？」珠寶商非常驚奇地說：「這不是一塊普通的石頭，這是一塊天然鑽石！」這一驚奇的發現讓他們決定一探究竟。隨後，他們來到小溪邊，竟然在同樣的地方又發現了一些天然鑽石。珠寶商決定和農場主一起來勘測，後來經勘測發現：整個農場的地下蘊藏著一個巨大的鑽石礦。結果，當然是新的農場主成為了億萬富翁，而那位去遠方尋找寶藏的老農場主卻一去不返。很久以後，聽說他成了一名乞丐，最後窮困潦倒，投進尼羅河裡死了。

這個故事不論在過去，還是在未來，都告訴我們：最珍貴的寶藏不在遠方，它就在我們心中。心中有寶藏，你就價值千萬，相信自己的人，能夠從中獲得一個充滿強烈自信的原動力。

在人生的旅途上，如果你太累了，那麼停下來，靜靜地想想我們自己吧：在整個世界上，我才是獨一無二的，沒有任何人會跟我一模一樣，為了實現我的使命，我已從祖祖輩輩的巨大積蓄中繼承了成功所需的一切潛在力量和才能，我的潛力無窮無盡，猶如深埋地下的鑽石寶藏。

自信是成功的源泉

如果有堅定的自信，即使出身平凡的人，也能作出驚人的事業來。缺乏自信的人即使有出眾的才幹、優良的天賦、高尚的性格，也很難成就偉大的事業。

一個人的成就，絕不會超出他自信所能達到的高度。堅強的自信，便是成功最大的源泉。一個人不論才能大小，天賦高低，成功都取決於堅定的自信力。相信自己一定能做到，事實上就能夠成功。反之，不相信自己，那就絕不會成功。

世界上到處都有仍覺得自己微不足道的人！他們以為自己身分卑微，別人所有的一切，是不屬於他們的，以為他們是不配享有的，以為他們是不能與那些偉大人物相提並論的。這自卑自賤的觀念，往往成為一些人不求上進、自甘墮落的主要原因。

經常有人這樣想：世界上最好的東西，不是他們這一輩所能擁有的。他們認為，生活上一切美好的事物，都是留給特殊的人的。有了這種卑賤的心理後，當然就不會有要成就大事業的觀念。許多人，本來可以做大事、立大業，但實際上做著小事，過著平庸的生活，原因就在於他們自暴自棄，他們有遠大的目標，沒有堅定的自信。

有些人開始對自己有深層的了解，相信能夠成功，但是一遇挫折，他們就半途而廢，這是因為自信心不堅定的緣故。所以有自信心還不夠，更須使自信心變得堅定，那麼即使遇到挫折也能不屈不撓，奮勇向前，絕不會因為小小的挫折就退縮。

從那些成就偉大事業的卓越人物的人格特質就可以看出一個特點：這些卓越人物在成功之前，總是具有充分信任自我能力的堅強自信心，深信自己必能成功。這樣，在做事時他們能全力拚搏，破除一切艱難險阻，直到勝利。

瑪麗．柯爾文說：「如果我是塊泥土，那麼我這塊泥土，也預備給勇敢的人來踐踏。」如果在表情和言行上時時顯露著卑微，任何時候都不信任自己、不尊重自己，那麼這種人自然很難得到別人的尊重。上帝公平地給予我們巨大力量，鼓勵我們去開創偉大的事業。而這種力量潛伏在我們的腦海深層，使每個人都具有宏韜偉略，能夠精神不滅、萬古流芳。如果我們不對自己的人生負責，在最關鍵、最可能成功的時候不把自己的本領盡量施展出來，那麼對於世界也是一種損失。

相信自己，必定成功

心存疑惑，就會失敗；相信勝利，必定成功。相信自己能移山的人，會成就事業；認為自己不能的人，一輩子一事無成。有一位年輕人在大學裡上學，有一天他忽然發現，大學的教育制度有許多弊端，便馬上向校長提出。他的意見沒有被校長接受，於是他決定自己辦一所大學，自己當校長消除這些弊端。辦學至少需要 100 萬美元。上哪兒去找這麼多錢呢？等畢業後去賺，那太遙遠了。

於是，他每天都在寢室裡冥思苦想如何能有 100 萬美元。同學們都人為他有神經病，做夢會從天上掉下錢來。但年輕人不以為然，他堅信自己會籌到這一筆錢。終於有一天，他想到了一個辦法。他打電話報社，說他明天準備舉行一個演講會，題目叫《如果我有 100 萬美元怎麼辦》。第二天他的演講吸引了許多商界人士參加，面對臺下諸多成功人士，他在臺上全心全意、發自內心地說出了自己的構想。最後演講完畢，一個叫菲利

浦・亞默的商人站了起來，說：「這位同學，你講得非常好。我決定給你100萬，就照你說的辦。」就這樣，年輕人用這筆錢辦了阿默理工學院，也就是現在著名的伊利諾理工學院的前身。

而這個年輕人就是後來備受人們愛戴的哲學家兼教育家岡索勒斯。其實生活中做什麼事，信心很重要。有人說，敢想就成功了一半，那另一半就是去做。這樣，你就一定會成功。人人都想要成功。每一個人都想要獲得一些最美好的事物。沒有人喜歡巴結別人，過平庸的生活。也沒有人喜歡自己被迫進入某種情況。最實用的成功經驗，可在《聖經》的章節中找到，那就是「堅定不移的信心能夠移山」。可是真正相信自己能移山的人並不多，結果，真正做到「移山」的人也不多。有時候，你可能會聽到這樣的話：「光是像阿里巴巴那樣喊：『芝麻，開門！』就想把山真的移開，那是根本不可能的。」說這話的人把「信心」和「希望」等同起來了。不錯，你無法用「希望」來移動一座山；也無法靠「希望」實現你的目標。

但是，拿破崙・希爾（Napoleon Hill）告訴我們：只要有信心，你就能移動一座山。只要相信你能成功，你就會贏得成功。關於信心的威力，並沒有什麼神奇或神祕可言。信心起作用的過程是這樣的：相信「我確實能做到」的態度，產生了能力、技巧與精力這些必備條件，每當你相信「我能做到」時，自然就會想出「如何去做」的方法。各地每天都有不少年輕人開始新的工作，他們都「希望」能登上最高階層，享受隨之而來的成功果實。但是他們絕大多數都不具備必需的信心與決心，因此他們無法達到頂點。也因為他們相信自己達不到，以致找不到登上巔峰的途徑，他們的作為也一直只停留在一般人的水準。但是還是有少部分人真的相信他們總有一天會成功。他們抱著「我就要登上巔峰」（這並不是不可能的）的積極態度來進行各項工作。這批年輕人仔細研究高階經理人的各種作為，學習那些成功者分析問題和作出決定的方式，並且留意他們如何應付進退。

最後，他們終於憑著堅強的信心達到了目標。信心是成功的祕訣。拿破崙曾經說過：「我成功，是因為我志在成功。」如果沒有這個目標，拿破崙必定沒有毅然的決心與信心，當然成功也就與他無緣。信心不僅能使一個白手起家的人成為巨富，也會使一個演員在風雲變幻的政壇上大獲成功，美國第四十屆總統 —— 雷根就是有幸掌握這個訣竅的人物。

信心的價值

2001 年 5 月 20 日，美國一位名叫喬治 · 赫伯特的推銷員，成功地把一把斧子推銷給了時任總統的小布希先生。布魯金斯學會得知這一消息後，把一個刻有「最偉大的推銷員」的金靴子獎給他。這是自 1975 年以來，該學會的一個學員成功地把一臺數位答錄機賣給了尼克森之後，又一學員邁過如此高的門檻。

布魯斯學會創建於 1927 年，以培養世界上最傑出的推銷員著稱於世。它有一個傳統，在每期學員畢業時，都設計一道最能體現推銷員能力的實習題，讓學生去完成。柯林頓執政期間，他們出了這麼一個題目：請把一條三角褲推銷給現任總統。8 年間，有無數個學員為此絞盡腦汁，最後都無功而返。柯林頓卸任後，布魯金斯學會把題目改成：請將一把斧子推銷給小布希總統。

鑒於 8 年來的失敗與教訓，許多學員都知難而退。個別學員甚至認為這道畢業應用題會和柯林頓當政時的題目一樣難以完成，一樣毫無結果，因為現在的總統什麼都不缺。即使缺什麼，也用不著他們親自購買；再退一步說，即使他們親自購買，也不一定剛好是你去推銷的時候。

然而，喬治．赫伯特卻做到了，並且沒花多少工夫。一位記者在採訪他的時候，他是這樣說的：「我認為，把一把斧子推銷給小布希總統是完全可能的。因為小布希總統在德克薩斯州有一座農場，那裡長著許多樹。於是我給他寫了一封信。」信中說：

> 「有一次，我有幸參觀您的農場，發現那裡長著許多矢菊樹，有些已經枯死掉了，木質已變得鬆軟。我想，您一定需要一把小斧頭，但是以您現在的體質來看，這種小斧頭顯然太輕，因此您仍然需要一把不甚鋒利的老斧頭。現在我這兒正好有一把這樣的斧頭，它是我祖父留給我的，很適合砍伐枯樹。倘若您有興趣的話，請按這封信所留的信箱，給予回覆……」

最後，布希總統匯了 15 美元給喬治。

喬治．赫伯特成功後，布魯金斯學會在表彰他的時候，主持人說：金靴子獎已設置了26年。26年間，布魯金斯學會培養了數以萬計的推銷員，造就了數以百計的百萬富翁。而這隻金靴子之所以沒有授予他們，是因為我們一直想尋找這麼一個人——這個人從不因有人說某一目標不能實現而放棄，從不因某件事情難以辦到而失去自信。

喬治．赫伯特的故事在世界各大網站公布之後，一些讀者紛紛搜索布魯金斯學會的網站。他們發現在該學會的網頁上貼著這樣一句格言：

> 不是因為有些事情難以做到，我們才失去自信；而是因為我們失去了自信，有些事情才顯得難以做到。
>
> 自信是積極向上的產物，也是積極向上的力量。自信是推銷員所必須具備的特質，也是最不可缺少的一種氣質。

放飛黑色的氣球

一天，幾個白人小孩正在公園裡玩，這時，一位賣氫氣球的老人推著貨車進了公園。白人小孩一窩蜂似的跑了過去，每人買了一個，興高采烈地追逐著放飛在天空中色彩豔麗的氫氣球。而在公園的一個僻靜的角落，一個黑人小孩孤單地躺在草坪上，兩手托腮，羨慕地看著白人小孩在那裡盡情地嬉戲，他沒有勇氣過去同他們一塊兒玩，因為他很自卑。

當白人小孩玩夠了，終於疲憊地離去後，他才怯生生地走到老人的貨車旁，用略帶祈求的語氣問道：「能賣一個氣球給我嗎？」老人用慈祥的目光打量了他一下，溫和地說：「當然可以，你要一個什麼顏色的？」黑人小孩鼓起勇氣回答說：「我要一個黑色的。」臉上寫滿滄桑的老人驚詫地看了看黑人小孩，便給他取了一個黑色的氣球。黑人小孩開心地拿過氣球，小手一鬆，黑色氣球在微風中冉冉升起，在藍天白雲的映襯下形成了一道獨特的風景。

老人一邊瞇著眼睛看氣球上升，一邊用手輕輕地拍了拍黑人小孩的後腦勺，然後對他說：「要記住，氣球能不能升起，不是因為它的顏色、形狀，而是氣球內有沒有充滿氫氣。一個人的成敗不是因為種族、出身，關鍵是你心中有沒有自信。」這個黑人小孩便是美國著名心理醫生基恩博士。自信，是走向成功的伴侶，是戰勝困難的利劍，是駛向理想彼岸的舟楫。

自信，是一種美妙的生活態度，是一種面對生活的樂觀情緒，是一種完善自我的心理素養。有了自信，就能保持一種最佳狀態，就能具有一股勢不可擋的勇氣，就能盡情釋放所有的潛力，就能創造出許許多多令人驚羨的奇蹟；有了自信，心靈便會變得更加純淨，情感便會變得更加奔放，氣質便會變得更加高潔，心胸便會變得更加寬廣，性格便會變得更加豁

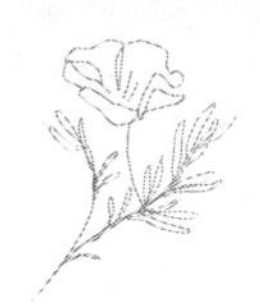

達，魅力便會變得更加迷人；有了自信，就能像亞歷山大大帝一樣，揮劍斬斷困惑一代又一代的哥帝安死結，就能像貝多芬那樣說出擲地有聲的話語「公爵有許多，而貝多芬只有一個」，就能像唐玄奘那樣，即使遠隔千山萬水，也能歷經千辛萬苦取得真經。

沒有自信，就像珍珠失去了光澤，雄鷹失去了翅膀，寶劍失去了鋒利，天空失去了蔚藍，太陽失去了色彩，春天失去了綠色；沒有自信，事業就沒有了依託，精神就沒有了支撐，生活就沒有了味道，生命就沒有了活力，人生便沒有了絢麗。

注定要當州長的羅傑．羅爾斯

羅傑．羅爾斯曾經多次面對眾多記者，但他對自己的奮鬥史隻字未提，只談到了他上學時的一個小插曲：

皮爾．保羅看著貪玩的羅爾斯的小手說：「我一看你修長的小拇指就知道，將來你是紐約州的州長。」聽到這話，羅爾斯大吃一驚，因為長這麼大，只有奶奶讓他的心頭振奮過一次，奶奶說他可以成為 5 噸重小船的船長。這一次，皮爾．保羅先生竟說他可以成為紐約州的州長，著實出乎他的預料。他在內心中銘記下了這句話，並且深信不疑。

從那天起，「紐約州州長」就像一面旗幟指引著羅爾斯，他的衣服不再沾滿泥土，說話時也不再夾雜汙言穢語。他開始挺直腰杆走路，咬緊牙關承擔一切。在以後的 40 多年間，他沒有一天不按州長的身分要求自己。51 歲那年，他終於成了紐約州州長。是信念這個奇蹟讓羅傑．羅爾斯成為了州長。信念是每個人都可以靠自己的力量獲得的，相信自己，相信自己的信念，信念就能把你引向奇蹟。

你的人生，是由你自己創造的。如果你的內心有積極的看法和信念，那是你所創造的；如果你內心的看法和信念是消極的，那也是你所創造的。

我們做人要有強烈的自信，自信是成就自我的資本。人們的自信心有大小之分。有大的自信，就有大的成就；有小的自信，就會有小的成就；沒有自信，只能一無所成。

美麗人生從自信開始

選擇權在你手中，如果你信心百倍地開始新一天，那麼等待你的必然是成功的幸福人生。人生一世，草木一秋，做人要做幸福、成功的人，這樣才對得住自己的父母和上天賜予的生命。自我們明白道理開始，選擇成為怎樣的人的決定權就握到了我們自己手中。英雄豪傑之所以成為英雄豪傑，就在於他們相信自己的能力，要求自己一定要超越別人、戰勝別人，從而自強不息、奮鬥不止、堅忍不拔。德萊頓（John Dryden）說：「信心可以使一個人征服他堅信自己可以征服的東西。」自信是承擔大任的第一個條件。只有非常的自信，才能成就非常的事業。對事業充滿自信而永遠不屈服，便永遠沒有所謂的失敗。

英國歷史上曾有過這樣一件事：杜邦將軍率軍未能攻下克切斯城，他在法拉格特將軍面前極力為自己的失敗開脫責任解釋。法拉格特聽完後只說了一句話：「一個重要的原因你沒有講到，那就是你一開始就不肯相信自己能打敗敵人。」

許多事情往往都是如此，如果你從開始時就不相信自己能夠成功，那麼你絕不會成功。明白了這個道理，再依靠自己的努力而不是依靠上天的

機運或他人的幫助，我們才能在某一方面成為傑出人物。愛迪生、馬可尼、萊特、史蒂芬生、富爾頓、摩斯，祖沖之、李時珍、……這些在不同時代、不同國度對社會、對人類產生影響的人物，都是堅信自己、勇闖新路的先鋒。他們的成就，昭示了「相信自己」是所有成功者的人生格言。

凡是使用過電腦的朋友，相信對「微軟」這家公司不會陌生，當然大多數人只知道它的創始人之一 —— 比爾蓋茲是個天才，卻不知道他為了實現自己的目標而孤獨地走在自己奮鬥的路上。

當時青年蓋茲發現在墨西哥州阿布奎基有家公司正在研究開發一種稱為「個人電腦」的東西，可是它要用 BASIC 程式語言來驅動。於是蓋茨便著手開始編寫這套程式並決定完成，即使他並無前例可循。

蓋茲的性格中有個很大的長處，就是一旦他想做什麼事，就必須想方設法給自己找出一條路來。在短短的幾個星期裡，他和另外一個搭檔竭盡全力，終於編寫出一套程式語言，因而也使得後來的個人電腦問世，逐漸惠澤全世界。

蓋茲的這番成就造成一連串的改變，擴大了電腦的世界，也讓自己站在了事業成功者的頂峰 —— 30 歲的時候成為一名家財億萬的富翁。現在，蓋茲擁有超過數百億美元的資產，多次登上世界首富的寶座。

無可否認，蓋茲的成功，一方面是得益於他立下了編寫電腦程式語言的志向，一方面是他相信自己定能成功。

對事業充滿自信而不屈服，便沒有所謂的失敗。有充分的自信的人就能發揮自身無比的威力。一個人要挑戰自己，靠的不是投機取巧，不是耍小聰明，靠的是自信心。一個人放棄了自信心，就等於放下了手中的武器，主動承認失敗，主動選擇了平庸人物的一生。

可能是拿破崙的孫子

一個名叫亨利的法國人，從小在育幼院長大，身材矮小，長相普通。

他連最普通的工作都找不到，也沒有一個家。已是而立之年的他，感到非常自卑。有一天，他站大橋上，望著橋下滾滾的河水發呆。想來想去，他覺得生活沒有意思，準備自殺算了。

這時，他的好朋友跑來告訴他：「亨利，我剛剛在報紙上看到一則消息，拿破崙曾丟失一個孫子，我看文中描述的相貌和你非常吻合。」

聽了這個消息，亨利精神為之一振。「是啊，自己可能就是那個身材矮小但功勳卓著的皇帝的孫子！」

他頓時好像有了一種從未有過的自信。第二天就去一家公司應聘，結果成功了。10年以後，拿破崙真正的孫子找到了，但不是亨利。可此時的亨利已經是一家大公司的總裁。其實，亨利成功的原因，完全是心理因素起了作用，而這就是「暗示」的力量。

自信的積極心態可以創造奇蹟

時刻想著自己身上具有的財富，堅信著我們每個人身上都有巨大的潛力，它等待我們去開發，去利用，這樣你會信心百倍，勇往直前的。

大腦是人體一個重要資訊寶庫，專家認為，我們人腦的資訊儲存量大約相當於5億冊圖書的資訊。一般人整個一生都只運用了其總體的4%，而世界最偉大的理論物理學家愛因斯坦也只開發了其全部智慧的15%。為此，美國心理學家赫胥勒感嘆道：「我們最大的悲劇不是恐怖的地震、連年的戰爭，而是千千萬萬的人們活著然後死亡，卻從未意識到存在於他們頭腦中未開發的巨大潛能。」

然而，為什麼大部分人不能夠成為世人敬仰的成功人士呢？妨礙人們充分發揮出自己大腦的智慧潛能不是人們常說的智商的高低，而是我們的情緒、我們的心態造成的。打開人生成功大門的金鑰匙，其實就在我們自己手中。只是這枚神奇的鑰匙，是一把雙刃劍。它有兩個面：一面刻的是「積極的心態」，另一面刻著的是「消極的心態」。積極的心態創造生活，使我們走向健康、成功、幸福、財富；而消極的心態則毀滅人生，使人背離一切有價值的東西。你的命運如何，關鍵是在人生最重要的時刻，你看到了鑰匙的哪一面。

在臭名昭著的奧斯威辛集中營裡，有一位猶太人，身處毒氣、飢餓、嚴寒、疾病等殘酷環境中，他依然堅強地活著。有一天他在雪地裡艱難工作時，夕陽斜照在巴伐利亞高大樹林，他想到了以前他和妻子一起在自家陽臺上觀看同樣景色時的快樂心情，這種回想讓他感到了無比的舒暢和溫暖。此時，他突然有了一個全新的發現：人在任何環境下，都有選擇自己人生態度的自由。後來，他頑強地活了下來，而且出獄後成了一名世界聞名的精神學家。而當時，又有多少可憐的無辜生命，在艱苦悲慘的集中營中自殺或者因消沉而憂鬱而終呢？所以，影響我們人生成功和幸福的絕不是所處的環境或所受的遭遇，而是我們對這些事保持什麼樣的心態。

因此，不管發生什麼事，只要你想成就大事，就必須樹立積極的心態去看待一切，並賦予每一件事積極的意義，那麼，你的整個人生就會有革命性的改變。如果你眼下正承受著困惑、自卑，對於你來說，目前最重要的事是拋開一切恐懼和自我設限，努力用積極的心態去填滿你的心，讓積極的心態激發你心中的勇氣和幹勁。堅定不移的積極心態是化思考為力量的源泉，是突破自我限制，創造奇蹟的動力之源。有了積極的心態，就為成大事者的人生點亮了創造奇蹟的神燈。

「幸運」的雷根

雷根是一個演員，卻立志要當總統。從 22 歲到 54 歲，羅納德．雷根從電臺體育播音員到好萊塢電影明星，整個青年到中年的歲月都陷在文藝圈內，對於從政完全是陌生的，更沒有什麼經驗可談。這一現實，幾乎成為雷根涉足政壇的一大攔路虎。然而，當機會來臨，共和黨內保守派和一些富豪們竭力慫恿他競選加州州長時，雷根毅然決定放棄大半輩子賴以為生的影視職業，決心開闢人生的新領域。當然，信心畢竟只是一種自我激勵的精神力量，若離開了自己所據有的條件，信心也就失去了依託，難以變希望為現實。

大凡想有所作為的人，都須腳踏實地，從自己的腳下踏出一條遠行的路來。正如雷根要改變自己的生活道路，並非突發奇想，而是與他的知識、能力、經歷、膽識分不開的。有兩件事樹立了雷根角逐政界的信心。一是當他受聘通用電氣公司的電視節目主持人。為辦好這個遍布全美各地的大型聯合企業的電視節目，透過電視宣傳，改變普遍存在的生產情緒低落的狀況，雷根不得不用心良苦，花大量時間巡迴在各個分廠，和工人及管理人員廣泛接觸。這使得他有大量機會認識社會各界人士，全面了解社會的政治、經濟情況。

人們什麼話都對他說，從工廠生產、工人收入、社會福利到政府與企業的關係、稅收政策等等。雷根把這些話題吸收消化後，並透過節目主持人身分反映出來。立刻引起了強烈的共鳴。為此，該公司一位董事長曾意味深長地對雷根說：「認真總結一下這方面的經驗體會，為自己立下幾條哲理，然後身體力行的去做，將來必有收穫。」這番話無疑為雷根棄影從政的信心埋下了種子。另一件事發生在他加入共和黨後，為幫助保守派頭

目競選議員，募集資金，他利用演員身分在電視上發表了一篇題為「可供選擇的時代」的演講。因其出色的表演才能，大獲成功，演說後立即募集了一百萬美元，以後又陸續收到不少捐款，總數達六百萬美元。《紐約時報》稱之為美國競選史上籌款最多的一篇演說。

雷根一夜之間成為共和黨保守派心目中的代言人，引起了操縱政壇的幕後人物的注意。這時候傳來更令人振奮的消息，雷根在好萊塢的好友喬治 · 墨菲（George Murphy），這個道地的電影明星，與擔任過甘迺迪和詹森總統新聞祕書的老牌政治家塞林格一起競選加州議員。在政治實力懸殊巨大的情況下，喬治 · 墨菲憑著 38 年的舞臺銀幕經驗，喚起了早已熟悉他形象的老觀眾們的巨大熱情，意外地大獲全勝。原來，演員的經歷，不但不是從政的障礙，而且如果運用得當，還會為爭奪選票贏得民眾發揮作用。

雷根發現了這一祕密，便首先從塑造形象上下功夫，充分利用自己的優勢 —— 五官端正，輪廓分明的好萊塢「典型美男子」的風度和魅力，還邀約一批著名的大影星、歌星、畫家等藝術名流出來助陣，使共和黨競選活動別開生面，大放異彩，吸引眾多觀眾。然而這一切在雷根的對手、多年來一直連任加州州長的老政治家布朗的眼中，卻只不過是「二流戲子」的滑稽表演。他認為無論雷根的外部形象怎樣光輝，其政治形象畢竟還只是一個稚嫩的嬰兒。於是他抓住這點，以毫無政治工作經驗為實進行攻擊。殊不知雷根卻順水推舟，乾脆扮演一個純樸無華、誠實熱心的「平民政治家」。雷根固然沒有從政的經歷，但有從政經歷的布朗恰恰才有更多的失誤，給人留下把柄，讓雷根得以輝煌。二者形象對照是如此鮮明，雷根再一次越過了障礙。幫助他越過障礙的正是障礙本身 —— 沒有政治資本就是一筆最大的資本。因而，每個人一生的經歷都是最寶貴的財富。

不同的是，有的人只將經歷視為實現未來目標的障礙，有的人則利用經歷作為實現目標的法寶，雷根無疑屬於後者。就在雷根如願以償當上州長問鼎白宮之時，曾與競爭對手卡特舉行過長達幾十分鐘的電視辯論。面對鏡頭，雷根發揮出淋漓盡致的表演效果，時而微笑，時而妙語連珠，在億萬選民面前完全憑著當演員的本領，占盡上風。相比之下，從政時間雖長，但缺少表演經歷的卡特卻顯得相形見絀。成功者大都有「碰壁」的經歷，但堅定的信心使他們能通過搜尋薄弱環節和隱藏的「門」，或透過總結教訓而更有效地謀取成功。

有人說是雷根鴻運高照，其實，雷根的鴻運通常都是他信心堅定的結果。在他擔任美國總統期間，也無疑顯示了一個權力愛好者的品格，他曾下令出兵格林伍德，並空襲利比亞。但這個西部牛仔性格的一代君王，並非一個缺乏自制的權力癮君子，他明白「共存共榮」的重要性，並堅信防禦能力，因而提出了戰略防禦計畫。當時的蘇聯領導人戈巴契夫，在雷克雅維克高峰會議上提出了武器裁減計畫，試圖使雷根放棄戰略防禦構想。若雷根反對，就顯得他對和平毫無誠意。

雷根素來在談判桌上表現得很有風度，他強抑怒火，退出了談判。但他並未退縮，繼續與蘇聯人周旋，利用蘇聯不斷壞死的經濟迫使對方讓步。最後，戈巴契夫屈服了，簽訂了有史以來第一次核裁軍條約。透過雷根的經歷，我們可以感覺到：信心的力量在成功者的足跡中起著決定性的作用，要想事業有成，就必須擁有無堅不摧的信心。

信心對於立志成功者具有重要意義。有人說，成功的欲望是創造和擁有財富的源泉。人一旦擁有了這一欲望並經由自我暗示和潛意識的激發後形成一種信心，這種信心便會轉化為一種「積極的感情」。它能夠激發潛意識釋放出無窮的熱情、精力和智慧，進而幫助其獲得巨大的財富與事業上的成就。

別太在意他人的看法

一、父子與驢的故事

父子倆牽著一頭驢。行人說：「這父子倆真笨，不知騎在驢背上走！」父子倆聽了，父親就讓兒子騎在驢背上，牽著驢子走。又過來位老人見了說：「這個兒子真不孝，自己騎在驢背上，讓父親在地上走。」父子倆聽了，兒子下驢，讓父親騎在驢背上，牽著驢子走。又過來一位婦女，見了說：「這個當爹的才狠心，讓孩子在地上走。」

父子倆聽了，乾脆兩人都騎在驢背上。這時，又過來一位和尚，見了說：「這父子倆太殘忍了，就不怕把驢子壓著呀！」父子倆聽著，就下來，兩人把驢子扛著走。這時一群孩子過來了：「這兩個人真有意思，把驢子扛著走，恐怕神經有問題。」這就是沒有自信，沒有思想，把自己命運交給別人安排的典型。

二、挖掘自己堅強的自信

有一個孤兒，生活無依無靠，他很迷惘和彷徨，只好四處流浪。他走進一座寺廟，拜見那裡的高僧。

孤兒說：「我什麼手藝都沒有，該如何生活啊？」

高僧說：「那你為什麼不去做呢？」

「像我這樣的人能做什麼呢？」孤兒說。

高僧把他帶到後院裡一堆雜草叢生的亂石旁，指著一塊陋石說：「你把它拿到集市去賣吧。但要記著，無論多少人要買這塊石頭，你都不要賣。」

孤兒抱著石頭惑然來到集市，在一個不起眼的地方蹲下來。可是，那是一塊陋石啊，根本沒有人把它放在眼裡。第一天過去了，第二天過去了。第三天時，有人開始來詢問。第四天，真的有人來買這塊石頭了，第五天，那塊石頭已經能賣到一個很好的價錢了。孤兒去找高僧，高僧說：「你把石頭拿到石器交易市場去賣，但還要記住，無論多少錢都不要賣。」孤兒把石頭拿到石器交易市場。

三天後，漸漸有人圍過來問。接著，問價的人越來越多，石頭的價格已被抬得高出了石器的價格，而孤兒依然沒有賣。愈是這樣，人們的好奇心越大，石頭的價格還在不斷地抬高。孤兒又去找高僧，高僧說：「你再把石頭拿到珠寶市場去賣。」又出現了同樣的情況，以至於到了最後，石頭的價格已被炒得比珠寶的價格還要高了。孤兒又去找高僧，高僧說：「世上人與物皆如此，如果你認定自己是一塊不起眼的陋石，那麼你可能永遠只是一塊陋石，如果你堅信自己是一個無價的寶石，那麼你就是。」

一塊不起眼的石頭，由於孤兒的自信而提升了它的價值，人就像這石頭一樣。每個人隱藏著特定的信心，但是，高情商者更容易發揮自信心。高僧其實就是在挖掘孤兒情商中的信心潛力，就像那個孤兒一樣，如果我們具有了自信心，就是為自己的成功打下了扎實的基礎。

三、信念

有三個農民，在地震來臨時，他們正在羊圈旁的窯洞裡守衛著羊群。當地動山搖的那一刻，他們在發出驚叫之後，離門口最近的那個農民最先向外面逃竄，然後是第二個，然後是第三個。

但是，當第二個農民被轟然的土壓倒時，第三個農民也沒能跑出去，而是連同厚厚的土同時壓在了前面農民的身上。最後的那個農民是幸運的，靠稀薄的僅有的一點空氣他得到了短暫的生命。但是，那點空氣顯然不夠他維持，他在死亡的邊緣掙扎，這時，有一種堅強的新信念一直支撐著他，那就是他以為第一個農民一定成功地逃走了，並且，他會很快喊來

救援人員。他奮力的掙扎，奮力的用手刨著土，以盡可能獲得生還的機會。

就這樣，一直過了十幾個鐘頭，在他已經奄奄一息時，他聽到了救援的腳步和嘈雜的聲音，這時的他已經沒有喊叫的力氣了。他終於被人們用手挖了出來，他被挖出來的那一刻，便徹底失去了知覺。但他終於成功地活了下來。醫生說：「在那樣稀薄的空氣中，能夠存活半個小時就已經是奇蹟了。人們問起他時，他說，他真的以為第一個農民逃生了，他相信逃生的農民一定會來救他。而實際上，第一個和第二個農民都沒有跑出去就死了。如果不是那個信念，這位活下來的農民一定不會堅持那麼久；如果他放棄了希望，他可能早就被死亡的魔鬼拉走了。信念是什麼？很多時候，信念就是支撐我們生命的力量。有了充足的自信心就有了向前衝的力量，那麼本來充滿著不可能的事情也可能因為這種自信的力量俯首稱臣。這種自信的力量可不會自動送上門，要得到它，就要自己去找，去發現。

暗示產生的威力

在羅傑·羅爾斯讀小學的年代，皮爾·保羅被聘為諾必塔小學的董事長兼校長。當時正值美國嬉皮流行的時代，他走進大沙頭諾必塔小學的時候，發現這裡的窮孩子比「迷惘的一代」還要無所事事，他們不和老師合作，曠課、鬥毆，甚至亂砸教室的黑板。皮爾·保羅想了很多方法來引導他們，可是沒有一個方法是有效的。後來他們發現，這些孩子都很迷信。於是他上課的時候多了一項內容 —— 給學生看手相。凡經過他看過手相的學生，沒有一個不成為州長、議員或富翁的。

這位傑出的校長是怎樣給學生看相的，已經沒有現成的材料來明瞭，但是有一句話是可以完全相信的，就是「八字先生進門，一屋子的貴人。」因此，我們認為，這位校長一定透過看手相給了學生很多的鼓勵，這些鼓勵給了孩子們的自信和勇氣。

失去信心就會失去一切。恩納是一家公司的職員，認為自己的前景非常暗淡，因為老闆不欣賞他，同事不看好他，就連女朋友也不理解他。

他越來越沮喪，在人前抬不起頭。其實，恩納剛進公司時大家都挺喜歡這個帥氣的年輕人。可不久，人們發現他做事總是拿不定主意、下不了決心。比如：當把一個新任務交給他時，他又說：「這工作我從來沒做過，我怕自己的能力有限，出力不討好」。當別人鼓勵他做下去時，他又說「難道你比我更了解我嗎？你越這樣信任我，我越害怕，怕辜負了你。」久而久之，恩納已經習慣說：「我不能」了。慢慢地，大家開始對恩納產生了成見，不喜歡找他幫忙，更不喜歡和他合作，甚至不願意和他相處。

就是在家裡，由於習慣使然，和女朋友相處時他也同樣說：「我不能」，最終導致女朋友對他說：「我也不能再和你處下去了……」在遭受挫折的時候暗示自己一定會成功，在遭到偏見和誤解的時候，暗示自己一定可以得到證明。總之，暗示可以產生無窮的威力，讓你走出自卑的陰影。

庫柏和《羅伯特的奮鬥》

庫柏是一個在貧民窟裡長大的孩子，他的父親靠裁縫這門手藝掙錢養家。冬天時天氣寒冷，為了取暖，庫柏經常到附近的鐵路上去拾煤塊。庫柏常常為此感到很難為情，所以他每次都是從後街偷偷地走進走出，生怕被其他孩子看見。

儘管如此，那些小孩子還是常常看見他。有一群特別調皮的小孩子，

經常會埋伏在庫柏從鐵路回家的路上，襲擊他，以此為樂。他們搶下庫柏的煤桶，把裡面的煤塊撒得滿地都是，任憑庫柏眼淚橫流。就這樣，庫柏總是生活在自卑和恐懼當中。

假如生活就那麼繼續下去，或許他們會慢慢長大，庫柏最終就會成為一個平庸而膽小的人。可是，一本書改變了庫柏的一生，他因為讀了這本書而受到了鼓舞，從而採取了積極的行動。這本書就是荷拉修·阿爾傑（Horatio Alger）所寫的《羅伯特的奮鬥》。

在這本書裡，庫柏讀到了一個類似於自己的少年不斷奮鬥的故事。那個少年遭遇了極大的不幸，但是他最終還是靠著自身的勇氣和毅力戰勝了不幸。庫柏希望自己也能像這個少年一樣勇敢。

在那個冬天，庫柏幾乎讀完了他所能找到的荷拉修所寫的每一本書，當他坐在寒冷的廚房裡，抱著一本書埋頭苦讀的時候，不知不覺地就接受了積極的心態和觀點。

在庫柏讀完《羅伯特的奮鬥》的幾個月後，他又開始到鐵路上去拾煤塊了。他看見很遠的地方有 3 個身影很快向他移來，他的第一個反應就是快跑，但是，他記起了書中所寫的那個勇敢的少年，於是庫柏挺起胸，就像荷拉修筆下的一個英雄那樣，迎向那 3 個身影。

當庫柏丟開煤桶，向那 3 個男孩揮動手臂進行抵抗時，他們顯然非常驚訝。這是一場激烈的戰鬥，庫柏的右拳打到了一個男孩子的鼻子上，左拳打在他的肚子上。讓庫柏吃驚的是，這個小男孩馬上就轉身跑了，剩下的兩個小孩還在對他拳打腳踢，庫柏盡力推開其中的一個小孩，集中力量對付那個看來是他們領袖的孩子，他用胳膊肘猛擊那個男孩的下顎，然後把他拖到一邊，其餘兩個小孩子站在一旁看呆了，他們幾乎不敢相信站在面前的就是從前那個只會哭泣的小男孩。他們互相對視著，然後，那個領袖開始一點點向後退，接著就轉身跑了，另外兩個看呆了的孩子也跟著跑了，庫柏拾起一塊煤向他們投去，以此來示威。

這個時候，庫柏發現自己在流鼻血，全身上下都疼，估計是青一塊紫一塊的。但是這一切都是值得的，這是庫柏的一個重要的日子，他戰勝了恐懼。學習增強智慧，讀書改變命運，借鑑他人的智慧和經驗，你也可以戰勝自卑，獲得成功的勇氣信念和決心，最終獲得幸福的人生。

心態和努力要一致

許多人不能正確地對待人生。由於他們做的是一套，想則是另一套，由於他們的心態和他們的努力不一致，結果使其大部分努力都白白地浪費掉了。由於他們的心態不對，他們往往使自己正在追求的事業不斷受挫。他們不能以一種有巨大積極作用的必勝信心，以一種絕不相信失敗的堅強心，去指導自己的工作。

一方面渴望發財致富，另一方面卻總是不相信自己能夠脫貧窮，總是懷疑自己能否得到所欲所求之物，這就好像南轅北轍一樣。如果一個人總是懷疑自己獲得成功的能力，那他絕不可能獲得成功，所以，這種人總會招致失敗。

成功人士必定常常想著成功，必定常常往好的方面想。他的思想必定富於進取精神，富於創造力，必定是建設性的和創新性的。他的思想中必定充滿了樂觀的、積極的因素。

如果這樣，你將會朝向成功的方向前進。如果你只看到貧窮、匱乏的那一面，那你就會朝失敗的那一條道上走去。但是如果你果斷地轉過身來，斷然拒絕想像你可能落於貧困的處境，那麼，你必定會在獲得財富方面取得進展。

第八章　心寬讓自信打開成功之門

許多人的目標往往是自相矛盾的。因為儘管他們渴望富有，但是打心底裡認為自己不可能過上富有的生活。這樣，他們錯誤的心態，也就是他們生命過程中所遵循的心理圖景，使得正努力從事的事情不可能取得成功。正是他們貧窮的心態，正是這種懷疑和擔心，正是自信心的缺乏，正是因為沒有一種過富有生活的信念，弄得人們至今依然極其貧窮。

一旦你能充分地挖掘自己賺錢的能力，你就不可能扮演貧窮者的角色，你必定會有一種良好的成功心態。只要你總是處於一種貧民窟氛圍的心態，你就會在腦海中留下貧民窟式的印象，你就絕不可能賺到錢。

一則諺語說：「綿羊每咩咩叫一次，它就會失掉一口乾草。」如果你每抱怨一次你的苦惱，你就失去了一次改變這種情況的機會。你每允許自己說一次：「我是一個貧窮的人，我不可能富有；我是一個能力不夠的人，不可能取得其他人那樣的成就；我絕不可能變得聰明；我不具備其他人的那些運氣；我是一個失敗者；降臨到我的頭上總是厄運。」那麼，這些心理暗示就會成為你成功路上的枷鎖和障礙，你就會感到苦惱之事更苦惱，困難之事更困難，你就會更難擺脫破壞你平和心境、破壞你幸福的心理敵人。因為你每讓負面情緒多主宰一次你的心靈，它們就會在你的意識裡鑽得更深。

思想有時候會變成一塊神奇的磁鐵，能吸引那些與它本身相似的東西。如果你的心靈老是想著貧窮和疾病，那麼，這種思想就會給你帶來貧窮和疾病。一般來說，與你思想相左的現實是不大可能產生的，但它的確可以改變你的心情，讓你更自信起來，因為你的心態和思想中已經有了你生命的藍圖。你的任何成功首先都是因為你有成功的思想。

如果你總是想像自己可能事業不順，並總是有這樣的準備和擔心，如果你總是抱怨時運不濟，如果你總是擔心事業不可能有好的結果，那麼，你的事業就真的不會有好結果。無論你多麼努力工作以期取得成功，如果你頭腦裡充滿著擔心失敗的思想，那麼，你的這種思想將會使你的努力付之東流，從而使得你不可能取得希望中的成功。

在工作和追尋目標的過程中，人們所持的心態與最終的成就有著千絲萬縷的關係。如果你被迫去完成自己的工作，如果你是以做苦差使的奴隸一般的態度去從事你的工作；如果你在工作中不抱任何大的希望，甚至你在工作中看不到任何希望，覺得工作只不過是聊以糊口、勉強度日而已；如果你看不到未來的曙光；如果你只看到貧困、匱乏和你整個一生的艱難；如果你認為自己命中注定要過如此艱難的生活，那麼，你就絕不會擁有成功、財富與幸福。

不管你今日如何貧窮，如果你能看到更好的將來；如果你相信自己有朝一日會從單調乏味的工作中崛起；如果你相信自己有朝一日會從目前的陋室搬進溫馨、舒適的住宅；如果你方向明確，如果你的眼睛緊緊盯著你希望達到的目標，並相信你完全有能力達到你的目標，那麼你必將有所作為。

學會從積極的角度看問題

問題的好與壞，以及如何處理，通常因角度不同，不同的人會有不同的想法。

看問題的時候，凡是能站在一個積極的角度上的人，心中自然少有自卑感。假如一位女士長得胖些，積極的心態應該是這樣的 —— 她會想「這是我強壯、生活富足的表現，我不是弱者」。自卑的人則會想，這是件痛苦的事情，認為自己的身體太難看了，顯然，第二種心態只會令你更加不自信，從而自卑了。

第八章　心寬讓自信打開成功之門

商界中的人，也許會因自己的企業規模很小而有不同想法：如果你充滿信心，你會覺得這正好是一個發展的機會，正好是你磨練自己、挑戰自我的時候；自卑者則會認為自己這輩子沒什麼大前途了，肯定競爭不過那些大企業。於是會自滿於小小的成績而永遠也發展不大了。

其實，只要你敢想，一切都是美好、樂觀的。必要的時候，不妨來點精神勝利法來鼓勵自己。你可以對自己說「以後機會很多，不能因為這次的小小失敗而不相信自己」。

許多時候，你也許會受到悲觀主義者的影響，但你必須加以避免。你不妨把注意力轉移到自己最感興趣的事情上，想想那些令你感到愉快的事，回憶你過去的成功之處，然後你可以對自己說：「我原來也是很優秀的，現在做不好肯定有別的原因。」於是你會在尋找解決方案中逐漸地相信自己了。當你的心理壓力減輕之後，你就會對那種消沉的想法感到不值得了。不知不覺地，它們都會離你而去。

萬一事情的發展不如你所設想的那麼順利時，你也沒有必要大驚小怪。人不可能事事如意，「一帆風順」只是一種理想狀態，不符合現實生活。

有一句詩說得好：「如果生活拋棄了你，請不要悲傷和哭泣。」這種時候，你不妨做最壞的打算。心理學家認為，這是一種很好的自我保護心理機制。你可以設想一下：最壞的結局將會是什麼樣；你是否有勇氣面對那種結局；那樣的結局將對你有什麼樣的影響。如果連最壞的結局你都能坦然接受，那麼眼下的困難又算得了什麼呢？如果你無法接受，你可以想：「反正事情已經不可避免了，我何不放手一搏呢？」這時候你反而沒有壓力了，當你大膽採取措施時，也許奇蹟就出現了。

現實中常常有這樣的情況：當你顧慮重重的時候，往往辦不好事情；恰恰是在相反的情況下，你有一股「豁出去」的決心，大膽突破自我，想原來之不敢想的，做原來之不敢做的，你反而有了成功的希望。

在遭遇挫折時設想最壞的情況，這可以使每一個消極因素或束縛都得到積極的利用。你如果自覺地設想最壞的情況，它將有助於你辨別自己可能遇到的障礙，或者可能出現的問題；同時，你會全面地考慮該如何應付這種與你期望不符的情況。

總之，最壞的情形一旦進入你的腦海中，便會刺激你的思考，去尋找最佳的解決方案。「怎樣才能避免它的發生呢？」這一思路會引導你一步一步找到正確答案。

一個人所想的應該超過他所做的，否則頭腦還有什麼用呢？

勇敢追求幸福

人們恐怕沒有不希望自己幸福的，幸福是激勵人們奮鬥和追求的目標。可是，幸福不光憑想像就能到來的，若是想過上幸福的生活、快樂的日子，就不能只做空想者。幸福能否到來，關鍵需要你去奮鬥，去付出，去開創。

怎樣才能創造自我的人生呢？首先，要對自己有一個明確的認識，要知道自己的最真實需求。先要明確地定下目標，然後勇往直前地行動，如此一來，才能開始創造出正確的人生。創造幸福人生，要有敏銳的洞察力來選擇自己的職業。

當一個人沒有興趣時，他會覺得他被安排在一個錯誤的職位上，他覺得他不受欣賞和重視，他會相信他的才能被埋沒了。在這種情況下，他若沒有患上精神病，也會埋下精神病的種子。

為了同一個原因，一個人也會在工商企業中「精神崩潰」，如果他輕視他的工作和事業，他也可以把一切搞砸了。

第八章　心寬讓自信打開成功之門

創造的心理是為了實現目標而奮鬥，它也正是行動的兌現和見證。如果你意志不堅強，即使什麼條件都好，仍然實現不了你自己哪怕是十分微小的目標。要是你只在等待機會，等待幸運女神，等待別人的幫助，你一生將永遠不會有奇蹟出現。

當亞歷山大大帝獲得勝利以後，有人問他：「你是不是等待著一種機會去進攻的呢？」

他聽了大怒起來說：「機會是要人自己去創造的。」

創造機會，因此使亞歷山大成就了他的帝國事業。只有能創造機會的人，他才能達到他所期望的，完成他的抱負。

也許有人以為機會是事業的鑰匙，獲得了鑰匙，事業便能成功。但是，事實上卻並不是這樣。無論做什麼事，即使有了機會，還是要用你的才能去努力，要用你的精神去苦幹。你的才能潛伏在你的體內，你必須自己把它們表現出來，運用出來。

等待機會，是一種極笨拙的行為，你不要以為機會像是一個到你家裡來的客人，他在你的家門口敲門，等待你開門把他迎接進來。恰好相反，機會是一件不可捉摸的，它無影無形，無聲無息，它有時潛伏在你努力的工作中，有時徘徊在無人注意的境地裡。你假如不用苦幹的精神，努力去尋求，也許你永遠不會遇見它！

事實上，把責任都推到「別人」和「運氣」上的人，總會讓自己心安理得地接受失敗和平庸的結局，而這正是自己錯失了一次次的良機造成的。唯一能創造良機、把握良機的，只有你自己。依賴別人及推卸責任是庸俗和無知的表現，其結果必然是什麼都不去做，只想依靠別人，情勢將根本沒有改變的希望。人生的一切變化，都是源於自己的創造！

樂觀面對一切

一、一枚銅錢的力量

相信自己成功，鼓勵自己成功，就會感到自己內在的振奮力量充分地顯現出來，做什麼事都感到力量倍增，輕而易舉，甚至在無比艱難的情況下，也可以創造奇蹟。

有一位將軍領兵要到前方作戰，將軍胸有成竹充滿信心，認為此戰一定能夠勝利，可是他的部下卻不樂觀，毫無必勝的把握。將軍眼見部下士氣低落，心想怎麼作戰呢？於是有一天，將軍集合所有將士，在一座寺廟前面，告訴他們：「各位部將，我們今天就要出陣了，究竟打勝仗還是敗仗？我們請求神明幫我們做決定。我這裡有一塊錢，把它丟到地上，如果正面朝上，表示神明指示此戰必定勝利；如果反面朝上，就表示這場戰爭就會失敗。聽了這番話，部將與士兵虔誠祈禱磕頭禮拜，求神明指示。將軍將一塊錢朝空丟擲，結果，銅錢正面朝上，大家一看，非常喜歡振奮，認為神明指示這場戰爭必定勝利。後來，部隊開到前方，每位士兵都士氣高昂、信心十足，他們奮勇作戰，果真打了勝仗。班師回朝後，就有部將對將軍說，真感謝神明今天指示我們打了勝仗。那個將軍才據實以告：「不必感謝神明，其實應該感謝這一塊錢。」他把身邊的這一塊錢掏出來給部將看，才發現原來銅錢的兩面都是正面。樂觀非常重要，它能給人充足的自信和必勝的力量。所謂自助人助，自助天助。樂觀是一個有志於締造影響力的人最基本的素養，是獲得成功的基石。

二、患病老人的故事

印第安那州有一個名叫英格萊特的人，10 年前，他得了一場大病，當他康復以後，卻發現又得了腎臟病。他去找過好多醫生，但誰也沒辦法

治好他。之後不久，他又患上了另外一種病，血壓也高了起來。他去看一個醫生，醫生說他已經沒救了，患這種病的人離死亡不會太遠，他建議英格萊特先生，最好馬上料理後事。英格萊特只好回到家裡，他弄清楚他所有的保險全都已經付過了，然後向上帝懺悔自己以前所犯過的各種錯誤，坐下來很難過地默默沉思。家裡人看到他那種痛苦的樣子，都感到非常難過，他自己更是深深地陷入了頹喪的情緒裡。

這樣，一週過去了，英格萊特對自己說：你這樣子簡直像個傻瓜。你在一年之內恐怕還不會死，那麼趁你現在還活著的時候，為何不快樂一些呢？他挺起胸膛，臉上開始綻出微笑，試著讓自己表現出很輕鬆的樣子。開始的時候，他極不習慣，但是他強迫自己很快樂。接著他發現自己開始感覺好多了——幾乎跟他裝出的一樣好。這種改進持續不斷。他原以為自己早已躺在墳墓裡，現在他不僅很快樂、很健康，活得好好的，而且，他的血壓也降下來了。「有一件事我可以肯定的是：如果我一直想到會死、會垮掉的話，那位醫生的預言就會實現。可是，我給自己的身體一個自行恢復的機會，別的什麼都沒有用，除非我樂觀起來。」英格萊特自豪地說。

是的，他現在之所以還活著，是因為他發現了樂觀這個祕密。不同的目光看同樣的事物，就會有不同的思想，是正面的還是負面的，這要取決於個人的心態。有時候，個人的心態往往決定了事情的結果。人們在做事情時，首先要樹立一個樂觀的心態，不能讓太多的陰雲迷濛了我們的心靈。

從一到十

在美國的紐澤西，有一位愚鈍無比的小男孩，無論老師如何努力地教他，他仍然無法學會從一數到十。無奈之下，老師與同事商量後，決定請他的父親來學校一趟，好好溝通一下孩子的教育問題。當父親得知自己的孩子在學校竟然如此差勁時，老師最擔心的事情還是發生了。盛怒的父親立刻把自己的孩子叫了出來，當著老師的面大聲呵斥道：「你這麼大了，連從一數到十都學不會，將來能有什麼用？」這個學不會十個數字的孩子眼珠飛快地一轉，笑嘻嘻地說：「我可以做一個拳王爭霸賽上只需要數到9的裁判。」這個小男孩的名字叫布魯斯．富蘭克林。

在今天的美國體育界，誰都知道布魯斯．富蘭克林是全美職業拳擊運動史最偉大的裁判！

積極彌補自身的不足

有自卑心理的人大都比較敏感，容易接受外界的消極示，從而愈發陷入自卑中不能自拔。而如果能正確對待自身，把壓力變動力，奮發向上，就會取得一定的成績和成功，而增強自信，擺脫自卑。

美國參議員艾姆．湯瑪斯小時候一點也不優秀，甚至很自卑，但他最後卻克服了自卑而成為了著名的參議員。

他十六歲時，經常為煩惱、恐懼、自卑所苦。就他的年齡說，他實在長得太高了：他身高六英尺二英寸，體重只有一百八十磅。雖然他長得很高，但身體卻很弱，遠無法和其他小男孩在棒球場上或田徑場上競爭。同伴們開玩笑，喊他「瘦竹竿」。他十分憂愁，又自卑，幾乎不敢見人，事上他也確實很少與人見面，因為他們的農莊距離公路很遠，周圍全是濃密

的樹林。他經常整個禮拜沒見到任何陌生人，所見到的只是他的母親、父親、姐姐、哥哥。

每一天，每一小時，他總是在為自己那高瘦虛弱的身體愁，他幾乎無法想到別的事情。他的難堪與恐懼如此嚴重，極其難以描述。

他母親知道他的感覺，她曾經當過學校老師。所以她勸說：「兒子，你應該接受高深的教育，你應該依靠你的頭腦為生，因為你的身體不行。」

由於他父母沒有能力送他上大學，他知道他必須自己奮鬥。因此，有一年冬天，他去打獵，設陷阱，捕捉動物。春天時他把獸皮賣掉，得到了四美元，然後用那筆錢買了兩隻小豬。他先用流質飼料餵它們，然後改用玉米當飼料，第二年秋天把它們賣掉，賺到了四十美元。帶著賣掉那兩隻豬的錢，他離家進了「師範學院」——位於印第安那州丹維市。他每週的伙食費是一美元四十美分，房租每星期是五十美分。

他身上穿的是母親為他縫製的一件棕色襯衫。他也有一套西裝，本來是父親的，但父親的衣服不合他身。他穿在腳上的那雙鞋子也是父親的，同樣不合他的腳——那種鞋子兩側有鬆緊帶，你一拉時，它們就鬆開，但是父親那雙鞋子的鬆緊帶早已沒有彈性，頂端又很鬆，因此他一走起路來，鞋子差點就從他腳上掉下來。他覺得很不好意思，不敢和其他學生打交道，所以獨自坐在房裡看書。當時他最大的願望，就是使自己有能力購買一些商店出售的衣服，既合他身也不會讓他為它感到羞恥。

過了沒多久，發生了四件事，幫助他克服了他的憂慮和自卑感。其中一件事，給了他勇氣、希望和信心，並完全改變了他以後的生活。他是這樣簡單描述那些經歷的。

- 在進入師範學院只有八週之後，他參加了一項考試，獲得一紙「三等證明」，使他可以在鄉下的公立學校教書。說得更清楚一點，這張證書的期限只有六個月，但它表示某人對他有信心——這是除了他母親之外，第一次有人對他表示有信心。
- 一所位於「快樂穀」的鄉村學校的董事會聘請了他，每天薪水二美元，月薪四十美元。這表示有人對他更具信心。
- 在他領到第一次薪水之後，他在店裡買了一些衣服，穿上它們，使他不再覺得羞恥。如果現在有人給他一百萬美元，他也不會像當初花了幾元錢買那些衣服時那樣的興奮。
- 他生命中真正的轉捩點——他在克服憂愁和自卑感的奮鬥中第一次勝利了。事情發生在美國印第安那州班橋鎮舉行的一年一度的普特南郡博覽會上，他母親鼓勵他參加一項公開演說比賽，那項比賽將在博覽會上舉行。

對他來說，這個念頭真是幻想。他甚至沒有勇氣面對一人談談話，更不用說面對一群觀眾了。但他母親對他的信心，幾乎令人哀憐。她對他的前途有很大的夢想——她是為她的兒子而活。她的信心使他毅然地參加比賽。他選擇了他唯一夠資格演講的題目：《美國的自由藝術》。坦白地說，他剛開始準備時並不知道什麼是自由藝術，不過無所謂，因為他的聽眾們也不懂。他將他那份演講稿全部默記下來，並對著樹木和牛練習了不下一百遍。他急於在他的母親面前好好表現一番。因此他是帶著深厚的感情發表那篇演說的，不管如何，他得了第一名，他不禁呆了。聽眾中響起一片歡呼。那些一度譏笑他，稱他為「瘦竹竿」的男孩子，現在拍著他的背說：「艾姆，我早知道行。」他母親摟著他，高興地哭了起來。從他現在回顧過去時可以看得出來，在那次比賽中獲勝，是他生命中的轉捩點。

當地報紙在頭版對他作了一篇報導，並預言他前途無限。獲勝的結果使他在當地聲名大噪，成為人人皆知的人物，而更重要的是，這件事使他的信心增加了千百倍。他現在很明白，如果他不是在那次比賽中得勝，他恐怕一輩子進不了美國參議院，因為這件事使他打開了眼界，擴展了他的視野，使他明白自己擁有以前甚至不敢妄想的潛在能力。不過，最重要的是，那場演講比賽第一名的獎品，是中央師範學院為期一年的獎學金。

那時，他渴望多受一點教育。因此，在以後幾年當中——西元 1896 年至 1900 年——他把他的時間分為教學和學習兩部分。為了支付他在德堡大學的費用，他曾經當過餐館侍者，看過鍋爐剪過草，記過帳，暑假在麥田和玉米田工作過，並在公路工程中挑過石子。

在西元 1896 年（當時他只有十九歲）時，他發表過二十八場演說，呼籲人們投票選舉威廉．詹寧斯．布萊恩為總統。為布萊恩競選的那份興奮情緒，引起了他自己步入政治圈的興趣。因此，他進入德堡大學之後，就選修法律和公開演說兩門課程。在西元 1899 年，他代表學校參加和巴特勒學院的辯論賽，比賽是在印第安那州波利斯市舉行，題目為《美國參議員是否應由大眾選舉》。他另外又在一場演講比賽中獲勝，成為班刊和校刊的總編輯。

從德堡大學獲得學士學位之後，他接受何瑞斯．葛裡黎的建議——他沒到西部去。他向西南方而去。他來到一個新地方——奧克拉荷馬。在基俄革、康曼奇、阿帕奇印第安人的保留區公開放領之後，他也申請了一塊土地，在奧克拉荷馬的羅頓市開設一家法律事務所。他在州參議院服務了十三年，在州下議院四年，當他五十歲那年，他終於達成了他一生中的最大願望：從奧克拉荷馬被選入美國參議院。從 1927 年 3 月 4 日起，他一直服務於該職。自奧克拉荷馬和印第安區成為奧克拉荷馬州之後，他一直受到該州自由黨的光榮提名——先是州參議院，然後是州議會，最後則是美國參議院。

想當初，在他穿著父親的舊衣服，以及那雙幾乎要脫落的大鞋子時，那種煩惱、羞怯、自卑幾乎毀了他的一生。然而，改變自己命運的，不是別人，正是他自己啊。

具有自卑心理的人，總是過多地看重自己不利和消極的面，而看不到有利、積極的一面，缺乏客觀全面地分析事物的能力和信心。這就要求我們努力提高自己透過現象看本質的能力，客觀地分析對自己有利和不利的因素，尤其要看到自己長處和潛力，而不是妄自嗟嘆、妄自菲薄。

貝多芬和安古羅西昔連諾的故事

在通向成功的人生道路上，自卑雖然是一個嚴重的心理缺陷，但如果能戰勝這個心理缺陷，肯定會開創出一片更精彩的天地。從這種意義上來說，自卑則是一種動力。貝多芬的一生幾近絕望，但他有堅強的性格，不自嘆自卑，具有對挫折的忍受力，在艱難的遭遇中百折不撓地生存著，並且為世人創造了奇蹟。他的聽覺從小就有缺陷，20 歲開始影響正常生活，28 歲時，聽力已經嚴重受損。又過了四年，他的聽力逐漸下降，只能靠聽筒聽樂隊的聲音。就在這時候，他寫出了美妙的第二交響曲。後來，他的耳朵全聾了，但他不向命運屈服，又寫出了英雄交響曲、月光交響曲和第五交響曲。在他喪失聽力 25 年之後，寫出了第九交響曲。

貝多芬的成功就在於他能把自卑化為強大的動力。

一個人有缺點是很正常的，但一定要意識到自己的缺點，不能因缺點而產生自卑感，而應該設法補償自己的缺陷，從而獲得成就。

海倫創造的奇蹟

海倫凱勒（Helen Adams Keller）剛出生時，是個正常的嬰孩，能看、能聽，也會咿呀學語。可是，一場疾病使她變成又瞎又聾的小啞巴——那時她才 19 個月大。生理的劇變，令小海倫性情大變。稍不順心，她便會亂敲亂打，野蠻地用雙手抓食物塞入口裡；若試圖去糾正她，就會在地上打滾亂嚷亂叫，簡直是個十惡不赦的「小暴君」。父母在絕望之餘，只好將她送至波士頓的一所盲人學校，特別聘請一位老師照顧她。所幸的是，小海倫在黑暗的悲劇中遇到了一位偉大的光明天使——蘇利文女士（Anne Sullivan Macy）。蘇利文女士也是位有著不幸經歷的女性。她 10 歲時，和弟弟兩人一起被送進麻省孤兒院，在孤兒院的悲慘生活中長大。

由於房間緊缺，幼小的姐弟倆只好住進放置屍體的太平間。在衛生條件極差又貧困的環境中，幼小的弟弟 6 個月後就夭折了。她也在 14 歲得了眼疾，幾乎失明。後來，她被送到帕金斯盲人學校學習點字和手語，便做了海倫的家庭教師。從此，蘇利文女士與這個蒙受三重痛苦的女孩的鬥爭就開始了。洗臉、梳頭、用刀叉吃飯都必須一邊和她格鬥一邊教她。固執己見的海倫以哭喊、怪叫等方式全身反抗著嚴格的教育。然而最終，蘇利文女士究竟如何以一個月的時間就和生活在完全黑暗、絕對沉默世界裡的海倫溝通的呢？答案是這樣的：自我成功與重塑命運的工具是相同的——信心與愛心。

關於這件事，在海倫凱勒所著的《我的一生》一書中，有感人肺腑的深刻描寫：一位年輕的復明者，沒有多少「教學經驗」，將無比的愛心與驚人的信心，灌注入一位全聾全啞的小女孩身上——先透過潛意識的溝通，靠著身體的接觸，為她們的心靈搭起一座橋。接著，自信與自愛在小海倫的心裡產生，使她從痛苦的孤獨地獄中拯救出來，透過自我奮發，將潛意識那無限能量發揮，步向光明。就是如此：兩人手攜手，心連心，用愛心和信心作為「藥方」，經過一段不足為外人道的掙扎，喚醒了海倫那沉睡的意識力量。

一個既聾又啞且盲的少女，初次領悟到語言的喜悅時，那種令人感動的情景，實在難用筆述。海倫曾寫道：「在我初次領悟到語言存在的那天晚上，我躺在床上，興奮不已，那是我第一次希望天亮 —— 我想再沒其它人，可以感覺到我當時的喜悅吧。」仍然是失明，仍然是聾啞的海倫，憑著觸覺 —— 指尖去代替眼和耳 —— 學會了與外界溝通。她 10 多歲一點時，名字就已傳遍全美，成為身障人士的模範。西元 1893 年 5 月 8 日，是海倫最開心的一天，這也是電話發明者貝爾（Alexander Graham Bell）博士值得紀念的一日。

貝爾博士這位成功人士在這一日成立了他那著名的國際聾人教育基金會，而為會址奠基的正是 13 歲的小海倫。若說小海倫沒有自卑感，那是不確切的，也是不公平的。幸運的是她自小就在心底樹立了顛撲不滅的信心，完成了對自卑的超越。小海倫成名後，並未因此而自滿，她繼續孜孜不倦地接受教育。1900 年，這個 20 歲的女孩，學習了手語、點字及發聲，並透過這些手段獲得超過常人知識的女孩，進入了哈佛大學拉德克利夫學院學習。

她說出的第一句話是：「我已經不是啞巴了！」她發覺自己的努力沒有白費，興奮異常，不斷地重複說：「我已經不是啞巴了！」4 年後，她作為世界上第一個受到大學教育的盲聾啞人，以優異的成績畢業。海倫不僅學會了說話，還學會了用打字機著書和寫稿。她雖然是位盲人，但讀過的書卻比視力正常的人還多。而且，她寫了 7 本書；比「正常人」更會鑒賞音樂。海倫的觸覺極為敏銳，只需用手指頭輕輕地放在對方的唇上，就

能知道對方在說什麼；把手放在鋼琴、小提琴的木質部分，就能「鑒賞」音樂。她能以收音機和音箱的振動來辨明聲音，又能夠利用手指輕輕地碰觸對方的喉嚨來「聽歌」。

如果你和海倫凱勒握過手，5 年後你們再見面握手時，她也能憑著握手來認出你，知道你是美麗的、強壯的、體弱的、滑稽的、爽朗的、或者是滿腹牢騷的人。這個克服了常人「無法克服」之殘疾的「造命人」，其事蹟在全世界引起了震驚和讚賞。她大學畢業那年，人們在聖路易博覽會上設立了「海倫凱勒日」。她始終對生命充滿信心，充滿熱忱。她喜歡游泳、划船，以及在森林中騎馬。她喜歡下棋和用撲克牌算命；在下雨的日子，就以編織來消磨時間。海倫凱勒，身為一個三重身障人，憑著她那堅強的信念，終於戰勝自己，體現了自身價值。她雖然沒有發大財，也沒有成為政界偉人，但是，她所獲得的成就比富人、政客還要大。第二次大戰後，她在歐洲、亞洲、非洲各地巡迴演講，喚起了社會大眾對身障者的注意，被《大英百科全書》稱頌為有史以來身障人士最有成就的代表人物。

對此，美國作家馬克吐溫評論說：「19 世紀中，最值得一提的人物是拿破崙和海倫凱勒。」身受盲聾啞三重痛苦，卻能克服它並向全世界投射出光明的海倫凱勒及其很好的理解者蘇利文女士的成功事蹟，說明了什麼問題呢？一個不「信」任自己「心」靈力量的人，不懂愛護自己，未能推己及人，徒然耳能聽、目能見，也不會有什麼成就；海倫凱勒既盲且聾，但她「信」任自己的「心」靈力量，愛護自己，推己及人，於是，她的「心眼」亮了，「心耳」開了，創造了物質的財富也創造了心靈財富。

辦事之前要堅信成功

美國散文家、詩人愛默生說：「如果不去貫徹執行，好的想法無異於一個好的夢想。」這句話告訴人們，如果要獲得成功就要努力去做。每當人們想要去完成某件事時，決心是十分重要的。如果你下定決心，看起來好像應該不會有什麼問題了，因為你真的要去做了，情況將會不同於以往。比如你下定了決心要減肥，不惜血本買下了高級的卡路里消耗計算器，買了大量的新鮮水果和蔬菜，甚至加入了瑜珈班，買好了讓你能充分發揮效率的運動衣，你投入很多。看起來，你就會達成自己的目標。

清晨早早起床，來上一碗燕麥粥，外加半杯果汁和一杯減肥茶。隨後，你完成了瑜珈班規定的活動，感覺良好地回到了家裡。但是，隨著時間一天天的過去，效果並不理想。你感到熱情開始減退，起初還不明顯，但幾週過後你的意志便消磨得差不多了。到最後，你實在不願再折騰自己了，於是，你的飲食起居習慣便又依然故我。你努力的每一次失敗，都會在你心靈深處進一步加深，即未來可能還會失敗的想法。

最終的結果是一切努力都失敗了——根本的原因是人們從一開始就期待著失敗，不管其內心是否願意承認。真正的自信實際上是成功的渴望。渴望的熱情在你的人生中能激發出極大的能量，但它無法取代使命感。

當你獻身於某一目標時，你必須百分之百地相信你能實現這一目標。使命感只有兩種趨向，要麼是執著，要麼是放棄，兩者之外沒有其他，你不可能既對某一事業有一定的獻身精神，同時又有其他的想法。正是成功者心目中強烈的獻身精神使他們永不放棄，使他們身處逆境卻不失信念和毅力，因為他們知道自己最終能取得成功。

觀察一下自己熱衷的事情或對你的親人及你愛的人的獻身精神，想像一下當他們身處逆境時如何幫助他們——那是一種堅強的感情。成功所需要的正是這種自信的感情和獻身精神。

命運操縱在你手中

生活中，命運的可怕正在於它毫無軌跡可循的「不確定性」。

每個人都握著失敗的種子，也都握著偉大的潛能。

在古老的歐洲有一則寓言：在義大利威尼斯城的小山上，住著一位智慧老人，他能回答任何人的問題。當地的兩個小孩想要愚弄一下這位老人，他們捉了一隻小鳥，就去找他。見到智慧老人，一個小孩手裡握著那只小鳥就問：「您是無所不知的智慧老人，那您知道嗎，我手上的小鳥，是死的還是活的？』老人不假思索地說：「孩子，如果我說鳥是活的，你就會攥緊你的小手把它捏死；如果我說鳥是死的，你就會把手鬆開讓它飛走。你知道，你的手掌握著這隻鳥的生死大權。」

這個故事不帶絲毫渲染，但它給了我們一個偉大的啟示：我們的命運就掌握在我們自己的雙手之中。這也正如哲學家沙特（Jean-Paul Sartre）所說：「一個人的命運就操縱在他自己的手中。」

有數以百萬計的人相信自己注定要貧窮和失敗，因為他們相信，有一些奇異的力量是無法控制的。其實，他們就是自己這些「不幸」的製造者，他們並非沒有致富的機會與能力，恰恰相反，很多人擁有優越的致富環境與條件，然而他們卻缺乏致富的勇氣與信心。因為他們心中存在著消極的信念，這種信念為潛意識所接受，然後被轉變為事實。現在我們可以確切地向你暗示：為了使你自己能夠致富與成功，你可以把你的希望轉變為事實或金錢價值的任何欲望，進入你的潛意識；而且只要你使自己處於盼望和自信的狀態中，這種轉變的過程就會自動發生。你的信心或信念，正是決定你的潛意識行動的主要因素；只要你是經由自我暗示的過程向潛意識下達命令，那麼沒有任何事情能夠阻止你「欺騙」你的潛意識。

一個人三十歲以前，大多數是不會相信命運的。他們用最大的勇氣去面對生活，用最堅決的行動去追求財富，也用他們最刻薄的話語去嘲笑那些討厭的相士和預言家們，使之感到非常難堪。如果有人要跟他們談論命運，他們也會笑而不答，不把這些預言放在眼裡。

但一過了三十歲，他們的觀念就變了，過多的負面的心理暗示給他們帶來的，是猶豫和困惑：很多人漸漸相信起命運來。他們認為人間有個主宰，在冥冥之中掌握著人們的命運，使他們順利，也使他們失敗；使他們歡樂，也使他們悲哀；使他們飛黃騰達，也使他們一敗塗地！這個在冥冥之中的主宰，照一般的說法，就是命運！

我們知道有人過著真正自由的生活，但並不是因為他富有，也不是因為他有個好伴侶，更不是因為有什麼魔力能保證他把自己生活中的任何事都做好。而是因為這種人擁有一種比最貴重的珠寶還有價值的禮物：他是自己命運的主人。

要知道幸運女神不願摟抱那些遲疑不決、懶惰、相信命運的懦夫。我們不信宿命，我們要堅信：我們能夠改善自己的命運，能成為最幸運的人。

行為端正才有自信

拿破崙·希爾講述了他的一次親身經歷：「幾年前的某一天，我正批閱學生的考卷。一位叫保羅的學生的試卷令我困擾。保羅在以前的幾次討論與測驗中顯示的實力比這份試卷要好得多，我認為他在課程結束時會名列前茅。可是，他的試卷顯然會使他的成績降低。碰到這種情況，我照例叫祕書

請他來跟我談談。不多久保羅來了。他看起來好像剛做了一場可怕的夢。

等他坐定，我便對他說：『保羅，你是怎麼啦？這實在不是你該有的成績。』保羅顯出內心的掙扎，兩眼看著自己的腳回答：『先生，當看到你瞧見我在作弊以後，我都要崩潰了，根本無法集中精神去做任何事。老實說，這是我在大學第一次作弊。我想無論如何一定要得到甲等的成績，所以暗地裡偷看了一本參考書。』他極度的沮喪。但是他既然已經講出來了，就會接著說下去。

『我想你一定會要我退學，因為任何欺騙行為都會被學校開除。』保羅又訴說這次事件會給他的家庭帶來恥辱，會毀了他的一生，以及其他種種不良後果。最後我說：『停一下，先聽我解釋，我並沒有看到你作弊。在你進來談話前，我根本不知道這就是問題所在。你這種行為實在令人遺憾。』然後我繼續說：『保羅，告訴我，你到底想要從大學生活裡學到什麼？』

他現在比較冷靜了，停了一會兒說：『我想我最終的目的是學習如何生活，但是我想我敗得很慘。』我告訴他：『我們可以透過各種方式來學習。我想你一定能夠從這次經驗中學到真正成功的教訓。』

『當你作弊時，你的良知嚴重困擾你，使你有罪惡感。這種罪惡感摧毀了你的信心。就像你所說的，你都要崩潰了。』

『保羅，人們判斷是非多半是根據道德或宗教的觀點。我現在並不是要跟你說教，教你明辨是非，可是我們來看它實際的一面。當你做任何違反良心的事情時，罪惡感就會阻礙你的思考過程，使你無法順暢地思考，因為你內心會不時地問：『我會不會被逮住？我會不會被逮住？』

『保羅，』我繼續說：『你是這樣迫切要得甲等的成績，才作出違背良知的事來。同樣地，在你一生中，也會遇到許多你迫切想要獲得甲等成就的情況，而試圖去做一些有違良心的事來。例如，有一天你因迫切地想促成一項交易，而不擇手段地誘使客戶掏腰包。這樣做，成功的機會可能很大，但會產生什麼後果呢？罪惡感纏住你，等你再碰到這位顧客時，你會感到很不自在，懷疑他是否發現你已做了手腳。你的表現也因為心神不定而亂成一團，很可能就無法再做第二、第三、第四筆不斷而來的生意。結果，使用詐術做成的生意反而擋了許多財路。』

我繼續告訴保羅，一位曾經顯赫一時的社交名流，因為深深恐懼他的太太會發現他有外遇而心神不定。結果恐懼銷蝕他的信心，什麼事都做不好。我也提醒保羅，許多犯人被捕，並不是因為留下什麼線索，而是他們表現出有罪的樣子。他們的罪惡感使他們列入嫌疑犯的名單。

我們每一個人都有向善的意願。當我們違背這種意願時，就等於把癌細胞放進自己的良知，吞噬信心，並逐漸蔓延。因此，要避免去做任何會使你自問『我會被逮住嗎？他們會發現嗎？我能擺脫嗎？』的事情。絕不要為了得到甲等的成績而破壞自己的信心。

我很高興的要在此指出，保羅此時已經了解正當行事的實際價值了。我建議他坐下來重考。然後回答他擔心的會被退學的問題。我說：『我很清楚校方的規定。但如果我們把用各種方法作弊的學生全部都開除，就有一半的教授跟著失業。如果把所有有作弊念頭的學生全部開除，學校就要關門了。所以，如果你幫我一個忙，我就會忘掉這件事情。』

『我很樂意。』他說。我走到書架旁取出一本《金科玉律伴我五十年》說：『保羅，把這本書讀完再還我，看看作者是怎樣靠正當行事而成為美國最富有的人物之一。』」

拿破崙．希爾告訴我們「行事正當」能使你的良知獲得滿足，因而建立自信。「行事出軌」會導致兩種消極的結果：第一，罪惡感會腐蝕我們的信心。第二，別人遲早會發現而不再信任我們。

充分展示你的自信心

可以毫不誇張地說這個世界是由自信心創造的。世界上有 2/3 的人營養不良，病情差別只是程度不同。同樣地，世界上信心不足的人也有 2/3，對人生的影響也是有著程度上的不同。營養不良，使人的身體無法正常發育；信心不足，則使人的才能無從發揮。

讓自己充滿自信，並不斷提升自信，這才是你一生最重要的事業。你要相信自己，你要對自己的能力有信心！

《艾子雜說》中講到一則寓言：

一天，龍王與青蛙在海濱相遇。打過招呼後，青蛙問龍王：「請問大王，你的住處是怎麼樣的？」

龍王說：「珍珠砌築的宮殿，貝殼築成的闕樓，屋簷華麗而有氣派，廳柱堅固而又漂亮。」龍王說完，問青蛙的住處如何。

青蛙說：「我的住處綠鮮似氈，嬌草如茵，清泉沃沃，白石映天。」說完，青蛙又向龍王提出了一個問題：「大王，你高興時如何？發怒時又怎樣？」

龍王說：「我若高興，就普降甘露，讓大地滋潤，使五穀豐登。如果發怒，就先吹風暴，再發霹靂，繼而打閃放電，叫千里以內寸草不留。那麼，你呢？青蛙！」

青蛙說：「我高興時，就面對清風朗月，呱呱叫上一通。發怒時，先瞪眼睛，再鼓肚皮，最後氣消肚癟，萬事了結。」

青蛙在龍王面前，表現了自己充分的自信：龍宮固然美麗奢華，我青蛙居所也別具一格；龍王可以喜怒隨己，青蛙也能任性自由，可謂不卑不亢。只有心靈健全、不自卑的人，才能切實地做到這樣。

在現實生活中，往往有的人不惜降低自己的尊嚴，去逢迎那些在某一點上比自己強的人，哪怕被逢迎者傲慢無禮地譏諷。這種「卑己而尊人」的行為實在是徹底的自輕自賤，對自己危害無窮。

堅信自己是正確的

小澤征爾是日本著名的指揮家。

一次，他到國外參加音樂大賽。決賽時他被排在最後一個出場。輪到他上場時，評委交給他一張樂譜，他全神貫注地指揮樂隊。演奏過程中，他突然聽到樂隊中出現了一點不諧之音。「可能是某個樂手演錯了。」於是，他果斷地要求樂隊停下。

重新演奏後，他仍感覺不對勁。「難道是樂譜出現了問題？可是，在場的作曲家和評委們可都是權威人士啊！」他心裡想。

又一次演奏後，他堅信自己的判斷是正確的！

於是他大聲地說：「一定是譜有問題！」話音剛落，評委們全體起立，向他報以最熱烈的掌聲，小澤征爾是大賽的最終獲勝者！

原來，評委們故意把樂譜上的一個音符弄錯，以考驗他的敏銳力。

自信是成功的第一要素。所以哲人說：「除了人格之外，人生最大的損失莫過於失掉自信了。」

勇於自嘲也是一種自信

自嘲，即自我嘲弄。然而醉翁之意不在酒。表面上是嘲弄自己，而潛臺詞卻另有韻味，因此，自嘲在交談中具有特殊的表示功能和使用價值。那麼，在何時，如何運用好自嘲的幽默口才呢？這需要具體分析和掌握。

第八章　心寬讓自信打開成功之門

有時候，人們為了忠誠於自己的事業，就要學會用自嘲的方式來回答別人的不解。

著名學者錢鍾書先生，他學貫中西，睿智過人，不必說他的小說《圍城》中那些俯拾皆是的絕妙比喻，就是在一些純學術著作中，他也是以一種輕鬆有趣的筆法來行文。讓人讀起來絲毫不覺得枯燥乏味。據說《圍城》出版後，有個記者非常想採訪一下錢鍾書。

錢先生對他說：「您吃了一個雞蛋，覺得味道很好，這就行了，幹嗎還非得要見那個下蛋的母雞呢？」把自己的作品比作雞蛋，把自己比成下蛋的母雞，真是典型的錢鍾書式的幽默。

錢鍾書運用的方法實際上就是「拿自己尋開心」——自嘲，看似不經意的三言兩語，反映出的其實是一種淡薄寧靜的人生境界。在很多時候，適度的自嘲能夠化被動為主動，有的時候自嘲甚至能為你博得意想不到的掌聲。

在表示感激和謙虛的態度時，可以運用自嘲。在遇到尷尬，破解困境時，也可運用自嘲的口才技巧。

某次，柏林空軍軍官俱樂部舉行一場盛大的招待會，主賓是有名的烏德特（Ernst Udet）將軍。敬酒時，一位年輕的士兵不小心將啤酒灑到了將軍光亮的禿頭上，士兵嚇得魂不附體，手足無措，全場人目瞪口呆，面對顫抖的士兵，烏德特微笑著說：「老弟，你以為這種治療會有效嗎？」在場的人聞言都大笑起來，難堪的局面即刻被打破，大家又進入到了愉快的酒宴當中。

當別人有事求你，你想拒絕又不便明言時，運用自嘲的口才表達方式委婉拒絕，即能表達了自己的拒絕意圖，又使對方容易接受。

有一次，林肯在某個報紙編輯大會上發言，指出自己不是一個編輯，所以他出席這次會議，是很不相稱的。

為了說明他最好不出席這次「會議的理由」，他給大家講了一個小故事：

「有一次，我在森林中遇到了一個騎馬的婦女，我停下來讓路，可是她也停下來，目不轉睛地盯著我的面孔看。」

她說：「我現在才相信你是我見到的最醜的人。」

我說：「你大概講對了，但是我又有什麼辦法呢？」

她說：「當然，你已生就這副醜相是沒有辦法改變的，但你還是可能待在家裡不要出來嘛！」

大家為林肯幽默的自嘲而啞然失笑。

在交談中，當對方有意無意地觸犯了你，把你置於尷尬處境時，借助自嘲擺脫窘境，不失為一種恰當的選擇。

1950年代初，美國總統杜魯門（Harry S. Truman）會見十分傲慢的麥克阿瑟將軍，會見中，麥克阿瑟拿出煙斗，裝上煙絲，把煙斗叼在嘴裡，取下火柴，當他準備劃燃火柴時，才停下來，對杜魯門說：「抽煙，你不會介意吧！」

顯然，這不是真心徵求意見，在他已經做好抽煙準備的情況下才發問的，如果此時總統說他介意，那就會顯得粗魯和霸道。

這種缺少禮貌的傲慢言行使杜魯門有些難堪，然而，他看了麥克亞瑟一眼，自嘲道：「抽吧，將軍，別人噴到我臉上的煙霧，要比噴到任何一個美國人臉上的煙霧都多。」

由此可見，當令人難堪的事實已經發生，運用自嘲，能使你的自尊心透過自我排解的方式受到喜愛，並且，還能體現出言者的大度胸懷。

適時適度地自嘲，不失為一種良好修養，一種充滿魅力的交際技巧。

自嘲，能製造寬鬆和諧的交談氣氛，能使自己活得輕鬆灑脫，使人感到你的可愛的人情味，有時還能更有效地維護面子，建立起新的心理平衡。

人際交往中身在高位者或大明星們，與人打交道容易讓人感到有架子。可能是因為他人過於緊張、有壓力，也可能是這些人還沒有摸著與普通人相處的竅門。一般而言，身為名人開開自己的玩笑，可以緩解他人壓力，還能讓一般人覺得有人情味，和普通百姓一樣，從而讓人心裡舒坦。

力求個性化、形象化並學會適當的自嘲，往往可以使自己說話變得有趣起來。幽默力量能認同幽默的事物。因此真正偉大的人物會笑自己，也鼓勵別人和他一起笑。他們以與人分享人性來給予並獲得，你也能做到！

笑自己的長相或笑自己做得不甚漂亮的事情，會使你變得較有人性。如果你碰巧長得英俊或美麗，試試你的其他缺點。如果你真的沒有什麼缺點就虛構一個，缺點通常不難找到。如果你的特點、能力或成就可能引起他人的妒忌甚至畏懼，那麼，試著去改變這些不好的看法。例如，你可以說一句妙語：「世界上沒有一個人是完美的，我就是最好的例子。」你以取笑自己和他人一起笑，會幫助他人喜歡你，尊敬你，甚至欽佩你，因為你的幽默力量證明你有人性。

「我喜歡你」導致「我了解你」，進而「我相信你」。於是，你最後達到的目標便是信任。當別人信任你時，你便能影響他們，使他們鞭策自己去發展他們的潛能。這也正是每一個人在與人溝通時、積極向上時的最終目標。

人們在有些時候因某些事不盡如人意而煩惱苦悶，說出去必會惹人笑話，運用自嘲，即可寬慰自己，又能避免別人笑話，可謂一舉兩得。

置身於難堪境地時，如果過分掩飾自己的失態，反而會弄巧成拙，使自己越發尷尬。而以漫不經心，自我解嘲的口吻說幾句了取悅於人的話，卻可以活躍氣氛，消除尷尬。

美國作家傑斯塔爾德是個大胖子，大概行動起來，是「入也趟不動，出也不能夠爬」。他也像羅姆洛，不以矮為恥。「願生生世世為矮人」一樣，也不以胖為恥。

有次他對朋友自嘲說：「我是個比別人親切三倍的男人，每當我在車上讓座給女士時，我的一個座位足可以讓三個女士坐下。」

輕鬆愉快的自嘲，但同時不正是他高度的自信和十足的智慧的表現嗎？

此外，自嘲要避免採取玩世不恭的態度，要具有積極的自嘲，要表達出自嘲者強烈的自尊心、自愛。自嘲不過是他採取的一種貌似消極、實為積極的促進雙方交談方向轉化的手段而已。

自嘲運用得好，可以使交談平添風采，如果用不好，會使對方反感，造成交談障礙。

自嘲要審時度勢，相機而用，不宜到處亂用。比如對話答辯、座談討論、調查訪問等，就不宜使用自嘲。

做最適合你的職業

為什麼有人會哀嘆工作的不幸和人生的無聊呢？他們正從事著與自己的志趣個性相衝突的職業或許是一個最重要的原因吧。如果你所選擇的職業不適合你，那就不可能有奇蹟出現，不但不會有成功，而且它甚至還會剝奪你人生的樂趣。但是，如今的很多青年大多沒有考慮到這一層關係，他們往往喜歡做其他人看來很體面的工作，至於工作本身的特點倒不在他們的考慮之內。

不知有多少人因為只考慮到工作的體面而斷送了一生的幸福，他們以為體面的工作肯定是成功的捷徑，而不管自己的性格、才學是否與之相稱，他們完全不懂得成功的真正意味。

如果你認為自己在某種事業上缺乏足夠的才能，那麼還是放棄這種事業為好。否則，你一生的結局一定是後悔和失望。

其實，選擇職業是一件頗費周折的事情，在決策之前，必須先剖析自己的才能與志趣，要深思熟慮地加以考察，職業的選擇都要與自己的志趣相合，而且自覺確實能勝任，這才算得上是選擇了最適合自己的職業。

年輕人一旦選擇了真正感興趣的職業，工作起來也會特別賣力，總是精力充沛，而絕不會無精打采、垂頭喪氣。同時，一份合適的職業還會在各方面發揮自己的才能，並使自己迅速地進步。

一旦你決定要從事某種職業時，就要立即打起精神，不斷地勉勵自己、訓練自己、控制自己，只要有堅定的意志、永不回頭的決心，不斷地向前邁進，做任何事情都有成功的希望。

在選擇職業時，你固然要對某些問題深思熟慮：自己是否能勝任？是否真的有興趣？但當你作出決定後，就不能再三心二意了。你必須集中所有的勇氣和精神全力以赴，你要不斷鼓勵自己，要有與一切艱難險阻作鬥爭的勇氣，要不怕吃苦、不怕碰壁，更要遠離對失敗的恐懼。

任何職業只要與你的志趣相投，你就絕不會陷於失敗的境地。但是，在工作的過程中，有人常常容易受到外界的誘惑，受制於自己的欲望，便把全部精力放在不好的勾當上去了。像這樣的人，怎能期望成功會降臨到他的頭上呢？

還有很多人，很難從工作中找到樂趣：在工作時整天沒精打采，毫無熱情，他們怨嘆工作的不幸和人生的無聊。為什麼他們會這樣悲觀呢？主要是因為他們正從事著與自己的志趣個性相衝突的職業。

也許，有的工作是你喜歡的。但有時儘管你全身心地投入，換來的依然是既與煩悶，原因就在於你並不具備從事這份工作的能力。所以，在職業的選擇上，你必須根據自己的能力輔以興趣，量力而行。

小惠最初學的是財會專業，在二十六歲那年她考上了註冊會計師，成為她那家會計師事務所裡當時最年輕的會計師。日子過得很順利，小惠也很喜歡自己的工作。後來，她的一個朋友推薦她去一家商貿公司做人事經理，禁不住高薪的誘惑，小惠也想給自己換個全新的環境，就去了。

但是在做經理的那段日子，小惠卻覺得十分苦悶，原因倒不在於業務的繁重，而是內部管理工作。對小惠而言，與同事在一起她始終無法將自己放到管理者的位置，或許，這便是小惠的弱點，不善於管理人、支配人，尤其是對待熟悉的人。與「管理」相比，小惠更願意與他們合作。但是有些人、有些事缺乏管理是不行的，她的職位也要求小惠拿出足夠的威嚴。但是讓小惠備感為難的是自己總不習慣於發號施令，可是無論自己怎麼叮囑自己也沒用。因而，在有些時候，為了避免麻煩，不想讓別人難堪和為難，小惠便自己接下工作。但這樣一來，不僅影響了正常的工作程式，對於小惠自己而言也增加了不少沉重的負擔。

在經過幾番努力，小惠發覺自己依然缺乏領導能力，即便參加管理培訓也沒什麼改變後，小惠放棄了這份工作，依然做回自己的老本行——註冊會計師去了。

其實，事實就是這樣。在你對自己的能力沒有弄清之前，便貿然地去做自己所不擅長的工作，「楚材晉用」的結果是你對自己的能力產生懷疑。記住，你喜歡的不一定是你所擅長的，如果你根本就做不了這類工作，勉強自己的結果必然只能是產生痛苦。還是做你擅長的工作吧，在你

將一切事情都處理得井然有序時，你會對自己有個較高的評價，在你的才能得以完全展示的同時，你也為自己贏得了他人的肯定。

其實你應該想到，真正適合你的職業應該是能夠表現你的個性與天賦的。如果你找到了這個工作，你就找到了適合自己的位置，那麼工作本身就會充分而全面地調動你的才能。

可能的話，盡量選擇那種可以最大限度地利用現有經驗並與自己的個性愛好相吻合的行業。這樣，你不僅會擁有一份得心應手的工作，還可以充分發揮已有的知識和技能，而這才是最有效地利用你自己的資本。

此時，自信也會悄然而至的。

為明天夢想更精彩

沒有人不希望自己會越來越好的。對美好明天的堅信和不懈追求是人們承受近日的困苦和勞作，咬牙堅持的原動力。

對於世界最有貢獻、最有價值的人，必定是那些目光遠大，具有先見之明的夢想家。他們能運用智句和知識，來為人類造福，把那些目光短淺，深受束縛和陷於迷信的人拯救出來。有先見之明的夢想者，還能把常人看來做不到的事情逐個變為現實。有人說，想像力這東西，對於藝術家、音樂家和詩人大有用處，但在實際生活中，它的位置並沒有那樣的顯赫。但事實告訴我們：凡是人類各界的領袖都做過夢想者。無論工業界的巨頭，商業的領袖。都是具有偉大的夢想、並持以堅定的信心、付以努力奮鬥的人。

馬可尼（Guglielmo Marconi）發明無線電，是驚人夢想的實現。這個驚人夢想的實現。使得航行在驚濤駭浪中的船隻將要遭受災禍時，便可利用無線電，發出求救信號，因此拯救千萬生靈。

電報在沒有被發明之前，也被認為是人類的夢想，但摩斯（Samuel Finley Breese Morse）竟使這夢想得以實現了。電報一經發明，世界各地消息的傳遞從此變得是多麼的便利。

史蒂芬生（George Stephenson）以前是一個貧窮的礦工，但他製造火車機車的夢想也成為了現實，使人類的交通工具大為改觀，人類的運輸能力也得以空前地提高。

勇敢的羅傑斯先生駕著飛機，實現了飛越歐洲大陸的夢想。橫跨大西洋的無線電報是費爾特夢想的實現，這使得美歐大陸能夠密切聯絡。這許多功成名就者能夠擁有驚人的夢想，部分應歸功於英國大文豪莎士比亞，是他教人們從腐朽中發現神奇，從平常中找到非常之事。

人類所具有的種種力量中，最神奇的莫過於有夢想的能力。假如我們相信明天更美好，就不必計較今天所受的痛苦。有偉大夢想的人，就是面對銅牆鐵壁，也不能阻擋住他前進的腳步。

一個人假如有能力從煩惱、痛苦、困難的環境，轉移到愉快、舒適、甜蜜的境地，那麼這種能力，就是真正的無價之寶。如果我們在生命中失去了夢想的能力，那麼誰還能以堅定的信念、充分的希望、十足的勇敢，去繼續奮鬥呢？美國人尤其喜歡夢想。不論多麼苦難不幸、窮困潦倒，他們都不屈從命運，始終相信好的日子就在後面。不少商店裡的學徒，都幻想著自己開店鋪；工作中的女工，幻想著建一個美好的家庭。

像別的能力一樣，夢想的能力也可以被濫用或誤用。假如一個人整天除了夢想以外不做別的事情，他們把全部的生命力，花費在建造那無法實現的空中樓閣，那就會禍害無窮。那些夢想不僅勞人心思，而且耗費了那些不切實際夢想者擁有的天賦與才能。要把夢想變成事實，需靠我們自己的努力。

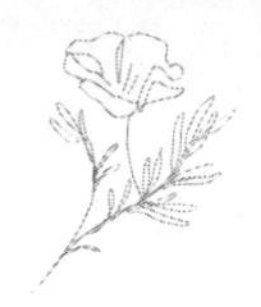

在所有的夢想中，造福人類的夢想最有價值。約翰·哈佛（John Harvard）用幾百元錢創辦了哈佛學院，就是後來世界聞名的哈佛大學，這是一個最好的例子。人只有具有了這些幻夢，才可能有遠大的希望，才會激發人們內在的智慧，增強人們的努力，以求得光明的前途。

僅有夢想還是不夠的。有了夢想，同時還需要實現夢想的堅強毅力和決心。如果徒有夢想，而不能拿出力量來實現願望，這也只是一種空想。只有那實際的夢想——夢想的同時輔之以艱苦的勞作、不斷地努力，那夢想才有巨大的價值。

推銷員如何戰勝自卑，樹立信心

在這個世界上有許多人，他們以為別人所有的種種幸福不屬於自己；以為自己不配有；以為自己是不能與那些「命運特佳」的人相提並論的。然而他們不明白，這樣的自卑自抑、自我抹殺會大大縮減自己的生命。

自信心是比金錢、勢力、家世、親友更有價值的要素，它是人生最可靠的資本，它能使人克服困難，排除障礙，不畏冒險。對於一個人事業的成功，它比什麼東西都更有效。

要想念你是最重要的人。你了解自己的能力、體力、智慧及心靈的力量，如善加運用，就能開創富足，充實人生。了解真正的自己是可貴的發現。發掘內在最大的本有，一切都操之於已；克服恐懼、憂慮與懷疑，引導自己在所屬的領域獲得成功。

找一個安靜的地方，盡量誠實地評估自己所處的地位和環境。如果對現狀不滿意，不要找藉口歸咎於別人。客觀地找出在生活和工作中最想得到的明確且具體的事物，把這些定為近期及長期的目標。整理你的思緒，評估你的抱負與欲望。在忙碌、嘈雜的世界中，你最需要的就是信心。

信心是一種積極的態度，是靈魂偉大的源泉，能讓你完成計畫、實現目標、達到目標。

有一句古老的推銷格言說：「一項成功的推銷要使你的推銷對象對你、你的公司和你的產品樹立起一定的信心。如果一個買主能在以上三個方都形成一定的信任的話，交易成功自然就是水到渠成了。」

可是，如何才能表現出你的自信呢？

自信的人必須有乾淨的外貌，樂觀的精神，彬彬有禮的氣質。你必須衣著整齊，挺胸抬頭，笑容可掬，禮貌周到，對任何人都親切有禮，細心應付。這樣一來，就容易使客戶喜歡你，從而進一步增強你的自信。

開始時信心百倍容易，可應該如何在推銷事業中保持下去呢？我們都知道，當你滿腔熱情地敲開客戶家門時，卻受到客戶的冷言冷語，甚至是無理辱罵，這樣你的自信就很容易動搖。

怎麼辦？這就要看你的自信心是否堅強了。面對人們的誤解和非難，你一定要沉住氣，千萬不要流露出不滿的言行。要知道，客戶與你接觸，並不會意識自己的言行是否得體，卻總是很在意你的言談舉止。客戶一旦發現你信心不足甚至醜態百出，對你的產品也就不會有什麼好感了。即使他知道你的產品品質優良，很適合其需求，也會見你急於出手而得寸進尺，便會乘虛而入，使勁壓價，其原因就是因為你失去了自信。

由此可見，推銷員必須在整個活動中表現出自信。客戶通常較喜歡與才能出眾者交手。他們不希望與毫無自信的推銷員打交道，因為他們也希望在別人面前自我表現一番。再說，他們怎麼會願意和一個對自己的推銷事業和產品都缺乏信心的人做生意，而從你那裡購買產品呢？

如果你對自己和自己的產品充滿了自信，那你必然會鼓起勇氣做事，有一股不達目的絕不甘休的氣勢。堅持下去，勝利終究會屬於你！

你一定要相信，你能夠獲得成功，即使遇到了挫折和失敗，也不能喪失信心。自信還可以使你的產品增色許多，對於客戶而言，你的個人身上體現的自信比你的產品還要重要。有了它，你就不愁不會反敗為勝了。

自信的推銷員面對失敗仍然會面帶微笑：「沒關係，下次再來。」他們在失敗面前仍會很輕鬆，從而能夠客觀地反省失敗的推銷過程，找出失敗的真正原因，為重新贏得客戶的購買而創造機會。

自信會使你的推銷變成一種享受，你就不會因其複雜和繁瑣而討厭它了。不自信的推銷員一定會把推銷當作是去受罪，是到處求別人的令人厭煩的工作。然而自信卻能使你把推銷當作愉快的生活本身，既不煩躁，也不會厭惡，這是因為你會在自信的推銷中對自己更加滿意，更加欣賞自己。

自信是你必備的氣質和態度，也是增加銷售額的一個妙計。當然自信是有分寸的，自信不足便顯得怯懦，過分自信又顯得驕傲，所以，你要善加把握。

要記住，你的自信心會影響到你的客戶，所以時時建立自信，用自信掃除成功路上的一切障礙——這是戰勝一切的訣竅。

總之，如果你想成為一名成功的推銷員，使你的銷售額倍增，你就應該時刻充滿自信，信心十足地去迎接客戶，迎接挑戰！

樂觀期待成功

對於我們的生命，最有價值的莫過於在心中懷著一種樂觀的期待態度。所謂樂觀的期待，就是希冀獲得最好、最有益、最快樂的事物。

假如對於我們自己的前程，有著良好的期待，這就足以激發我們最大的努力。期待安家立業、盡享尊榮；期待在社會上獲得重要的地位，出人頭地……這種種期待都能督促我們去努力奮鬥。

有許多人認為，世上一切舒適繁華的東西、精美的房屋、華麗的衣服以及旅行娛樂等等，不是為他們預備的，而是為其他人預備的。他們相信這種種幸福，不屬於他們所有，而是屬於另外階層的人所有，原來他們自己認為屬於低等的階層，屬於沒有希望的階層。試問，一個人有了這樣的自卑觀念後，還如何能得到美好的享受呢？

假如一個人不想得到美好的享受，志趣卑微，自甘低下，對於自己也沒有過高的期待，總是認為這世間的利一種幸福並非為自己預備著的，那麼這種人自然就永遠不會有出息。

我們期待什麼，便得到什麼，人應該努力期待；假如我們什麼都不期待，自然就一無所得。安於貧賤的人，自然不會過上富裕的生活。

有了成功的期待，心中卻常抱著懷疑的態度，常懷疑自己能力的不足，心中常對失敗有多種預期，這真是所謂南轅北轍！只有誠心期待成功的人，才能成功。所以，做一個人必須有積極的、創造的、建設的、發明的思想，而樂觀的思想也尤為重要。

有的人一方面努力這樣做，而同時又那樣想，最終就只有失敗。假如你渴望得到昌盛富裕，而同時卻懷著預期貧賤的精神態度，那麼你永遠不會走入昌盛富裕的大門。

有很多人雖然努力做事，但常常一事無成，原因在於他們的精神狀態沒有與其實際努力相對應——當他們從事這種工作的時候，又在希冀著其他工作。他們所抱有的錯誤態度，會在無形中把他們所真正渴求的東西驅逐掉。不抱有成功的期待，這是使期待無法實現的巨大障礙。每個人都應該牢記這句格言：「靈魂期待什麼，人就能做成什麼。」

諸多成功者都有著樂觀期待的習慣。不論目前所遭遇的境地是怎樣的

慘澹黑暗，他們對於自己的信仰、對於「最後之勝利」都堅定不移。這種樂觀的期待心理會生出一種神祕的力量，以使他們達到願望的目的。

期待會使人們的潛能充分地發揮出來，期待會喚醒我們潛伏的力量。而這種力量如若沒有大的期待，沒有迫切的喚醒，是會長久被埋沒的。每個成大事者都應該堅信自己所期待的事情能夠實現，千萬不能有所懷疑。要把任何懷疑的思想都驅逐掉，而化之以必勝的信念。在樂觀的期待中，要有堅定的信仰；假如有堅定的信仰，努力向上，必定會有美滿的成功。

第九章
換個角度看自己

帕格尼尼的手指

19 世紀義大利著名作曲家和小提琴演奏家帕格尼尼（Niccolo Paganini）的音樂才華實在令人折服。人們因此懷疑他不該是「人間的產物」，而是音樂藝術的「魔鬼」。

帕格尼尼其實也是一個生理上的「魔鬼」。他是一個馬凡氏症候群患者。這種病的特徵是病人四肢遠端部分較細長，手指和足趾就如同蜘蛛的腳。可是，帕格尼尼卓越的音樂才華在某種意義上也正是由於這種生理上的畸形而得以形成。他似乎較常人更具一種特殊的柔韌性和靈活性，使他在小提琴演奏上享有得天獨厚的優勢。

如今，在欣賞帕格尼尼行雲流水般的小提琴演奏曲時，人們讚美和感嘆的也許不僅限於音樂：不管帕格尼尼當初是否察覺到自己生理上的缺陷和劣勢，但他成功地將劣勢轉化為藝術上的優勢，帶給人類無比曼妙的享受，實在無愧於「小提琴之王」的稱號。

先天帶來的疾病，生理上的缺陷是我們每個人都無法逃避的。面對這種可謂「與生俱來」的痛苦，我們通常想到的是迴避或是沉湎於自卑之中。這又何苦？我們需要的應是積極向上的人生態度。從缺陷、劣勢中挖掘出常人所不具備的長處和優勢，並將它們運用於自己的生活和事業之中，這才是唯一可行的道路。

自卑感較強的人，常常透過犧牲自己的權力而讓旁人來證實自己。自卑感的產生，往往並非認識上的差異，而是感覺上的差異。其根源就是人們不喜歡用現實的標準或尺度來衡量自己，而是相信或假定自己應該達到某種標準或尺度。如：「我應該如此這般」、「我應該像某種人一樣」等。這種追求只會滋生更多的煩惱和挫折，使自己更加抑制和自責。實際上，你自己就是你自己，不必「像」別人，也無法「像」別人，更沒有別人要求你「像」。因此，要想不被周圍的環境所俘虜，走出自卑，就要勇於面對挑戰，並迎接它、戰勝它、超越它。補償心理就是自卑心理的法寶。

什麼是補償心理呢？補償心理是一種心理適應機制（機能）。個體在適應社會的過程中總有一些偏差，為了克服這些偏差，於是從心理方面尋找出路，力求得到補償。自卑感愈強的人，尋求補償的願望往往也就愈大。從心理學上看，這種補償，其實就是一種「移位」（變位），為克服自己生理上的缺陷或心理上的自卑感（劣等感），而發展自己其他方面的特徵、長處、優勢，趕上或超過他人的一種心理適應機制。事實上，也正因為如此，自卑感就成了許多成功人士成功的動力，變成他們超越自我的「渦輪增壓」。

每個人都是自己的精神領袖

也許自出生之日起，你就注定要經歷磨難。那麼，等你懂得自己面臨的困境時，請你喚醒自己心中的巨人，勇敢戰勝這些先天的磨難，要知道，每個人都是自己的精神領袖。

成大事者的確需要培養這種良好的自我認識心態。但是，假設一個人只能長到 150 公分那麼高的個頭，而社會的平均身高是 165 公分，在這種情境下他會產生什麼樣的心態和境況呢？身材矮小的拿破崙渴望征服整個世界，並將歐洲甚至全世界的國王和他們的子民們置於自己的股掌之中，讓他們俯首稱臣。只有這樣他才能蔑視一切，稱雄於世。

毫無疑問，拿破崙能取得自己的人生的巔峰，是與他的自信和頑強奮鬥密不可分的。當一個人存在明顯的缺陷時，他明顯就比常人要承受更多的苦難和磨礪才行。生來就具有嚴重的生理缺陷的人，或是遭遇到意外事故致殘致病的人，確實得承擔更大的身體和精神上的負擔。那些曾與身障

者一起工作過的理療專家們指出，無論他們會有多大的缺憾感，那並不會必然地阻礙他們建立起比很多根本身無病痛的人更大的勇氣和自信。

有時，身體的殘疾正是人們建立良好的自我意象，改變世人偏見的巨大推動力。曾經有位在童年意外事故中失明的人成了他生活的小鎮上的最有學問的人。他的詼諧和樂趣使得人們爭相為他誦讀書籍。牡蠣殼中的沙礫是滋養珍珠必不可少的物質。卓別林以其弱小的身軀創造出舉世聞名的喜劇。數年前，矮小的耶魯隊明星阿爾比·伯恩一人獨進 21 球徹底打敗了哈佛隊。雖說阿爾比沒有高大的身材和強壯的肌肉。但他訓練出的驚人的速度和嫻熟的球技征服了所有的觀眾。大衛勇於用幼時牧羊練就的彈弓絕技與歌利亞的利劍比武。傑克以他的機智戰勝了豆莖上的巨人。

世上絕大多數迷人的婦女並不是絕世的佳麗。埃及豔后克婁巴特拉長著大大的鼻子，伊莉莎白一世女王的脖子又細又長。斯塔爾夫人邋遢臃腫。傳世的美人並不刻意渲染他人對自己的興趣。特洛伊的海倫的確擁有讓數千艘輪船入海的漂亮臉蛋和身材。但是流傳至近的傳說中沒有一個讓人感到她的迷人、善良和聰慧。

我們都伴隨著自卑感而成長。我們出世時實在是太弱小了。生活向我們提供了加強這些情感的機會，也為我們創造了克服它們的機遇。正是由於生活傷害了我們，所以它也哺育了我們、治癒了我們的創傷。

有時，甚至傷害本身也能帶來好處 —— 它足以讓我們產生積極的效應。愛好旅遊的朋友的越野自行車出了故障，當我們聽說後向他慰問時，他卻告訴了我們一個他數年來最欣喜的經歷。當他走在一條從未走過的山坡小道上找尋援助時，他發現了一個迷人的山村。他從來不知道那兒有這麼一個山村。在那兒他發現了友好善良的人們。事實上，他從「不幸」中得到了極大的樂趣。聽完他的故事，我們不禁希望自己也能偶遇一次這樣的經歷。人生會遇到什麼事情呢，這是大家都無法預料的。當人們回憶起往日緊張冒險的經歷時常說：「我再也不想遇到那樣的事了，但有過那麼一次也很不錯。」

由於失去了眼前的工作，人們或許進而發現了更能展現自己才華的新崗位。很多經歷了一次失敗婚姻的人們在第二次的婚姻中體會到了真正的幸福，做到了白頭偕老。

內科醫生都明白，兒童時期曾患過的嚴重疾病對成年後的病變常常可以產生強烈的抗體。在 1918 年流行的傳染病災難中，美國軍營裡很多來自農場的高大強壯的年輕人死去了上萬人，而那些來自城市貧民窟的骨瘦如柴的士兵卻表現出了極強的生命力。這些人在童年時代遭受過無數疾病和身體的磨難。所以，在面對成年後同樣的病毒折磨時，他們能夠倖存下來。

同樣，經歷過情感創傷之後，也能培養人們的堅強意志、敏銳的感覺和洞察力。例如，我們過去常常認為父母的離異必定會給孩子造成傷害。如今我們認識到離婚雖說會對孩子產生巨大的影響，很可能會傷害他們的情感，但情況未必總是那麼的糟糕。父母的離異或是疾病使得某位親人逝去確實是極其苦痛的事。但我們也明白它們能使孩子變得更加成熟和堅強。困苦的確可以轉變成人們生活中有利的成分。生意場上，有些公司從銀行借的錢越多、還錢越謹慎、它的信譽就越好。

我們無法從日常生活的每個細節中預測出什麼將對我們最為有利，即使我們已經知道何者最為有利，我們也並不能將所有的夢想都化為現實。生活賦予了我們太多的機會，然而變化無常，有時那些看似非常渺茫的事情也會以美好的結局告終。世上沒有只交好運的人，也沒有終身只與厄運為伍的人。有些人確實一個勁地遭受不幸，但是過多地抱怨社會對己不公

的人實際上是在抱怨對待自己是多麼的不好。

每個人都有屬於自己的成功時刻，正如每個花朵都有屬於自己的春天。男人往往力大無比身手非凡，女人美若朝霞，能把稻草變成黃金，能用溫柔馴服猛獸。我們因為喜愛自己，所以我們在心中不時自我加以點綴。我們常常對自己稍加讚許，好在讚譽不會傷害人的心靈，在自我讚許和鼓勵下，我們才更有自信。

如果你越認為自己和善親切，就會越發友好地待人，越能接受自我和自我所有的缺憾，就越能接受自己所愛的人。請記住吧，每個人都是自己的精神領袖。

肯尼的故事

美國有個叫肯尼的人，他生下來就是一個下肢畸形的嬰兒，不得不做兩次手術。兩次手術之後，小肯尼成了高位截肢的殘疾人。這時候他才一歲半。擺在他面前的將是怎樣艱難的人生道路呀！

出乎意料的是許多年以後，出現在人們面前的肯尼，竟是一個性格活潑、精神樂觀、頑強進取的英俊少年。肯尼從不把自己看成是殘疾人，也從不感到自卑。他習慣以手代足，不僅生活上努力做到自理，而且和健全的孩子一樣，上學、逛公園、攀高梯、溜滑板。對未來，肯尼有許多美麗的幻想，想當總統，想當攝影師，也想當汽車司機。總之，他總是使自己和健全的孩子一樣，沒有絲毫的自卑、怯懦。

肯尼的故事說明：一個人只有戰勝自卑、超越自卑，才會有自信，才能揚起生命航船的風帆。

自信是戰勝困難的最好武器。有了自信，就好像輪船有了動力，會乘風破浪向前進。

缺陷的完美

有一個圓，被切去了一小片，它傷心極了，為了找回一個完整的自己，它到處尋找著自己的碎片。在找尋碎片時，由於它是不完整的，因而滾動得非常慢。一路上，它和蟲子聊天，和蝴蝶對話，感受到了陽光的溫暖，領略到了沿途美麗的風景。它找到了許多不同的碎片，但都不是原來那一塊，於是它堅持尋找，直到有一天，終於實現了自己的心願。然而，恢復成一個完美無缺的圓，在返回途中，它滾得太快了，蟲子被忽略了，蝴蝶沒有閒暇理睬了，陽光也不存在了。當它意識到這一切時，它毅然捨棄了歷經千辛萬苦才找到的碎片。

有一位挑水夫，扁擔的兩頭分別吊著一隻水桶，其中一隻水桶完好無缺，另一隻水桶有一條裂縫，完好無缺的水桶，總是能將滿滿一桶水從溪邊送到主人家中，而有裂縫的水桶到達主人家時卻總是只剩下半桶水。兩年來，挑水夫就這樣每天只挑了一桶半的水到主人家。終於有一天，有裂縫的水桶沉不住氣了，在小溪旁它很失望地對挑水夫說：「我很對不起你，由於我的裂縫，使水不斷地往外漏，這兩年來讓你付出了時間和勞力，卻只收到了一半的成果。」挑水夫笑了笑說：「你不必自責，我們回主人家的路上，只要你留意路旁盛開的花朵就行了。」他們走在回去的路上，有裂縫的水桶眼前一亮，它看到繽紛的花朵開滿路的一旁，在溫暖陽光的映射下，顯得格外美麗。

為什麼只有自己這邊開滿了鮮花，完好無缺的水桶那一邊卻沒有開花呢？有裂縫的水桶正感到納悶時，挑水夫解釋說：「我明白你有缺陷，因此，我善加利用，在你那邊的路旁撒了花種，每次我從溪邊回來，你就替我澆了一路花！兩年來，這些美麗的花朵裝飾了主人的餐桌及房間，給

主人帶來了愉悅的心情，如果不是你的缺陷，主人家也就沒有這麼好看的花朵了！」很多人不能正確面對自己的缺點和過失，他們期望自己完美無瑕，常常自卑於自己的缺點，自責於工作上的過失，有的還身陷其中而不能自拔。

殊不知，人無完人，金無足赤。人非聖人，聖人尚有過，凡夫俗子怎能全？殊不知，水至清則無魚，人至察則無徒。殊不知，太陽再偉大，也有黑子存在；球隊再棒，也有失分的記錄；電腦運算再精確，也有失誤的時候。在漫漫的人生道路上，有缺點，有過失是正常的，是任何人都難以避免的。一個完美的人，是永遠不存在的，即使有，從某種意義上說，也是一個可憐的人，他永遠無法體會有所追求，有所希望的感受。完美固然是人人都想達到的最高境界，但卻未必是我們一定或必須要追求的。

保持本色

猴子夢想當一個歌星，並準備去參加一個歌詠比賽。

它對鏡自憐，又自卑，又嘆氣，覺得自己的確是太瘦了。增肥計畫開始執行：狂吃蜂蜜蛋糕、奶油巧克力，然後不分晝夜地呼呼大睡。

猴子還是個瘦子。

離比賽的日子越來越近了。猴子乾脆掄起巴掌把自己的臉打腫了。

演出開始，愣充胖子的猴子信心十足地登臺。

沒想到觀眾席上噓聲一片，因為大家根本就不認識這個看上去很奇怪的小傢伙。

評委嘆息：「猴子呀猴子，瘦就瘦，為什麼要打腫自己的臉呢？」只有擺脫自卑的陰影，保持自己的本色，充分發揮自己獨特的個性。才能化被動為主動，享受到成功的樂趣。

成功不需要完美

一般人都有一個誤解，認為那些成功的事或人都是完美無缺的。實際上這是一個天大的誤會，許多成功與快樂不僅不十全十美，甚至連這方面的想法都沒有。

在美國，獨立宣言是十分重要的一份歷史文獻，其地位也許僅僅次於聯邦憲法。其原件珍藏於華盛頓國家檔案館。

可就是這樣一份神聖的國寶級檔案，其中竟有兩處人為留下的缺憾。

原來，當年這份檔案成稿以後，大家發現其中遺漏了兩個字母。但是當時人們並沒有重新抄寫一遍，只是在行間打上脫字元號，把這兩個字母加了上去。在上面簽字的有 56 名美國菁英。

《獨立宣言》文字簡約，篇幅也不長，重新抄寫一遍並不難做到。但是 56 名菁英務實而又不拘小節的人，並沒有因此認為這樣做有辱這份賦予國家自由的檔案的聖潔，他們在上面簽上自己的名字，就迅速地為了內容而奮鬥去了。

在他們眼裡，這種細枝末節的不完美不會影響問題的實質，也不值得為此浪費寶貴的精力。

世界上在細節上完美的檔不計其數，可是成為國寶的又有幾份呢？

美籍華人科學家崔琦是 1998 年的諾貝爾獎得主。

他在有些人眼裡簡直是「怪人」：遠離社會活動和政治舞臺，從不喜歡拋頭露面，而是整天泡在書本中和實驗室內。就在諾貝爾獎桂冠加頂的當天，他還如常在實驗室裡忙碌。

令人難以相信的是，不要說工作在這樣一個高科技研究的前沿領域，就是用一個生活在美國的普通知識分子的標準來衡量，崔琦也不能說是完美的，因為他居然是一個地地道道的「電腦盲」。

他研究中的儀器設計、圖表製作，全靠他一筆一畫完成。一旦要發電子郵件，他都請祕書代勞。崔琦的理論是：這世界變化太快了，我沒有時間趕上！

讓我們再來看一些世界級成功者成功之前的表現吧，會發現比他們更有理由快樂，也更有理由成功。

有一個人出生於一個殖民地國家，成長在一個信奉仁愛、不殺生、素食、苦行的家庭。他自幼靦腆、羞怯、循規蹈矩。13 歲的時候，依父母之命與一個不識字的女孩子結了婚。16 歲的時候，父親去世了，第一個孩子不到一歲就夭折了。

從小學到中學，他一直平庸無奇，少年時代曾經嘗試打破素食習慣改善健康狀況，但終於半途而廢。19 歲的時候，他到倫敦求學，但宗教準則的約束使他在新的環境裡無所適從。

他在學校裡取得了律師資格以後，回國開始從事律師業務，但第一次替人打官司就因為臨陣怯場而砸了鍋。半年後，他回到家鄉，在父兄的資助下維持，但仍然毫無起色。

他就是印度現代民族解放運動的著名領袖甘地。

我們可以說，成功者都曾經有不完美的一面，哪怕是在他們後來取得重大成就的領域裡，也是如此。他們的成功不過是將完美化作了追求的過程。

法國化學家巴斯德（Louis Pasteur）在大學時表現並不突出，化學成績曾經在 22 人的班級中排第 15 名；牛頓在小學的成績一團糟，數學更曾經不及格；《戰爭與和平》的作者托爾斯泰大學時因文學課成績太差而被退學，老師認為他既沒讀書的頭腦，又缺乏學習意願；劇作家田納西 · 威廉斯在華盛頓大學選讀英文時，寫了一個劇本參加各個班之間的比賽，結果連參賽資格都沒有。

暢銷書《出埃及記》的作者尤裡斯，高中畢業時英文曾經補考 3 次才算通過。

寫過超過 100 本西方小說，發行逾 200 萬本的美國作家路易斯．阿莫，在第一本書寫出來之後，被出版商拒絕了 350 次。後來他成為第一位被國會頒發特別獎章的美國小說家，確認了他的傑出作家身分。

柴可夫斯基悲劇性的婚姻幾乎使他瀕臨自殺的邊緣，但他寫出了那首不朽的《悲愴交響曲》。

邁克爾．福布斯，世界上最成功的商業發行刊物之《福布斯》雜誌的總編輯，在普林斯頓大學讀書時，卻被校刊的編輯部拒之門外。

不必苛求完美

完美存在於每個人的心中，追求完美是人的一種天性，我們都在心中塑造一個完美形象作為外界事物的參照，雖然每個人對完美的定義不同，但那是一種探索，是一種夢想，而美夢成真不是總能實現的。

但是生活中卻有不少人要求自己只能第一，不能第二；只能金榜題名，不能名落孫山；只能出類拔萃，不能甘拜下風。

這就是完美主義的苛求，它看上去會像一朵花，但卻是不結果實的花朵，而且十分耗費生命的資源。

完美主義為什麼總有其表演的舞臺和市場呢？其存在的客觀根據是：對那些不甘寂寞的人，如果他們想上藍天卻又怯於飛翔，想採碩果卻又惰於耕作，世上還有什麼東西能像完美主義那樣使他們既無須行動，又能自慰於精神上的虛假繁榮呢？

然而，畫在牆上的畫可能會很漂亮，作為藝術品，當然可以畫在牆上，我們也可以欣賞，但不要以為我們的生活和人生會真的像畫一樣，甚

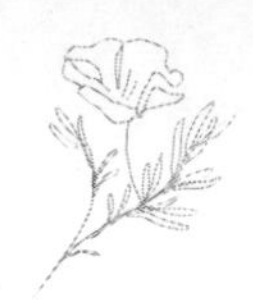

至我們自己也真的能走進畫中，做一個畫中人。

再甜美的瓜果，它的瓜蒂也是苦的。

完美不應是對現實和自我的苛求，而應是一個過程。

任何事情都必須有度，越過這個度就會發生質變，就像水越過 100℃就會變成汽，到了 0℃會變成冰一樣，對完美的追求超過了一定的度，就可能成為一個不完美的脆弱蛋殼，不論從其外形看上去有多麼誘人，都經不起生活中的輕輕一擊。

如果想得到更多的空餘時間、更多的自由，或僅僅為了得到更多的幫助，那就要承認，這個世界對於任何人來說都是不完美的，因為它並不是按照哪一個的意志在運轉，一些事情並不一定非按照某人喜歡的方式去辦不可。

有這樣一位冰雪一樣美麗聰明的女孩兒，從少女時代起，就拒男孩以千里之外。雖然追求者如過江之鯽，但她一律冷眼向洋。因為她始終覺得世上好男人絕無僅有，對於凡夫俗子是沒有任何興趣的，她只希望冥冥中有那麼一個十全十美的優秀男人在等著她。

一年兩年過去了，追求的男孩兒紛紛知難而退。這是個現實的世界，有什麼東西值得用幾年的時間去守呢？

隨著韶華漸逝，年過三十仍待守閨中的她在為男人不能長情而嘆息的同時，經常對別人說的一句話就是：這世界好男人是死絕了。

《淮南子》說：「等有騕褭、飛兔這樣的駿馬才駕車，那世上就沒車可乘；等有西施、洛神這樣的美女才納妃，那終身別想成家。」只有不苛求事物的完美，才能腳踏實地地生活。

有位博士生的博士論文寫到關鍵處就卡住了，寫別的更高度難論文卻易如反掌，甚至幫助好幾位學弟有效解決了各自博士論文的難點。

心理分析人士發現，所謂論文寫到關鍵之處就卡關，是因為這位博士生的心底深處隱藏著超過指導教授，甚至超越全國這一領域權威的潛意識。當理性的光輝照亮其潛意識陰影時，他不再苛求論文完美，論文反而卓越完成。

完美主義的背後定有某種深刻的生活背景。如果不從根本上解決問題，會把雄鷹變成笨雞，會把巨龍變成蚯蚓。如果真想有出息，我們必須放棄完美主義的苛求，選擇一件值得的事踏踏實實做，像農民耕田，也像蜜蜂釀蜜一樣工作下去。

我們崇尚這樣的諺語：困難像彈簧，你軟它就強，但是如果把所有找上門來的東西都用完美的標準去咬著牙完成，那麼這些東西會變成越來越沉重的負擔。也許我們開始會以為這樣的負擔是對我們的鍛鍊而有益，以為它是一顆美人痣，到了後來它就成為我們腳下的泡，磨得我們生疼，便中了古語所說的「過猶不及」，我們的心理即使是一根堅硬的鋼條，也會漸漸承受不了。

奧林匹克運動會有「更高更快更強」的口號，這口號沒有錯，但是有的運動員為了快上加快、高上加高、強上加強，追求一種超越一切的完美，最後不惜服用違禁藥品，就和奧林匹克精神背道而馳，結果只能是毀了當初完美這個美好的願望，也毀了自己。

更高更快更強！沒錯，但那只能是一句口號，什麼事情都會有極限的，挑戰極限，就是和客觀規律過不去，也就是和自己過不去。服用違禁藥品而毀滅自己的運動員，其實和我們由於過度追求完美而造成的心理疾病是一個道理，這使他們離得更遠。

倘完美主義又來誘惑我們，不妨作為一種幻想式的休閒，夢想一下未來。但一旦走在路上，就要目不斜視。倘若用完美來苛求能於事有補，我

現在就發誓加入完美主義空想俱樂部。

如果說愚者的快樂在近乎完美的遠方，智者的快樂就在腳底下的泥土中。

如何面對不足和缺憾

生活中的成功者，往往並非是擁有別人所不及的天賦。他們與普通人的最大區別在於，是否善於把不完美的一切盡可能地利用起來而已，盡可能地實現圓滿。

有一次，世界著名小提琴家歐利·布林在巴黎舉行一次音樂會。在飽含深情的演奏過程中，小提琴上的 A 弦突然崩斷了。

一般來說，演奏者在這種情況下會停下來，換一把提琴再演奏。如果不巧找不到另外一把適用的小提琴的話，這支曲子也就只好到此為止了。

但是歐利·布林在這種情況下表現出了與眾不同的天才：他用剩下的另外三根弦演奏完了那支曲子。

這就是生活中最重要的一課，教我們如何直面生命中的不足與缺憾：如果小提琴的 A 弦斷了，就在其他三根弦上把曲子演奏完。

任何人都有自己的缺點和弱點，任何人也都是無知無能的，只不過表現在不同的事情上而已。但是區別在於，能不能實事求是地對待自己的不足，拿出勇氣去突破自己，僅利用剩下的三根琴弦。

在中國北方，農民為了提高棗樹的結果率，每年七月十五就會用刀把棗樹的樹皮環切割掉一圈，截斷其營養向下運輸通道。這種方法的學名叫「開甲」，北方方言叫片樹。《齊民要術·神棗篇》中說：「不斧則華而不實，即為所指。」

有人為了觀察棗樹作品的癒合過程，作了一個試驗。把一棵棗樹切了半圈，另一棵環切一整圈。然後剪了兩條布將傷口包紮起來。

半個月後，觀察者解開紗布觀察刀口，發現在半圈的刀口上，從兩端的下方向中間伸出了窄窄的兩條皮下組織，而環切的傷口上，新皮已經覆蓋了整個創面，擠得疙疙瘩瘩結實結實。

從棗樹的自我癒合情況中，我們難道不能發現大自然對於缺陷的態度嗎？

有一位外科醫生在多年的臨床經驗中，發現了一連串奇怪現象：患辮膜性心臟病的患者，心臟奇蹟般地增大，好像是努力應付心臟帶來的缺陷；腎病患者若摘去了左腎，那麼他右腎的生命力往往十分強盛。另外，在眼睛、肺等手術中，都是如此。

於是，醫生對此深入研究，並從病理學範圍擴展到心理學方面。他對一所美術學院的學生進行了調查，發現十分之七視力不好，他又調查了100位擁有財富1,000萬以上的人士，結果表明他們70%以上出身貧寒。

這種現象曾讓醫生困惑不解。但在研究貝多芬的過程中，終於發現了其中的微妙。貝多芬的聽覺從小就存在問題，但他從小就喜歡音樂，創作力最為輝煌的時期，也是他聽覺慢慢喪失的時候。聽覺全部喪失的時候，他接連寫出了《英雄交響曲》、《月光奏鳴曲》、《第五交響曲》……

同樣的道理，約翰·密爾頓（John Milton）在44歲時失明了，可是16年後，他寫出了不朽的經典巨著《失樂園》。美國盲人女作家海倫凱勒既是盲人又失聰，卻能寫出《假如給我三天光明》等感動全世界的文字，讓所有的人都為其生命力和才華而感嘆。

富蘭克林·羅斯福在39歲時下肢癱瘓，然而他卻成為美國最受愛戴以及最具影響力的領袖，並且史無前例地當選了4次美國總統。

這位醫生經研究認為，一個人一旦軀體上有缺陷，必然會產生一種彌補的機能與心理。

如果一個人發現了自己的弱點，只要沒有被弱點徹底擊潰，那麼這些弱點很可能會改變一個人的人生，達到別人無法達到的高度。有時候，缺陷對一個人來說並不是一件十分倒楣的事，它可能是造就我們成功的一個東西。

英國哲學家羅素（Bertrand Russell）說：「得不到渴望得到的一些東西是幸福的一個必不可少的組成部分。」

過去總給人美好的回憶，未來也留給人許多斑斕的遐想。可有時現實的不完美總是那麼令人難堪。我們不安於現狀，卻又不知該怎樣改變現狀。

平均算下來，在我們每個人的身上，大概只有百分之九十的部分還不錯，只有百分之十不太好。如果我們要快樂，就要多想想百分之九十的好，而不去理會百分之十的不好。

我們常常會面臨自己無法控制的缺陷。對於這種情形，最為樂觀的解決辦法是：承認它們是生活的一部分，沒有一個人可以逃避得掉。人沒有任何短處，也必然沒有長處。所謂「樣樣都是」，必然「一無是處」。有深谷才有險峰，優點越突出的人，其缺點往往也越明顯。

誰也不可能十項全能，與人類現有的博大的知識、經驗、能力的彙集總和相比，任何偉大的人物都難說完美，更何況我們凡夫俗子呢？

接受不可避免的現實，學著去應付缺陷帶來的問題，並且不必為此而煩惱。我們要意識到，煩惱比缺陷本身對我們更有害。如果我們能把用來煩惱的一半時間和精力，改為用來解決由此帶來的問題，那麼我們就不會再有煩惱。我們會發現，原來以前的生活中，我們只學會了為問題而煩惱，而沒有真正學會如何面對和解決問題。

我們可以透過改變生活來改變心情，有時也需要改變心情來適應生活。山頂山腳，城內城外，沒有完美的情境，只有力求自我的完善，讓我們對自己的缺陷一笑置之，在不完美中發光。

因此，我們可以說，每個人的小提琴都是不完整，關鍵在於如何利用它奏出生命的弦歌。

適合自己的才是真實的人生

俄國戲劇家史坦尼斯拉夫斯基（Konstantin Sergeyevich Stanislavski）在排練一場話劇的時候，女主角突然因故不能演出。他實在找不到人，只好叫他的大姐來擔任這個角色。他的大姐以前只是做些服裝準備之類的事，現在突然演主角，由於自卑、羞怯，排練時演得很差，這引起了史坦尼斯拉夫斯基的不滿和鄙視。

一次，他突然停止排練，說：「如果女主角演得還是這樣差勁，就不要再往下排了！」這時，全場寂然，屈辱的大姐久久沒說話。突然，她抬起頭來，一掃過去的自卑、羞怯、拘謹，演得非常自信、真實。

斯坦尼斯拉夫斯基用「一個偶然發現的天才」為題記敘了這件事，他說：「從今以後，我們有了一個新的大藝術家……」

試想，如果不是原來的女主角因故不能演出，如果史坦尼斯拉夫斯基沒有叫他大姐試一試，如果不是他大發雷霆，使他大姐受到刺激，如果沒有這一切偶然因素促成做雜務的大姐參加排練，一位戲劇表演家一定就此埋沒了！

對於科學人才來說，也有許多自我埋沒的現象。愛因斯坦大學時的老師佩爾內教授有一次嚴肅地對他說：「你在工作中不缺少熱心和好意，但是缺乏能力。你為什麼不學醫、不學法律或哲學而要學物理呢？」幸虧，

愛因斯坦深知自己在理論物理學方面有足夠的才能，沒有聽那個教授的話。否則，我們的物理科學就不會像今天這樣碩果累累了。

人的興趣、才能、特質是不同的。如果你不了解這一點，沒有把自己的所長利用起來，你所從事的行業需要的特質和才能正是你所缺乏的，那麼，你將會自我埋沒。反之，如果你有自知之明，善於設計自己，從事你最擅長的工作，你就會獲得成功。

這方面的例子實在是太多了：「達爾文學數學、醫學呆頭呆腦。一提到動植物卻容光煥發……」艾西莫夫是一個科普作家的同時也是一個自然科學家。一天上午，他坐在打字機前打字的時候，突然意識到：「我不能成為一個第一流的科學家，卻能夠成為一個第一流的科普作家。」於是，他幾乎把全部精力放在科普創作上，終於成了當代世界最著名的科普作家。倫琴（Wilhelm Conrad Rontgen）原來學的是工程科學，他在老師孔特的影響下，做了一些物理實驗，逐漸體會到，這就是最適合自己從事的行業，後來果然成了一個有成就的物理學家。

一些遺傳學家經過研究認為：人的正常的、中等的智力由一對基因所決定。另外還有五對次要的修飾基因，它們決定人的特殊天賦，影響智力高低。一般說來，人的這五對次要基因總有一兩對是「好」的。也就是說，一般人總有可能在某些特定的方面具有良好的天賦與特質。

每一個人都應該努力根據自己的特長來設計自己、量力而行。根據自己的環境、條件，才能、特質、興趣等，確定進攻方向。不要埋怨環境與條件，應努力尋找有利條件；不要坐等機會，要自己創造條件；拿出成果來，獲得了社會的承認。

別總是和他人比較

辯證看待自己，正確認識自己不僅要如實地看到自己的短處，也要恰如其分地看到自己的長處，切不可因自己的某些不如人之處而看不到自己的如人之處和過人之處。學會正確地歸因，不能因一次失敗，就認為自己能力不行。殊不知這次失敗的原因很可能是多方面的，不一定是能力不足造成的。提高自信心當你在做一件事之前，首先應有勇氣，堅信自己能做好。但在具體施行時，應考慮可能遇到的困難。這樣即使你失敗了，也會由於事先在心理上做了準備而不致造成心理上的大起大落，導致心理失調。

試著經常回憶因自己努力而成功了的事，或合理想像將要取得的成功，以此激發自信心。運用積極的自我暗示，當遇到某些情況感到信心不足時，不妨運用語言暗示：「別人行，我也能行。」「別人能成功，我也能成功。」從而增強自己改變現狀的信心。建立新的興奮點，當你處於劣勢或面對自己的弱項時，可以透過有意轉移話題或改做別的事情來分散自己的注意力。如可將注意力轉移到自己感興趣的，也是最能體現自己才能的活動中去，以淡化和縮小弱項在心理上造成的自卑陰影，緩解壓力和緊張。

正確地補償自己，為了克服自卑心理，我們可以進行兩方面的補償：一是以勤補拙——知道自己在哪些方面有缺陷，不背思想包袱，以最大的決心和頑強的毅力去克服這些缺陷。二是揚長避短——注意自我調節，「失之東隅，收之桑榆」，揚長避短，克服自卑。

自卑的人一般都比較敏感脆弱，經不起挫折的打擊。因此應該注意，要善於自我滿足，知足常樂。在學習上，目標不要定得太高。適宜的目

標，可以使你獲得成功，這對自己是一種最好的激勵，有利於提高自己的自信心。之後，可以適當調整目標，爭取第二次、第三次成功。在不斷成功的激勵中，不斷增強自信心。

在與別人比較時，為了避免自卑心理的產生，我們應該選擇與自己各方面相類似的人、事比較。否則與自己懸殊太大，或者拿自己的弱點與別人的優點相比，總免不了自卑感。與人比較時要講究「可比性」——選擇適當的參照系，否則只有「人比人，氣死人」。

盲者的美麗世界

一位盲人向我描述到：「我喜歡這個世界，色彩斑斕，豐富多彩。紅紅的太陽，暖暖的陽光，各種美麗的花朵，鮮綠的葉子，父母燦爛的笑容，在我的腦海中印象深刻，直到今天仍能感受得到。」

我問到：「那你是什麼時候失去光明的呢？」盲人說是 4 歲時因病而盲的。他繼續講：「我也時常消沉，覺得自己不如健康人那樣，可轉念一想，我不是比其他盲人幸運得多嗎？他們大部分天生就沒有見到過這個美麗的世界，而我卻能擁有那麼多美好的回憶。雖然少而短暫，但我已經知足。」

是啊，短暫的一刻已足以讓我們享用一生，那又為何還要抱怨世間的不公呢？當我們以正常人的眼光來看待身邊事物的時候，我們有何感受呢？珍惜過擁有的一切嗎？而面對自己的殘缺，屈服於命運，自卑於命運，並企圖以此博取他人的同情，這樣的人只能永遠躺在自己的殘缺上哀鳴，不會有站起來的一天。然而殘缺並不意味著失去一切，靠自己的奮鬥一樣可以消除自卑的陰影。

貧賤也是種資本

美國玉米糊大王斯泰雷出身貧寒。他在16歲時便被迫輟學，到一家五金公司當銷售員。儘管薪水很低，他仍然兢兢業業，從不馬虎。

就這樣積極主動地做了兩個多月，斯泰雷的辛苦卻由於一次小小的算帳失誤被全盤否定了。他被喚到經理室，遭到了經理嚴厲而苛刻的指責和訓斥。經理甚至告訴他：「你這種貧賤的人，就應該做點不費腦子的事，你根本不配做生意，也許憑你一身力氣，去鋼鐵廠當個冶煉工還差不多。」

斯泰雷的自尊心被狠狠地撕成了碎片。對呀，他確實是出身貧賤，也沒受過高等教育。貧賤，給他的前程打上了多麼恥辱的烙印！

斯泰雷萬念俱灰。回到家裡，面對蒼老的母親，他只能默默地垂下頭。母親彷彿看穿了他的心事，旁敲側擊地說道：「不好的出身也許會妨礙年輕人的發展，但是，孩子，你必須知道，逆境中的人比普通人具備更多的特質。貧賤也是一種資本！」

斯泰雷從母親的一席話中汲取了無比的信心和勇氣。第二天，他走到經理面前，宣誓般地對經理說：「你有權力將我辭退，也有權力鄙視我的貧賤，但你絕不能忽視我的能力。拭目以待吧，我遲早會開一家比你大10倍的公司。」三年後，斯泰雷實現了他的預言，以驚人的成就被冠上「美國玉米糊大王」的稱號。

現實生活中，幾乎每個人都認為貧賤是一種極大的不幸。可是，貧賤是不可能躲得掉的。當我們遭遇它時，當然也遭遇了自卑、失望和心理上的極度不平衡，因為我們大多數人都未能意識到，貧賤也可以是一筆豐厚的資本。它包含著超越常人的意志，堅忍不拔的精神，不斷進取的動力；

它蘊藏著豐富的生活閱歷、無數的磨練和一切在富貴生活中無法體驗到的溫馨和幸福。正因為這樣，我們應從貧賤中汲取強大的力量，勇敢地踢開前進道路中的絆腳石，毫無畏懼地走向成功！

永遠的藝術品

傑剛上國中時，加入了學校的攝影社。他沒有自己的相機，當第一次端起那對他來說萬分神奇的機器時，他像捧著一件寶貝，戰戰兢兢地按下了快門，思維和呼吸一起幾乎停止，當然忘記了對焦。其實，他也根本沒明白焦距的原理。

那時，由於家庭極度貧困，濃重的自卑感正牢牢地壓迫著傑。他性格孤僻，幾乎是天天面色凝重地躲藏在角落裡，像一個孤獨而沒有情感的幽靈：從不和別人交往，也沒有人對他微笑。

老師是一名攝影記者，傑至今不知道他為什麼分文不收地跑來辦這個班。

傑依舊是躲在角落，大腦裡似乎有一扇黑鐵門，鎖得牢牢的抗拒著老師的聲音。那聲音十分溫暖，卻讓他充滿矛盾地想躲開。頭也不敢抬起，生怕和老師的目光相遇。

傑報名參加的課程，卻又變得難熬。

終於要結束了，最後一課是實地采風，傑和另外兩個沒有相機的同學合用老師的相機，但他始終沒有勇氣從同學手中要過相機，直到他們興高采烈地拍完，只剩下一張膠捲並想到他時，才有了他緊張扭捏的「作品」。

照片洗出來了，老師辦了一個小展覽，傑那張失敗的習作被貼在正中，仔細地鑲了邊。

他激動疑惑又不安地縮在一角，聽老師告訴所有人「這是最好的作品」。

老師是有名的攝影記者，他的話沒有人置疑，不斷有人向傑點頭微笑，其中還有任課的老師，還有人特意去看照片下他的名字。

驚慌，欣喜，慚愧……各種感覺在傑心中交錯，竟讓他想大哭一場。

老師拉起傑冰涼的手，把他領到課堂正中顯眼的位置，老師的手很溫暖，讓他逐漸鎮定下來，掌聲響起，傑的腦子裡空蕩蕩的，像不知道發生了什麼。

人漸漸散去了。傑抬頭迎著老師親切慈祥的目光，一下子哭了，很傷心，好像要讓淚水沖刷掉所有的委屈。老師看著他，靜靜地等著。

淚水止住了，傑還在抽泣。老師把他帶到照片前問他：「知道為什麼把它掛在這裡嗎？」

「我就拍了這一張。」傑回答道。

「不！」老師斬釘截鐵地否定了。傑疑惑地抬起了頭，老師正誠懇地看著他。「那你自己覺得它怎麼樣？」

「不好，我不會拍。」

「不！」老師又否定道，「我覺得它很好，真的，我沒有騙你。」

「你先說說為什麼覺得它不好。」老師繼續問道。

傑回答說：「因為別人都拍得很清楚。」

老師笑了笑，說：「你錯了，這是攝影，是藝術，不是照相，照相只要把景物拍清晰就行了，藝術卻是要抒發感情的，每個人的感情不一樣，表現出來就不一樣。」

老師頓了頓，又問道：「看看自己的作品，你看到了什麼？」

傑愣住了，說：「一張照片。」

「可我卻沒有看見照片，我看見了一幅藝術品。」

「為什麼？」

「照片要如實記錄所拍物件，藝術品卻講究內涵。你看，這樓群倒映在湖面上，多美啊！微風吹動，波光漣漪，倒影就模糊了，假若你清晰拍下這些，就是一張很好的照片。但是，你看，你的作品，整個畫面都是搖曳蕩漾的，給人一種憂鬱的夢幻般的感覺，好像在說，水中的倒影終究是空虛的，什麼時候，這朦朧的夢想能變成現實呢？」

老師那悠悠的語調飽含感情，傑有些陶醉入神了。

「我很喜歡你的作品，因為它能讓我看見更深遠的東西，而且，它也讓我很受啟發，我明白了一點，藝術沒有參照標準，只要在完成之後你覺得胸口積壓的感情得到了疏通，自己心曠神怡，對你來說，就是成功的，我得謝謝你。記住，藝術家和工匠是根本不同的。」

從那之後，傑像脫胎換骨了一樣，眼前的一切也都煥然一新。

或許你對自己不夠自信，或許有不少人對你總是無情打擊，不要緊，換個角度看自己，找個愛你的人，尊敬的你的人來傾訴，來重新評價自己，你會發現，其實自己很優秀，有時候，自信是需要換個角度來看的。

天才不等於全才

齊國有個人很會識別狗的優劣。

於是有人托他買一隻能捉老鼠的狗。這個人費了很長時間才把這樣的狗找到。托他買狗的人將狗帶回家後，那隻狗卻不捉耗子，於是就來請教那個給他找狗的人。那個人說：「這的確是隻好狗。它想捕的只是獐麇一類的野獸，而不管捉老鼠這樣的事。如果你真要它去捉老鼠，除非把它的腳捆綁起來。」

於是，那人回到家就將狗的腿捆了起來，這隻狗也只好捉老鼠了。好刀一定得用到刃上。每個人都是天才，但每個人卻不一定是全才，你要做的是什麼時候應該出手。如果捆住自己，透過束縛而去實現價值，只能在委屈中多管閒事。

一詞轉變命運

19 世紀中期，已經危機四伏的清王朝又面臨著一場重大危機，即歷史上著名的太平天國運動。這場規模浩大的農民起義運動使已經處於風雨飄搖之中的晚清政權更加搖搖欲墜了。為了討好外國侵略者，為了緩解內憂外患的危機局面，清政府決定派兵鎮壓太平天國農民起義大軍。

在這種時代背景下，在外國侵略者的催促下，在晚清政府的厚望中，以聰明機智和出色的軍事指揮才能而著稱的曾國藩臨危受命，西元 1853 年，曾國藩創辦湘軍與太平天國農民起義軍展開了艱苦卓絕的戰鬥。

在湘軍建成之後，曾國藩對這支軍隊寄予厚望，當然晚清政府也將剿滅太平天國農民起義軍的任務都寄託在了這支裝備精良的軍隊上。經過一年左右的集訓，湘軍正式與太平天國軍隊正面交鋒。

西元 1855 年，曾國藩派湘軍對太平天國的一支重要起義軍進行鎮壓，結果不但沒有鎮壓住，反而被其圍攻。最後湘軍大敗，損失慘重。

在經過了三年的休整和訓練之後，1858 年，曾國藩率領湘軍再次對太平天國的另一支起義軍進行強力出擊，可是這支看似武器裝備落後、軍事技能並不專業的起義軍在抗擊中卻表現得相當頑強，儘管曾國藩派出了大量軍隊加入戰鬥，可是最後仍然難逃敗局。在這次戰鬥中，許多曾國藩看好的優秀將領都陣亡了，而且整個湘軍的軍心開始不穩，晚清政府也對這

種形勢表示十分擔憂，但是他卻堅信自己必定能夠打敗太平天國起義軍，並且向晚清政府表示，自己一定會堅持到底。

之後，曾國藩又招募士兵，購買裝備，決定再次發動剿滅太平天國的戰役。雖然在此之後的一些戰役中，曾國藩率領的湘軍曾經取得過一些勝利，但是局面卻一直不容樂觀，因為這些戰役都是一些微不足道的小戰役，而且即使取得了勝利，可這勝利卻是建立在自己的軍隊也遭受重創的基礎之上的。為了改變局面，曾國藩決定發動一次大型戰役，結果這次戰役在西元 1860 年展開了。雖然這場戰役是由曾國藩大張旗鼓地展開的，可是不久之後，他好不容易創立起來的湘軍就徹底失敗了，而且在那次戰役中，湘軍幾乎全軍覆沒。

作為一個敗軍之將，曾國藩必須要給對自己寄予厚望的晚清政府一個合理的交代，可是在當時看來，屢戰屢敗的他幾乎很難逃脫清政府的懲罰。但是，在曾國藩徹底戰敗的幾個月之後，他不但沒有受到任何懲罰，反而還受到了清政府的賞識和重用。而且當時清政府的實際統治者慈禧太后居然在朝堂之上對曾國藩剿滅太平天國起義軍的表現大加讚揚，稱他是一個「對朝廷忠心耿耿、意志堅定、百折不撓的大英雄」。

敗軍之將為何成為一個大英雄？這在很大程度上取決於曾國藩出色的語言表達能力。他在戰敗之後給朝廷的奏摺中這樣描述湘軍與太平天國起義軍的戰鬥經過：「臣為報效朝廷，屢敗屢戰，堅持不懈，終因……」

將「屢戰屢敗」的戰鬥經過描述成「屢敗屢戰」的英雄氣概，僅僅是兩個字的位置更換，整個詞義就發生了變化，而整件事情也由此產生了意想不到的效果，這就是妙用語言的效果。單從曾國藩的這份聰明機智來看，他就值得慈禧賞識。至於戰敗失利的問題，昏庸的慈禧自然也就懶得追究了。

雖然晚清政府的昏庸和腐敗是曾國藩能夠以戰敗之將的身分得到賞識的一個原因，但是曾國藩在這件事情當中表現出來的高超的語言運用能力值得人們學習，如果不是當初一個詞語的巧妙運用，曾國藩恐怕難逃重罰。現代生活中，人們在面臨危機之時，換個角度來問題，改變一種思路來處理問題，又怎麼不會柳暗花明，雲開霧散呢？

遭人誤解的大師

列車就要起動了。一位老年人正在月臺上向列車走去。

忽然一位提著大包和小包的女士急匆匆地對他直喊：「老先生！幫個忙，替我提到火車上！」

說完，塞給老人幾個重重的行李包。

到了火車上，女士感激地說：「謝謝你啦！」又隨手遞給老人一枚硬幣，「這是賞給你的喲！」老人接過硬幣，用手擦了擦，並裝進了口袋。

突然，這位女士身邊有個旅客大聲叫起來：「啊？你不是托爾斯泰（Leo Tolstoy）嗎？大師，你怎麼當起搬運工了？」

「啊，上帝呀！」女士驚聲起來，「我這是在幹什麼呀！」她對托爾斯泰急切地解釋說：「托爾斯泰先生，看在上帝面上，請你別計較！我有眼不識泰山，請把硬幣還給我吧，我怎麼會給您小費，多不好意思啊！」

「太太，您別激動，」托爾斯泰平靜地說：「您又沒做錯什麼呀，這個硬幣是我幹活賺來的，我得收下！」

汽笛再次長鳴，列車緩緩開動，帶走了那位惶惑不安的女士。托爾斯泰微笑著目送列車遠去，又繼續他的旅行了。遭人誤解不但不惱、反而注意不傷害對方的面子，這是一種不卑不亢的超脫，是一種自信、自重的高尚品格。

球王貝利的煎熬

球王貝利（Pele）的名聲早已為世界眾多足球迷所稱道，但如果說，這位大名鼎鼎的超級球星曾是一個自卑的膽小鬼，許多人肯定會覺得不可思議。

時間倒退 30 年。「我為什麼總是這麼呆呢？」那時的貝利可一點也不瀟灑，當他得知自己已入選巴西最有名氣的桑托斯足球隊時，竟然緊張得一夜未眠。他翻來覆去地想著：「那些著名球星們會笑話我嗎？萬一發生那樣尷尬的情形，我有臉回來見家人和朋友嗎？」他甚至還無端猜測：「即使那些大球星願意與我踢球，也不過是想用他們絕妙的球技，來反襯我的笨拙和愚昧。如果他們在球場上把我當作戲弄的對象，然後把我當白痴似地打發回家，我該怎麼辦？怎麼辦？」一種前所未有的懷疑和恐懼使貝利寢食不安，因為他根本就缺乏自信。

分明自己是同齡人中的佼佼者，但憂慮和自卑，卻使他情願沉浸於希望，也不敢真正邁進渴求以久的現實。真是不可思議，後來在世界足壇上叱吒風雲，稱雄多年，以銳不可當的勇氣踢進了一千多個球的一代球王貝利，當初竟是一個優柔寡斷、心理素質非常脆弱的自卑者。貝利終於身不由己的來到了桑托斯足球隊，那種緊張和恐懼的心情，簡直沒法形容。「正式練球開始了，我已嚇得幾乎快要癱瘓。」他就是這樣走進一支著名球隊的。

原以為剛進球隊只不過練練盤球、傳球什麼的，然後便肯定會當板凳隊員。哪知第一次，教練就讓他上場，還讓他踢主力中鋒。緊張的貝利半天沒回過神來，雙腿像長在別人身上似的，每次球滾到他身邊，他都好像是看見別人的拳頭向他擊來。在這樣的情況下，他幾乎是被硬逼著上場的，而當他一旦邁開雙腿便不顧一切地在場上奔跑起來時，他便漸漸忘了是跟誰在踢球，甚至連自己的存在也忘了，只是習慣性地接球、盤球和傳球。在快要結束訓練時，他已經忘了桑托斯球隊，而以為又是在故鄉的球場上練球。

那些使他深感畏懼的足球明星們，其實並沒有一個人輕視他，而且對他相當友善。如果貝利的自信心稍微強一些，也不至於受那麼多的精神煎熬。問題是貝利從小就太自尊，自視太高，以至難以滿足。他之所以會產生緊張和自卑，完全是因為把自己看得太重。一心只顧慮別人將如何看待自己，而且還是以極苛刻的標準為衡量尺度。這又怎能不導致怯懦和自卑呢？極度的壓抑會淹沒本身所具有的活力和天賦。透過忘掉自我，專注於足球，保持一種泰然自若的心態，正是貝利克服緊張情緒，戰勝自卑心理的法寶。

強者不是天生的，強者也並非沒有軟弱的時候，強者之所以成為強者，正在於他善於戰勝自己的軟弱。貝利戰勝自卑心理的過程告訴我們：盡量不要理會那些使你認為你不能成功的疑慮，勇往直前，即使會失敗也要去做做看，其結果往往並非真的會失敗。久而久之，你會從緊張、恐懼、自卑的束縛中解脫出來。醫治自卑的對症良藥就是：不甘自卑，發憤圖強，予以補償。

第十章
心寬讓你更能理解、擁有幸福

幸福就在你心中

關於幸福和快樂，從許多哲人的描述中可以感覺到，這是一種很少為人們所獲得的奢侈品。比如叔本華（Arthur Schopenhauer）就說，人生更多的時候是寂寞和苦悶，快樂和歡聚只占人生的少部分。由此看來，人生一世，痛苦、悲傷、孤獨、苦悶和難過占據了人生的大部分時間，而歡樂只不過是人生的點綴而已。無怪乎人人都在尋找幸福，希望過幸福的生活，正所謂物以稀為貴。

可是，幸福又在哪裡？在天上，靠神仙下凡？在人間，靠菩薩保佑？在他人，靠他人恩賜？你不停地尋找幸福，不知奔向哪裡，其實幸福就在你心中，在別人的家門口沒什麼可找的。如果幸福不在你心中，那麼它就不會在任何地方。幸福就在你心中，你能愛所有人就是幸福。愛所有人，不是出於什麼原因，也不為什麼目的，為的是不以個人的生活為生，而是以所有人的生活為生。在塵世中尋找幸福，卻不享用我們自己靈魂中的幸福，這就等於你身邊就流淌著清澈的山泉，你卻去遠方一個污濁的泥潭去取水。

所以，幸福只是一種非常個人化的感覺，一萬個人可能就有一萬種答案，而處在不同社會階層的人的幸福感也是不同的。你想要了解幸福、捕捉住它，它卻來無影去無蹤。所以，幸福這種感覺又是一種很難捉摸，很難用很精確的量化標準去判斷的。然而，幸福這種心靈的感受，我們又不是不可捕捉的。我們常常能感覺到幸福的存在。比如開心大笑，無疑說明你是快樂的、幸福的；而暗自哭泣，則說明你是悲傷的、淒苦的。

獲得幸福的途徑在何方？布巧謀妙計？行欺詐之途？走不義之道？看來都不行。神仙的本領再大，也無法到人間撒播幸福之水；菩薩的慈悲再多，也無法將幸福的命運降臨給每個人；他人的恩賜再多，也無法讓幸福之花長久地開在生活裡，因為恩賜和憐憫不會是快慰的享受。

如果你期望真正的幸福，那就不要到遙遠的地方，不要到財富和榮譽中去尋找，不要向別人去乞求，為了幸福，既不要卑躬屈膝，也不要與他們爭鬥。用這些方式只能撈到財物、官銜和各種不必要的東西，而人人需要的真正幸福，從別人那裡是得不到的，既買不到，也討不到，即使得到了也徒勞無益。你要知道，一切你自己無法獲取的東西，都不是你的，你也不需要。只要用你自己的生活，你隨時都能獲取你所需要的。是的，幸福既不靠天，也不靠地 —— 只能靠我們自己。

在幸福與痛苦的選擇中，每個人都會選擇幸福而逃避痛苦，但是能否真正幸福，卻在於自己。幸福存在於你的心中，掌握在你的手中。快要到手的幸福，由於你自己的放縱，會遽然消逝，眼看著失去的幸福，會由於你的執著而重新回來。

幸福就在你心中，它需要靠你自己去擁有，沒有救世主，乞求從來沒有幸福可言。

美麗地活著

相信自己有能力或凡事都有可能，是對自己幸福快樂最有效的保證。

生命中的苦痛、歡樂、平淡、豐富，這些都是人生優美的樂章，沒有痛苦哪有快樂，沒有平淡，哪裡有燦爛，其實痛苦中也蘊藏著快樂。

根據天文學家的推測，太陽還有約 80 億年的壽命，另外一些科學家的估計更為悲觀：在 50 億年內，太陽就會自我耗盡，歸於死滅。

和宇宙相比，太陽不過是一堆火而已，更何況渺小的地球，更何況地球上的人類。

兩個朋友出了一次意外，甲當場死亡，乙醒來後卻奇蹟般地活了下來……乙發現朋友甲去世後越發感到生命的重要，他懂得了善待自己，珍惜生命，他學會了怎樣生活。人活著並不一定擁有一切，但人死了絕對是永遠地失去了一切。

那麼，還是好好珍惜、享用你的每一秒吧，生命只有一次。

一位十五六歲的少年住在一幢七層大樓的頂層。他每天都爬樓梯回家。每上一層樓梯，他都改用不同的步法，或是三步並作兩步向上跑，或是悠悠地像影片的慢鏡頭，或是側著身體只用一隻腿，一級一級往上跳，或者乾脆背對向後探步……他硬是把單調的生活變得這般多彩起來。

他是一個很會生活的人，很會善待自己的人，他活得很美麗。

確實，平凡人的生活不僅單調，而且常常會很不盡如人意，還會有很多很多的煩惱。

比如工作不如意，朋友關係沒有搞好等等，都會有很多很多的煩惱。但不要大聲朗誦你的苦痛，宣洩你的不平，找一塊安靜的地方，默默地和大自然一起去閱讀。你的痛苦就會得到稀釋，你就會釋然。被現代快節奏的生活所追趕，人們已無暇顧及那些個人渺小的不幸，他們正忙於追求個人乃至全民族全世界的歡樂和幸福呢！

珍惜生命最好的辦法就是發展生命。

死是不可避免的，但很多人都在很努力地生。儘管知道，很少人能在死後被人用銅鑄成塑像，永久地坐在公園的椅子上，或者跨在廣場的一匹馬上；大多數人死後，都將像秋後一片片落葉，無聲無息地回歸自然。

用微笑面對人生

夜鶯，即使是垂垂老矣的那隻，仍以牠那美妙的歌喉歌唱出甜蜜與愛。

沒有什麼東西能比一個陽光燦爛的微笑更能打動人的了。

微笑具有神奇的魔力，她能夠化解人與人之間的堅冰；微笑也是你身心健康和家庭幸福的標誌。

無論你在什麼地方，無論你在做什麼，在人與人之間，簡單的一個微笑是一種最為普及的語言，她能夠消除人與人之間的隔閡。人與人之間的最短距離是一個可以分享的微笑，即使是你一個人微笑，也可以使你和自己的心靈進行交流和撫慰。

一旦你學會了陽光燦爛的微笑，你就會發現，你的生活從此變得更加輕鬆，而人們也喜歡享受你那陽光燦爛的微笑。

百貨公司裡，有個窮苦的婦人，帶著一個約四歲的男孩在逛街。走到一架快照攝影機旁，孩子拉著媽媽的手說：「媽媽，讓我照一張相吧。」媽媽彎下腰，把孩子額前的頭髮攏在一旁，很慈祥地說：「不要照了，你的衣服太舊了。」孩子沉默了片刻，抬起頭來說：「可是，媽媽，我仍會面帶微笑的。」

當我們讀到這則故事，我們相信每一個人的心都會被那個小男孩所感動。

如果你在生活的鏡頭前也像那個貧窮的小男孩一樣，穿著破爛的衣服，一無所有，你能坦然而從容地微笑嗎？

面對著親人，你的一個微笑，能夠使他們體會到，在這個世界上，還有另外一個人和他們心心相連。

第十章　心寬讓你更能理解、擁有幸福

面對著朋友，你的微笑，能夠使他們體會出世界上除了親情，還有同樣溫暖的友情。

走遍世界，微笑是通用的護照；走遍全球，陽光雨露般的微笑是你暢行無阻的通行證。

不僅如此，你的笑容，甚至也能給人帶來巨大的成功。

美國旅館大王希爾頓（Conrad Nicholson Hilton）於 1919 年把父親留給他的 12,000 美元連同自己賺來的幾千美元投資出去，開始了他雄心勃勃的經營旅館的生涯。當他的資產奇蹟般地增值到幾千萬美元的時候，他欣喜而自豪地把這一成就告訴了母親。

出乎意料的是，他的母親淡然地說：「依我看，你和以前根本沒有什麼兩樣……事實上你必須掌握比 5,100 萬美元更值錢的東西：除了對顧客誠實之外，還要想辦法使來希爾頓旅館的人住過了還想再來住，你要想出這樣一種簡單、容易、不花本錢而行之久遠的辦法去吸引顧客。這樣做的旅館才有前途。」

經過了長時間的迷惘，經過長時間的摸索，希爾頓找到了具備母親說的「簡單、容易、不花本錢而行之久遠」四個條件的東西，那就是：微笑服務。

這一經營策略使希爾頓大獲成功，他每天對服務員說的第一句話就是「你對顧客微笑了沒有？」即使是在最困難的經濟蕭條時期，他也經常提醒員工們記住：「萬萬不可把我們心裡的愁雲擺在臉上，無論旅館本身遭受的困難如何，希爾頓旅館服務員臉上的微笑永遠是屬於旅客的陽光。」就這樣，他們度過了最艱難的經濟蕭條時期，迎來了希爾頓旅館業的黃金時代。

經營旅館業如此，其他行業又何嘗不是如此呢？生活中遇到的一切煩惱，又何嘗不能用你的微笑化解呢？

不論你現在從事什麼工作，在什麼地方，也不論你目前遇到了多麼嚴重的困境，甚至你的人生遭遇了前所未有的打擊，用你的微笑去面對它們，面對一切，那麼一切都會在你的微笑前低頭。

人生與地圖

地圖上的路有千百條，但你找不到一條始終筆直平坦的路。人生的道路也是這樣，充滿崎嶇坎坷。如果你想選擇一條始終筆直平坦的路，那你將無路可走。生活不是一條筆直平坦的路，而是一條曲折漫長的征途——有荒涼的大漠，也有深幽的峽谷；有橫亙的高山，也有斷路的激流。只有矢志不渝地前進，才能贏得光輝的未來；只有頑強不息地攀越，才能登上理想的峰巔。人生道路，就是這麼不平坦，坑坑窪窪，曲曲折折——有得意者的歡欣，也有失敗者的淚水，有順利者的喜悅，又有受挫者的苦惱。

正由於人生像條曲線，生命才變得充實而有意義。當一個人走完了自己的坎坷旅程而驀然回首時，他定會為自己留下的曲折而執著的足跡而欣慰，對大千世界報以滿意的一瞥……人生的曲線，鼓人信心，給人希望，激人奮進，展示了人類奮鬥的力量和力量的美。的確，既然人生是一條曲線，我們畏頭縮頸又有何用？倒不如昂起頭來，大踏步前進為好。

地圖上的路有千百條，但每一條路都只能走向一個既定的目標。一個人，不可能同時向南又向北。路只能一步一步地走，目標只能一個一個地實現。你如果什麼都想要，最終只會什麼也得不到。太多的幻想，往往使人不知如何選擇。當你還在舉棋不定時，別人或許已經到達目的地了。托爾斯泰說：「人生目標是指路明燈。沒有人生目標，就沒有堅定的方向；而沒有方向，就沒有生活。」在人生的競賽場上，無論一個多麼優秀、多

麼有素養的人，如果沒有確立一個鮮明的人生目標，也很難取得事業上的成功。許多人並不乏信心、能力、智力，只是沒有確立目標或沒有選對目標，所以沒有走上成功的途徑。這道理很簡單，正如一位百發百中的神射擊手，如果他漫無目標地亂射，也不會在比賽中獲勝。

人生地圖上的路也有千百條，選擇什麼樣的路，當量力而行。要學會選擇，學會審時度勢，學會揚長避短。只有量力而為的睿智選擇才會擁有更輝煌的成功。「成名成家」固然充滿風光，但絕不是每一個人都可以實現，「心想事成」只不過是美好的願望。有信心是重要的，但有信心不一定會贏，而沒信心卻一定會輸。人生的學問，其實就是「量需而行，量力而為」。要想獲得快樂的人生，你最好不要像過去那樣行色匆匆，不妨停下腳步，暫時休息一會兒，想一想自己需要什麼？需要多少？想一想有沒有這樣的情況：有些東西明明是需要的，你卻誤以為自己不需要；有些東西明明不需要，你卻誤以為自己需要；有些東西明明需要得不多，你卻誤以為需要很多；有些東西明明需要很多，你卻誤以為需要極少……

一張地圖，能使我們悟出許多人生的哲理。

理想決定境界

有一首敘事古詩，或許你也能背出：

林暗草驚風，將軍夜引弓。
平明尋白羽，沒在石稜中。

故事是這樣的：傍晚，一位將軍帶了幾位隨從到林中巡查。突然間，一陣狂風吹來，樹葉嘩嘩作響。將軍隱約看到一隻吊睛白額的老虎從林子深處向他撲出來，立刻彎弓搭箭，向老虎一箭射過去，然後催馬離開了。

第二天，將軍又來到昨天老虎出現的林裡，卻發現一塊虎形的巨石在林中的空地上。昨天射出去的那支箭，已經深深的沒在石頭當中。隨從的人都驚呆了，讚嘆將軍神勇，於是紛紛請將軍再給大家表演一下。可是將軍連射幾箭，都沒有射到石頭裡。

箭之所以能射中遠處的目標，是借助了弓弩的力量，但是它能夠射中巨石，並深深地沒到裡面的根本原因，則是將軍堅定執著的內心力量。弓弩雖然強勁，箭鏃雖然鋒利，但是如果沒有內心力量的參與，也是不可能射到石頭中去的。

人生也是如此，如果沒有確定自己的目標，就不可能採取任何步驟，也不可能發生任何奇蹟。

當時若不登高望，誰知東流海洋深。如果不會自己確定一個明確的目標，就只能在人生的路途上徘徊，永遠到不了任何高度。每一個人對於明天都有所希冀，對於未來，每一個人都有一個自己的目標。

大衛·列文有一句名言：「一個人的天花板是另一個人的地板。」這個比喻既是指人生的新境界，也是指造成這種境界差別的目標。

每天，當太陽升起來的時候，非洲大草原上的動物們就開始奔跑了。獅子媽媽在教育自己的孩子：「孩子，你必須跑得再快一點，再快一點，你要是跑不過最慢的羚羊，你就會挨餓，直至餓死。」

在附近的一個草地上，羚羊媽媽也在教育自己的孩子：「孩子，你必須跑得再快一點，再快一點，如果你不能跑得比獅子還要快，那你就肯定會被他們吃掉。」

有了目標，才有奮發的動機，才能生存。征服，並能有所成就。如果不能奮起鬥志，他就永遠只能以失敗而結束。同時，目標高低帶來的自我暗示幾乎直接決定了動力與耐力的大小，也決定了成就的高低。

第十章　心寬讓你更能理解、擁有幸福

在帆船時代，有一位船員第一次出海。他的船在北大西洋遭到了大風暴，這位船員受命去修整帆布。當他開始爬的時候，因為害怕，不停地向下看，波浪的翻騰使船搖晃得十分可怕。

眼看這位年輕人就要失去平衡，掉進咆哮的大海。

就在那一瞬間，下面一位年紀較大的船員對他叫道：「向上看，孩子，向上看。」這個年輕的船員遵命行事，果然恢復了平衡。

假設有兩個人一起爬樓梯，一個要爬到六層，另一個要爬到十二層，當爬到六層的時候，第一個人已經累得氣喘吁吁，連連說自己再也爬不動了。而要爬到十二層的人則仍然有力量向上爬，因為目標在暗示他：離十二樓還有一半呢，現在可不能停，一定要鼓起勁繼續向上爬。

在成長過程中，我們幾乎無時無刻不在「爬樓」，支持我們爬上去的有多少是體力，又有多少是精神力量，只有自己心裡清楚。一般說來，在力所能及的情況下，主要目標定得愈高，也就越能減少過程中障礙和階段性成功的干擾，使精力集中在前進的過程中。

菲律賓前總統艾斯特拉達（Joseph Ejercito Estrada）在談到成功的定義時，引述了一位西方的哲學大師的話：「成功就是目標。」要理解這句話對於人生成就的意義，我們可以看下面這個故事：

這個男孩出生在一個雜技演員家裡，他從小就經常跟著父母到處跑，一個劇場接著一個劇場地去演出。由於經常四處奔波，男孩的學習成績並不出眾。

有一次，老師叫全班同學寫作文，題目是「人生的理想」。

這個男孩很興奮，他洋洋灑灑寫了十張紙，描述自己的偉大志願，那就是想擁有一座屬於自己的劇場。他仔細畫了一張設計圖，上面標有舞臺。觀眾席等位置，然後在這劇場的旁邊，他還要造出一棟酒店，用來接待那些著名的劇團。

他滿懷信心地把作文交給了老師。但是等作文發下來，他發現上面沒有分數，只有一行字：請到我辦公室來一下。

下課後，他去找老師：「為什麼給我不及格？」

那位老師看了他一眼，告訴他：「你這不是志願而是白日夢。你沒有錢，沒有家庭背景，可以說什麼都沒有。蓋座劇場是個需要花很多錢的龐大工程；你要花錢買地買設備和請劇團，你不要好高騖遠了。如果你願意重寫一個比較不離譜的志願書，我考慮給你重新打分。」

這男孩拿著不及格的志願，反覆考慮了好幾天，然後徵詢父親的意見。父親告訴他：「兒子，這是非常重要的決定，你必須自己拿定主意。」於是，這個男孩把那份志願書又交回到老師手裡，告訴他說：「即使不及格，我也不願放棄夢想。」

30 年過去了，那位老師聽說城裡來了一個著名的雜技劇團，就帶學生來看。在豪華氣派的劇場裡看完演出，劇場經理來到他們面前，把他們領到了旁邊的一家大酒店裡。他見到了劇場和酒店的老闆，也就是那個被他退回作文的學生。

離開的時候，他誠懇地對那學生說：「這些年來，我對不少學生潑過冷水，可是只有你堅持了自己的夢想。」

1953 年，耶魯大學的一個研究小組對畢業生進行了一次有關人生目標的調查。當被問及是否有清楚明確的目標以及達成的書面計畫時，結果只有 3%的學生作了肯定的回答。

20 年後，研究小組又對這些畢業多年的學生進行追蹤調查，結果發現，那些有達到目標書面計畫的 3%的學生，在人生成就和經濟狀況方面遠高於其他 97%的學生。

每一件事後面都有一種內心力量在支撐著，我們的過去或現在是如此，未來更是如此。如果我們不能清醒地看到目標，所發生的一切都可能事與願違，讓我們無可奈何。

盡善盡美的人生不存在

快樂不在於完美，而在於嚴格區分缺憾與懲罰：既不因自己的缺憾而懲罰別人，也不因別人的缺憾而懲罰自己，更不用自己的缺憾來懲罰自己。

有一次，約翰要在客廳裡釘一幅畫，請鄰居來幫忙。畫已經在牆上扶好，正準備釘釘子，鄰居說：「這樣不好，最好釘兩個木塊，把畫掛上面。」

約翰遵循他的意見，讓他幫著去找木塊。

木塊很快找來了，正要釘的時候，鄰居突然說：「等一等，木塊有點大，最好鋸掉一點。」於是便四處去找鋸子。找來鋸子，還沒有鋸兩下，「不行，這鋸子太鈍了，」他說，「得磨一磨。」

鄰居家有一把銼刀，銼刀拿來了，他又發現銼刀沒有把柄。為了給銼刀安把柄，他又去學校園邊的一個灌木叢裡尋找小樹。要砍下小樹，他又發現那把生滿老鏽的斧頭實在是不能用。他又找來磨刀石，可為了固定住磨刀石，必須得製作幾根固定磨刀石的木條。為此他又到校外去找一位木匠，說木匠家有一現成的。然而，這一走，就再也沒見他回來。

最後，至於那幅畫，約翰還是一邊一個釘子把它釘在了牆上。下午再見到鄰居的時候，是在街上，他正在幫木匠從五金商店裡抬一臺笨重的電鋸出來。

追求完美，只會讓人感到疲憊不堪。

一篇雜誌介紹某位外國球星說，他家裡的一切都必須整潔乾淨，一塵不染，只要哪個地方有一粒灰塵，他就會坐立不安。他的襯衫必須嚴格按照標上色標的直線來分門別類地放置，他甚至完美到只允許冰箱裡的可樂成雙成對，多出的那一罐必然遭受拋棄的厄運。

文章說，這位萬人矚目的球星正是透過將生活中完美習慣推及球場，因而才踢出了「出神入化、美妙絕倫的任意球」。

這話也許沒錯，但是對普通人來說，這段文章只能說明完美是凡人享受不起的奢侈，也是完全沒有必要的。

完美是一句極具誘惑力的口號，卻也其實很可能是一個漂亮的陷阱，將我們陷進裡面的泥塘，我們卻以為是席夢思軟床。我們就是這樣跌進完美自身所造成的誤區裡，只不過這種誤區常常是以漂亮的面貌現身，以美好的未來開始作為引導，然後逞強、虛榮接踵而來，心理上漸漸地磨出了老繭，而自己渾然不知。

完美不同於完美欲。

完美欲是人類自身在漸漸成長過程中的一種心理特點，或者說一種天性。應該說，這沒有什麼不好。

如果沒有這種天性，那麼人現在也許還在樹枝上爬。

但是完美欲作為人的一種不可忽視的天性，必須與生活找到結合點，把它安放到一個恰當的位置，才能防止原本美好的完美欲，不至於變成人生無法承受的奢侈，不至於變成一種幻境。

我們必須明白，真、善、美是人世永恆的話題，但是正因其永恆，也顯得如此朦朧。如果說真誠和善良還有著近似的標準的話，那麼美完全是一個模糊不清的概念，甚至說每個人都有一個標準也不為過。

即使是那些大家都公認為美的東西，也有一個認識角度的問題。

第十章　心寬讓你更能理解、擁有幸福

人生中楚楚動人是一種美，就像水仙花一樣，但是以「用」的眼光來看，它無論怎樣妖冶嫵媚，卻是結不出果實的虛幻。

美玉做的船和槳，美則美矣，划船的時候完全用不上；金玉做成的弓，美則美矣，作戰的時候完全用不上。品德純潔完美的人，往往不是撥亂匡時的人才，也無法成就圓滿的人生。

而向日葵既能開花又能結實，象徵著人生所不可缺少的存在形式。把完美用到藝術的追求上，而清醒地活在現實中，這才是真實的人生。

很多年輕人在沒結婚時，眾裡尋他千百度，挑了又挑，身高、長相、學歷、家庭、財產……盡善盡美，總幻想著有個最美好的羅密歐或茱麗葉在等著自己，偏偏可能是在挑選和等待的時間裡害了自己。

結了婚，完美的戀人的形象打了折扣或徹底破滅，又開始新的一輪完美追求；生了孩子，幻想著孩子不是天才，起碼要出人頭地，不能再像自己一樣委屈了自己。於是，讓孩子從小學鋼琴、學繪畫、學外語……要上最好的小學、最好的中學、名牌的大學，將來還要出國留學，哪怕自己省吃儉用，也要存下為孩子所用的一切錢……自己年輕時未竟的宏偉藍圖，盡情勾畫在孩子的身上和心上。但這一切可能都完美無缺地出現在孩子的面前嗎？

失去的就一定能夠補回來嗎？丟了初一，一定會在十五找補回來嗎？將弦繃緊在自己和孩子的身上，會出現什麼樣的結局呢？萬一不是理想的結局，心理能承受得住嗎？

多少人就是這樣沒有迂迴也沒有變通地追求完美，而不知道及時而適時地調解自己的心態，心理可能在一瞬間脆弱地垮掉的，一輩子就是這樣在完美的誤導下非常不完美地結束了。

承認不完美是做人的代價，這是上帝告訴我們的。《聖經》記載，亞當夏娃被逐出伊甸園後，人類互相殘殺掠奪，世間充滿強暴、仇恨和嫉妒。

上帝看到人類的種種罪惡，十分憤怒，決定用洪水毀滅這個已經敗壞的世界，只給留下有限的生靈。上帝告訴諾亞說：「去用歌斐木打造一艘方舟吧，因為人類犯下的錯誤，我將懲罰毀滅他們。」

諾亞十分傷心，他問：「如果知道他們會因犯下錯誤而被毀滅，當初您為什麼不直接派天使下來人間？」

上帝回答說：「不，天使太完美了，太完美就沒有了進步的可能，不完美是做人的代價，也是做人的本質。」

上帝能夠創造世界，也許全憑了他不是一個完美主義者。倘求完美，他就該讓人類永生，讓美麗與和諧永恆，讓善良與正義萬歲，讓醜惡從來不曾出世。他就不該創造花開花落、死死生生。他就該讓空間無邊無際，讓時間無始無終，讓生機無窮無盡，讓發展無限可能。

但上帝並沒有這樣做，因為這是破壞他的根本邏輯的。

因此，我們每個人的生命，才都被劃上了一道缺口，因此沒有一個人的生命是完整無缺的。有人才貌雙全，可是感情路上卻是風雨泥濘；有人富可敵國，可是兒女不孝；有人家庭和美，又為錢財而傷頭腦。

如果我們一定要追求十全十美，那只能是一種無法承受的奢望。

在平凡中追求卓越

在人生中也是這樣，在面對不完美的時候，有刻意追求完美的人，也有自暴自棄的人。刻意追求完美讓人疲憊，可能是一種奢侈，但是因為本身的不完美而不再努力，從而放棄完善自己，卻可能會從此落後下去，甚至到了無法收拾的地步。

生活中確實有很多不完美，但這些並不能成為拒絕完善自己的努力。只有當我們把不完美作為條件和前提來追求完美時，才有可能盡最大限度地接近完美，也許這是上帝給我們開的一個玩笑，但卻是一個不折不扣的規律。

人類正是有了在不完美的平凡人生中追求完美的天性，才能不斷完善自己，而使得自身脫去了賴以用樹葉遮羞的衣服，變得越來越漂亮；有了追求完美的動力，人才能不滿足於刀耕火種，才有風起雲湧、浪浪相推的農業革命、工業革命和資訊革命，才能在血與火的征戰中逐步進化，並成為萬物之靈。

詩人曾說：永恆就是花開花落，永恆就是死死生生。這是在平凡中尋找完美。從這個意義上說，也不能說上帝不完美，他是在透過瞬間的殘缺勾勒永恆的完美。

有人說，站在帕德嫩神廟巨大的立柱之下仰望時，無論從哪種角度、哪個位置看，所有人都會驚嘆帕德嫩都是完美無缺的！可當仔細觀察和測量他的每一根立柱和橫梁時，又會發現它們都被刻意地彎曲和變形過，為的就是造成人的錯覺，達到視覺上最完美的形象。

也許，這就是在平凡中反映和追求完美的真實寫照。

所以，放棄費力不討好的追求吧！人生就像一盤棋局，而對於人生，所謂完美的局，是一盤下不完的棋局。局布的好，就會四通八達，總是有我們意想不到的問題，同時又總是有解決這些問題的方法等待我們去發現！可是誰能真正布好一個人生的局呢？

當我們追求事事完美時，就忽略了一個完美的結果是由許多並不完美的努力達成的，如果一味地讓過程或細節完美，結果就會變得遙遠，派特農神廟就永遠不能完成。

托爾斯泰說，一個人很少會為自己做過什麼而感到惋惜，使人煩惱的往往是他自己沒有做過的事。

有兄弟兩個住在南海邊，有一天夜裡，兄弟兩個同時做了一個夢，夢見從水裡冒出一個人，渾身溼淋淋的說：「你想發財嗎？有成千上萬的珍珠正等著你呢！想發財，你就得去昆侖山，你只有到那裡，才能找到珠寶。」

兄弟兩個都醒了，互相把夢裡的情形一說。

哥哥說：「昆侖山多遠啊，我到底去不去呢？去，我必須穿越沙漠、湖泊、森林，我很可能死在半路。我才不去呢，而且我聽爺爺和父親說，他們也做過這種夢，卻從來沒有相信。」

弟弟卻說：「我知道有危險，但是不去的話，我們這輩子大概就發不了財了。要去！」

經過幾天內心的掙扎，弟弟想，去了不見得能發財，但是不去，則一定會後悔。他決定冒險，隻身前往千里之外的昆侖。

千山萬水我獨行，弟弟千里跋涉，歷經了許多艱難險阻，終於風塵僕僕地到達了昆侖山。

天哪！昆侖山不但窮困，而且正鬧土匪，弟弟隨身帶的一點值錢的東西都被土匪搶走了。一位老人發現奄奄一息的弟弟，好心餵他吃東西、喝水，把他救活了。

老人說：「看樣子、聽口音，你不是本地人？」

弟弟回答說：「我從南海來。」

「什麼？南海？你從那麼遠、那麼富有的地方，卻跑到我們這鳥不生蛋的昆侖山來幹什麼？」

弟弟坦白地說：「因為我夢見神對我啟示，到這裡來可以找到成千上萬的珍珠。」

老人大笑了起來:「笑死我了，我們這兒每個人都常做一個夢，夢見在南海有座房子，房子後面有七棵無花果樹和一個日晷，日晷旁邊有個水池，池底藏著好多珍珠！這些不過是夢罷了，快回你的南海吧！」

弟弟默默地聽從了老人的話，回到了南海。哥哥聽說他回來了，跑來看他，笑著說:「我早知道會是這樣的了。」

但是，回家沒幾天，弟弟成為南海最有錢的人。因為昆侖山的人夢見的七棵無花果樹和水池，就在他家的後院。他在水池底下，挖出成千上萬的珍珠。

弟弟沒有去昆侖山之前，雖然珍珠就在他自己家裡一直不知道，但是他去過了，就找到了屬於自己的財富。

完美主義者顧及得太多，對結果充滿理想化。他們不會放棄，而且永不滿足地深入細節。這樣他們的膽子小了下來，速度慢了下來，效率越來越低，他們希望得到盡善盡美，可工作的計畫書越拖越長，仍然沒有行動，甚至於拖垮他們的一生。所以，完美主義者，永遠無法行動到完成一件事。

也有很多有思想的完美主義者，他們的想法十分完美，足以改變自己和家人的命運，但他們卻僅僅限於說說而已，把想法扼殺在了過程中。

有位老人曾經說過:「老了你就明白了。那時你後悔的不是自己表現得有多傻，而是白白浪費了很多表現的機會。」

在他 20 出頭時，曾有一個美麗的女人簡直令他痴狂。由於害怕遭到拒絕，他始終也沒有開口約她出去。好多年過去了，後來他們在一個朋友的聚會上偶然相遇。

這時他才了解到，當時她對他也很有點兒意思。當他告訴她自己的那片痴情後，她問他:「為什麼你一點表示也沒有，或者直接告訴我？」還用說嗎？他每天都在問自己同樣的問題。

可惜為時已晚，他們再次相見時，她已經是別人的女人了。實際上，如果當時他把頭腦中完美的想法拿出百分之一來付諸行動，兩個人的命運也許將會從此改變，而不是像後來那樣：她只是勉強地與另一個人過下去，而他則終身未娶。

在現實生活中，我們的很多想法雖然完美，但都只是臆斷。我們對自己在某方面的能力，我們對一個人的印象，我們對形勢的判斷，往往需要用實際行動來實現其價值，如果我們不去印證，不去進行，就很可能會錯過事業、感情、友誼等方面的諸多機遇，從而與成功和快樂擦肩而過。

從這種意義上說，不完美的行動要遠比完美的想法有價值，也更加生動。我們雖然不是有錢人的後代，但是只要我們具有從不完美的平凡中創造完美的能力，那麼也許很快就能成為新的成功者。

感受快樂即享受生活

某地的風俗，設宴時要給客人奉上大量的牛奶，所以一般人都在請客前很久開始擠奶，不至於臨時供應不上。

有一個人計畫在一個月以後請客，他心裡想：「如果把牛奶從牛身上取下來，就需要有很大的木桶，而且牛奶放在木桶裡，日子久了容易壞。不如乾脆把它放在牛腹裡，到請客那天一併來取，那就既省事，又可吃新鮮的牛奶，不是再好不過了嗎？」

他對這個絕妙的想法很滿意，於是就把所養的一頭奶牛和正在吃奶的小牛分開，每天也不去擠奶了。

一個月以後，請客的日子到了，這人把奶牛牽來，準備讓客人們品嘗新鮮的牛奶，可是不論他怎樣努力，一滴牛奶也擠不下來，被所有的客人譏笑了一番。

第十章　心寬讓你更能理解、擁有幸福

長期以來，人們一直不敢快樂地享受每一天，因為他們也是想把快樂儲存起來，以備未來享用。

從精神實質上來說，每一天的生活，不過是時間在我們的靈與肉之上的一些映像，最後留存下來的，除了一些快樂與不快樂的體驗，別無其他。儲存快樂的想法和準備把牛奶儲存在牛肚子裡一樣愚蠢。

16 世紀法國著名的散文家蒙田（Michel de Montaigne）說：「懂得堂堂正正地享受今天，這是至高的甚而是至聖的完美品德。」

享受今天是逐漸實現自己的願望，實現自己的理想，享受自己在奮鬥過程中的幸福和快樂。從這個角度來說，人生的第一要義，在於發展自己所有的，所能成就的東西，誰都有權利這樣做。

有人把享受今天看成今朝有酒今朝醉，看成是酒池肉林吃喝玩樂。這也是享受，但享受的只是肉體。

其實，真正的享受不僅僅是吃喝玩樂，也不僅僅是恣意無度的放縱，更是正視人生的悲歡離合。真正美滿的人生就是符合一般常人範例的生活，井然有序，但不含奇蹟，也不超越常規。

每個人生下來都要面對一系列的人生問題：生存問題、發展問題、物質滿足、精神滿足等等。如何去解決這些問題，每個人有自己的方式，但整體來說，都要經過一定的歷程。

人在解決問題達到自己的目標的過程中，會有成功，也會有失敗，但無論是成是敗，都要在奮鬥過程中享受它們，包括從失敗中得出對人生有用的教訓和經驗。

不要害怕享受人生，所有的人都可以享受人生。享受生活，有錢的人可以，貧窮的人也可以；四肢健全的人可以，身有殘疾的人也可以；成功的人可以，失敗的人亦然。關鍵是看他如何看待生活看待人生。

享受人生要講究方法，因為生活的樂趣是隨我們對生活的關心程度而定的。

享受人生是一種樂趣，會享受人生的人是快樂的。但享受也是隨地隨處、每時每刻的事情。永遠不存在那樣的一個起點，讓我們靜下心來，好好地開始享受人生。

叔本華說：「對於人生來說，所謂的幸福，是意志達到目的的狀況，而意志在追求目的時受到的壓抑則是痛苦的。所以，人生的幸福是暫時的，痛苦是經常的。因為人的追求沒有最後的目標，人的欲望永遠無止境。」

這種虛妄的期待和無用的隱忍，真是最讓人覺得可笑又令人嘆息的。

誰也不知道明天會發生什麼。如果我們能知道，那世界應該變得多麼灰暗：我們將失去所有的激情，生活會變得像一部看過了的老電影，不再給我們帶來驚喜，也難以使我們感動。

生命最重要的就是今天，因為一切古往今來，都是由「現在」這一瞬間累積的，不把握現在，也就沒有永恆。

有一首古羅馬詩人菲爾西烏斯的詩為我們加油……

盡情享受吧，我們僅此一生。

明天我們只留下餘灰，化作幽靈，一切歸於烏有！

生命的精彩

傑米·杜蘭特是一位著名的演員。有一次，他被邀請參加一場慰問二戰退伍軍人的晚會演出。因為行程很緊，因此他只能答應演一個小節目，對方欣然同意了。

晚會開始了，傑米走上舞臺，很快表演完了自己的節目。但是臺下的掌聲越來越響，他並沒有離去，而是又繼續表演了 30 分鐘，然後鞠躬下臺。來到後臺，有人攔住他問道：「真是太精彩了，我們以為你只能表演幾分鐘呢。」

傑米回答說：「我本打算離開，但是你們看看第一排的觀眾，就會明白了。」

人們向觀眾席的第一排望去，看到中間坐著兩個退休軍人，一個在戰爭中失去了左手，另一個失去了右手。當其他觀眾鼓掌的時候，他們也一起鼓掌，用兩個人剩下的兩隻手拍得開心而響亮。

熱心為別人鼓掌的人，生命也是精彩的。

擁抱生活

從小，他的家人就告訴他：世風日下，人心險惡。有朝一日當他走入社會生活，就會明白人為財死、鳥為食亡的不朽真理。最糟的是沒有一個人可以相信，每個人都會想盡辦法占他的便宜。

高中畢業，他因沒考上大學而嘗試找工作，然而不是莫名其妙地被人解僱就是發現自己「不適合」那份工作。半年間他從雜誌推銷、送書、賣冷熱飲、抄寫，甚至連建築工人都做過，卻沒有一樣做得來。離職的原因不是他討厭老闆和同事，就是老闆和同事討厭他。

「天下烏鴉一般黑，這社會上有病的人多得是，你已經盡力。反正再怎麼努力到頭來都會碰到壞老闆或壞同事，早點離開這種爛工作總比你辛苦經營半天到頭來卻功虧一簣來得好。」

就這樣，他開始窩在家裡，怪自己時運不濟，埋怨沒有人慧眼識英才。然而他內心對外面的世界又怕得不得了，總覺得無法證明自己是個有用的人。

另外有個女孩兒好不容易熬到高職畢業，眼見步入社會、一展所學的日子就要來臨，她感到非常興奮。一天，好心的老師在課堂上提醒班上的同學：「不要輕易相信工作上的夥伴，免得被人陷害了都不知道。」

同學請老師進一步說明怎麼判斷同事是好是壞，如何知道自己會不會被陷害？老師卻笑得高深莫測：「到時候你們就會知道了……」

課堂上的氣氛霎時變得凝重，等老師發現大家太緊張了，補充一句「但也不是每家公司都這樣」時，已經無法抹去同學們心裡的陰影。

畢業後，她帶著恐懼到新公司上班。為了怕被同事出賣，她從來不敢和同事聊私事。哪裡有同事聚在一起聯絡感情，她肯定逃之夭夭。有人對她好，她懷疑他別有用心；有人對她不好，她覺得是印證了最初的猜測，也害怕付出更多。

她封閉自己將近一年，寂寞得快要發瘋。有位同事注意到她悶悶不樂，上前關心詢問，她終於打開心門和同事談，沒想到這一談，談成了一輩子的朋友。即使多年後她另謀高就、結婚生子，這位老同事永遠是最先知道她情況的人。

從高職畢業已經過了十多年，工作環境起碼也換了五六次，她不是沒有遇到過刁鑽古怪的上司，或是不得不防的同事。這些年來，她慢慢分辨得出什麼樣的人能當朋友，什麼樣的人得保持距離。然而對她而言，最重要的是讓自己保持一顆平常心，而不是為了保護自己，而拒所有人於千里之外。

故事開始提到的他在家裡又悶了幾年，在斷斷續續的求職生涯中，終於在一次兼差時被同事問起：「你不喜歡你的工作嗎？」

他仔細想了想：「還好啊，挺喜歡這工作的。」

「但你看起來不太快樂的樣子……」朋友說。

他好奇地反問同事，才發現自己進入新公司後，那防衛的態度給人的感覺竟然是自命清高的傲氣——碰到困難也不問人，一味埋頭苦幹。有人想幫他，他把對方當壞人來防。同事有難，也未曾見他伸出友誼之手。缺乏工作熱誠，總是等上司講一步，才肯走一步。進公司好幾個月對自己的職位總是一副可有可無的模樣，好像隨時都準備要離職……

聽完同事的話後他平心靜氣地反省，不得不承認，倘若自己是老闆，也會想要解僱這種怪裡怪氣的員工。他終於明白整天疑神疑鬼對自己沒有一點好處，他應該培養的是與人合作的能力，積極地尋找生活中的朋友，而不是消極地逃避一切。

生活是我們的朋友，而非敵人。

儘管我們偶爾會在生活中遇到不好的同事、老闆、朋友，但並不代表所有人皆是如此。

不好的經驗只是生命旅程中幫助我們成長的動力，並非完全無法控制或歸結為生命的全部。

無限擴大生活中的不穩定因素並不會讓我們開心，只會讓我們失去享受生活的能力，阻礙我們與別人建立友誼，進而將自己帶進孤獨的城堡裡。

悲觀與樂觀的差異

王教授專門教導老年人如何使用電腦輔助教學。她熱愛教書，很喜歡與學生來往，人也相當樂觀，每學期她都是在一、三、五上課。從早上 9 點到中午 12 點，4 節完全相同的課一個緊接一個，很多時候她不累，電腦都累了。

身為助理的小李在她上課期間隨時待命，與她一起幫助學生。整個學期中總會有幾天電腦的故障率特別高，或是學生對所教的內容聽不懂。

此時，你會見到她們在電腦教室中像蝴蝶般不停地穿梭飛舞，忙得焦頭爛額。碰上學生能力不齊或對電腦特別不熟悉的班級，現場更是一片混亂。

然而，即使在這個時候學生抱怨聽不懂、學不來、操作上頻頻出錯或是電腦不合作，王教授都是開朗地笑道：「今天我們的運氣好像不太好，對不對？」

「看來電腦決定休息一下了……」

「這是個很好的學習經驗，下一回，我們可以嘗試其他方法，避開這個錯誤。」

「沒關係，慢慢來，就算今天學不會，晚些時候我還可以幫你們。」

事實上，就算天要塌下來，她也是那麼鎮靜自若。

有一回，王教授給學生示範如何啟動某電腦軟體，就在一步步示範說明到了關鍵之處，她將滑鼠點上程式名稱，在眾目睽睽之下執行它：「所有的麻煩都在前面，現在這麼一點畫面馬上就會出來……」沒想到出來的畫面竟是：「程式錯誤」。

王教授頓了幾秒鐘，回頭朝學生笑笑：「或馬上不出來。」

最令人印象深刻的是有一回，有位學生提到自己的工作提案不受老闆青睞：「老闆退回我的企劃，還批評了我一頓。」

王教授聽完不是安慰她：「沒關係，至少你已經盡力了……」而是很興奮地說：「這真是個好消息，代表你只要照著他的建議去做，下一次就會成功！」

教授接著繼續鼓勵她看到更多光明的方面，說得好像那位同學不是被退件，而是被「有條件地」接受，聽得那位同學的心都雀躍起來。

後來，那位同學真的將自己的提案再做修改，雖然仍沒被老闆採用。後來她離開了那家公司，將自己的提案附在履歷表裡，找到了理念相同的老闆，受到了重用。

王教授是「正向思考」的絕佳典範——在她心中，逆境是短暫的，生活是可以控制的。

有時候人們會因為害怕重蹈覆轍而強迫自己「牢記失敗」，從此不做「多餘的努力」——這些人認為只有牢記失敗、避免嘗試，才是萬全之道。

事實上，唯有正向的思考、不斷的嘗試、輕鬆的心情、樂觀的態度，才能以最快的方式幫助你一步步走過考驗，迎向光明。

那麼，悲觀與樂觀的差距在哪裡？

一般而言，樂觀的人多數會成功。

有位學者在他長達數年的憂鬱防治法計畫研究中發現：樂觀的人記得比較多快樂的事，不快樂的事則忘記得較多。除此之外，樂觀的人做好一件事會肯定自己；做壞一件事則當它是失誤，不會太在意。

悲觀的人剛好相反嗎？

不，他們記憶正確，對就是對，錯就是錯。他們是所謂「面對現實」的人。但如此面對現實，沒想到竟也讓他們失去了「做夢」的能力。

很多人說：「成功是屬於勇於做夢的人。」

悲觀與樂觀所不同的不是聰明才智或機運，而是一種生活態度、一種天真的信心——與其牢記失敗，放棄嘗試，我們更該學習相信希望、不屈不撓。

生活中處處有生機，唯有不斷嘗試的人，才會比別人更容易掘到一口活井——樂觀的人比悲觀的人更願意不斷嘗試。差別僅在於此而已。

真正的幸福值得期待

剛看過一部電視劇，劇中講了一系列關於幸福婚姻的故事。

七十歲的張某終於等到了五十七歲的張某。所以，真正的幸福是經得起等待，也是經得起考驗的。

美麗的小婕和頗有才華的大志接近中年才結婚，在結婚前夕他們給資深單身族的建議是：「放輕鬆，但是不放棄。」因為，幸福是經得起等待的。

很多人拖過了所謂的適婚年齡，就以為這輩子再也不會結婚了。

女作家趙姨在年過了三十四歲以後，認為自己這輩子大概是不可能結婚了，沒有想到，幸福並沒有遺忘她，之後不到半年的時間，戀愛、結婚、生子三部曲都在短時間內完成，只要是緣分具備，生命中的春天依然會出現，它只是來的比較晚而已。

四十歲的芳一直都住在家裡，承歡父母膝下，朋友又多，是個快樂的單身女郎，雖然結婚的念頭曾在腦海中閃過，不過生命的 Mr. Right ——直沒有出現，芳不願意為結婚而結婚，雖然早已過了所謂適婚年齡，她依然無懼的走過每一天，她絕不讓自己在自艾自憐中過日子，她是個美麗又有膽識的女子。

如果說人生需要規劃，那麼婚姻是不是也需要規劃呢？問題是，計畫永遠趕不上變化，人生無常，並不是所有的事都能按照你的心願來完成。

小艾一直是個沒有事業心的女孩，一直希望能早早結婚、生子，當個賢妻良母，只是情路坎坷的她，每每在情愛中傷痕累累，只好把心力寄情於工作中，沒有想到，卻成了別人口中的女強人，對於這樣的結果，根本不在小艾的人生規劃中，對於婚姻仍有憧憬卻不強求，她說：「我從來都沒有放棄對幸福的追求。」

第十章　心寬讓你更能理解、擁有幸福

若想擁有幸福就不能放棄對幸福的渴望，若想獲得幸福就不能停止對幸福的追尋。唯有懂得什麼才是自己真正想要的，不隨波逐流，人云亦云，你才能獲得真正的幸福。

如果，只是為了社會的壓力，別人異樣的眼光而勉強自己，這樣會有幸福的可能嗎？

也許，用另一個角度來看，結婚是不是就一定幸福，不結婚就是不幸福？很多人都會同情失婚的女人，卻很少人會同情不婚的女人。

結婚未必幸福，但是，至少也是通向幸福的可能。

不結婚未必不幸福，至少，你了解到幸福也有很多種的可能。

真正的幸福是禁得起等待，也是禁得起考驗的。

完美的愛情是鏡中花，水中月。

無論少男還是少女都希望從愛情中尋得安全的港灣與愛的滋潤，並以此逃避孤獨。女人尋找的是「白馬王子」，男人尋找的則是才貌雙全的「人間尤物」，他們寄予愛情與婚姻太多的浪漫，這種過於理想化的憧憬，使許多人成了愛情與浪漫的俘虜。

其實，十全十美的人在現實生活中根本不存在，有些人，特別是女性，往往容易一味沉醉於羅曼史所帶給她們的短暫刺激之中。其實愛情可以讓人創造奇蹟，也可以令人陷入盲目，要知道美滿的愛情不是那些日思夜想的白日夢，而且即使再美麗的夢想也不過是一個夢而已。脫離實際的幻想，超乎現實的理想化，往往使愛情失去真正的色彩。

丁虹、阿彩、曉岩是好得不能再好的閨中密友，三人中丁虹長得最美，曉岩最有才華，只有阿彩各方面都平平。三個人雖說平時好得恨不能一個鼻孔出氣，但是在擇偶標準上，三個人卻產生了極大的分歧。丁虹覺得人生就應該追求美滿，愛情就應該講究浪漫，如果找不到一個能讓自己覺得非常完美的愛人，那麼情願獨身下去。而曉岩則覺得婚姻是一輩子的大事，必須找一個能與自己志趣相投的男人才行，只有阿彩沒有什麼標準，她是個傳統而又實際的人——對婚姻不抱不切實際的幻想，對男人不抱過高的要求，對人生不抱過於完美的奢望，她覺得兩個人只要「對眼」，別的都不重要。

後來，阿彩遇到了張永，張永長相、才情都很一般，屬於那種處在人堆裡就會被淹沒的男人，但他們倆都是第一眼就看上了對方，而且彼此都是初戀，於是兩個人一路戀愛下去。對此丁虹和曉岩都予以強烈的反對，她們覺得像阿彩這樣各方面都難以「出彩」的人，婚姻是她讓自己人生輝煌的唯一機會，她不應該草率地對待這個機會。但是阿彩覺得沒有人能夠知道，漫長的歲月裡，自己將會遇見誰，亦不知道誰終將是自己的最愛，只要感覺自己是在愛了，那麼就不要放棄。於是阿彩 23 歲時與張永結了婚，25 歲時做了媽媽。雖說她每天都過得很舒服、很幸福，但她還是成為好友們同情的對象，丁虹搖頭嘆息：「花樣年華白擲了，可惜呀。」曉岩扁著嘴說：「她為什麼不找個更好的？」

當年的少女被時光消耗成了三個半老徐娘，丁虹眾裡尋他千百度，無奈那人始終不在燈火闌珊處，只好讓閉月羞花之貌空憔悴；而曉岩雖然如願以償，嫁給了與自己志趣一致的男士，但無奈兩個人總是同在一個屋簷下，卻如同兩隻刺蝟般不停地用自己身上的刺去扎對方，遍體鱗傷後，不得不離婚，一旦離婚後，除了食物之外她找不到別的安慰，生生將自己昔日的窈窕，變成了今日的肥碩，昔日才女變成了今日的怨女；只有阿彩事業順利，家庭和睦，到現在竟美麗晚成，時不時地與女兒一起冒充姐妹花招搖過市。

丁虹認為完美的愛人、浪漫的愛情，能使婚姻充滿激情、幸福、甜

蜜，其實不然，完美的愛人根本就是水中月鏡中花，你找一輩子都找不到，況且即使你找到了自己認為是最美滿、最浪漫的愛情之後，一遇到現實的婚姻生活，浪漫的愛情立刻就會潰不成軍，因為你喜歡的那個浪漫的人，進了圍城之後就再也無法繼續浪漫了，這樣你會失望，失望到你以為他在欺騙你；而如果那個浪漫的人在圍城裡繼續浪漫下去，那你就得把生活裡所有不浪漫的事都擔負下來，那樣，你會憤怒，你以為是他把你的生活全盤顛覆了。

曉岩自視清高，把精神共鳴和情趣一致作為唯一的擇偶條件，她期望組織一個精神生活充實、有較強支撐感的家庭，她希望夫妻之間不僅有共同的理想追求和生活情趣，而且有共同的思想和語言。可是事實證明她錯了，她的錯誤並不在於對對方的學識和情趣提出較高的要求，而在於這種要求有時比較狹隘和單一。實際上，伴侶之間的情趣，並不一定限於相同層次或領域的交流，它的覆蓋面是很廣泛的，知識、感情、風度、性格、談吐等都可以產生情趣，其中，深情和理解是兩個重要部分。情感是理解的基礎，而只有加深理解才能深化彼此間的情感，雙方只要具備高度的悟性，生活情趣便會自然而生。

阿彩的愛也許有些傻氣，但是恰恰是這種隨遇而安的愛使她得到了他人難以企及的幸福。愛情中感覺的確很重要，感覺找對了，就不要考慮太多，不然，會錯過好姻緣的。將來的一切其實都是不確定的，不確定的才是富於挑戰的，等到確定了，人生可能也就缺少了不確定的精彩了。阿彩很慶幸自己及時把握了自己的感覺，青春的愛情無法承受一絲一毫的算計和心術，上天讓阿彩和張永相遇得很早，但幸福卻並沒有給他們太少。

那些像阿彩一樣順利地建立起家庭的青年，似乎都有一個共同的心理特徵，即他們勇於決斷，不過分挑剔。愛情中的理想化色彩是十分寶貴的，但是理想近乎苛求，標準變成了模式，便容易脫離生活實際，顯得虛幻縹緲。

在愛情領域裡，確定一個標準，並不是獲取愛情的正確方法。因為，形成愛情的各種因素，實際上是呈模糊分布狀態。過於苛求，只能導致失敗。愛一個「完美」的人簡直是難於上青天，因為這個人壓根兒就不存在。世間沒有一個愛人是完美的，也沒有一份感情是毫無瑕疵的，如果有這樣一個人，他在你心目中是絕對完美的，不曾有一絲的缺點，而你敬畏但又渴望親近他（她），這種感覺不叫愛情，而是「崇拜」。

美滿的婚姻比面子更重要

那麼站在家長的立場上，應該怎麼來看待自己的孩子的婚姻呢？讓我們好好考慮一下吧。為什麼這麼說呢？因為從 1980 年代開始，年輕一代的婚姻觀發生了巨大的變化。能了解到這一點，就是一個很大的成績了。

日本以前，傳媒很關注「成田離婚」案。說的是剛剛接受了家人和親戚朋友等所有人的祝福，完成了結婚典禮的新婚夫婦，從新婚旅行一回來，就在成田機場離婚了。

在戀愛的時候，自以為都十分了解對方的性格、價值觀、優點和缺點，所以才會結婚。可是婚姻生活和戀愛大不一樣，結婚是超現實的。結了婚的兩個人，生活卻受到雙方家長以及親戚朋友的百般干涉。在新婚旅行中，充分地顯示了對方的優劣以及現實性。如果能往好的方面想那還好，但是有不少夫婦怎麼也忍受不了，只好在成田機場離婚。這就是實情。

現在的媒體已經不怎麼關注「成田離婚」這樣的事情了。因為甚至在禮堂裡突然解除婚約的年輕人越來越多了，媒體就把注意力都轉向了他們。已經貼好了祝詞的請柬早就發給親朋好友了，在結婚儀式快要舉行的

1 週前，忽然決定解除婚約的，聽說每年的比例都占到 20%左右。取消的原因中，「性格不合」、「家裡人反對」、「其中一方還有別的喜歡的人」是最多的三項。據說其中「性格不合」占了壓倒性的絕大多數。

我們把因為「他真的是理想的結婚人選嗎？」而煩惱的行為稱作「Marriage blue」。比起面子，他們更重視自己的感受，所以才會在最後時刻選擇解除婚約。雖然他們也會考慮到家人，特別是父母會很難堪，但是他們覺得比起「成田離婚」，臨時取消婚約還算是好的呢，所以才會這麼做。

適時結婚更利於幸福

不管是男性還是女性，到了一定的年齡，就應該成家安定下來。結婚是一個人真正長大成人的必經之路，被看做是關係到社會信用的嚴肅的儀式。這就是日本一直以來對結婚的傳統看法。所謂的「適婚年齡」，就是一個判斷標準。超過了一定的年齡，就要獎勵甚至是強迫你結婚。這種想法在日本存在了很長一段時間。在中國，男女如果超過 28 歲還不結婚，就要隨來自各方面的壓力催促結婚了。

早婚和晚婚也是以適婚年齡為基準來說的，然而現在這種一致的看法正在逐漸消失。也就是說，結婚不再是由父母和周圍的人來決定的事情了，結婚是當事人的自由，要由當事人自己來決定的想法已經變得很普通了。

產生這種想法，從時代的大環境來看，是因為家長制度的消失以及由夫婦和未婚子女組成的小家庭的不斷增加。這使得個人的價值觀呈現出多樣化的趨向。雖然家庭人數都是父母加上兩個孩子，但是每個小家庭的環境和生活習慣以及各自的價值觀都是不一樣的，這也可以說是近來的一個特色吧。

在這種環境中成長起來的人們，不會覺得這是新的或者這是舊的加以認識和區別，他們認為這就是自然的天意。因為到了一定的年齡而考慮戀愛和結婚的行為，在這幾十年中急劇減少。

但也不是說現在就沒有被動的結婚。有好多人還是經別人介紹相親結婚，也還有不少重視門第和血統的政治結婚。然而，隨著時代發生了巨大的變化，只是因為過了一定的年齡而結婚的人確實是越來越少了。

以前所謂「結了婚就等於找到了固定工作」的婚姻觀特別是對年輕的一代來說，已經沒有什麼特別的誘惑力了。在精神上、經濟上都自立的生活方式的人身上，這種傾向就更為明顯了。大齡的「剩男剩女」們越來越多。

寬心生活不喊累，樂觀豁達 day by day ！
灰姑娘 × 暈船仔 × 甘苦人，我的路我自己走，放鬆生活握在手

作　　者：恩維，禾土
發 行 人：黃振庭
出 版 者：崧燁文化事業有限公司
發 行 者：崧燁文化事業有限公司
E-mail：sonbookservice@gmail.com
粉 絲 頁：https://www.facebook.com/sonbookss/
網　　址：https://sonbook.net/
地　　址：台北市中正區重慶南路一段六十一號八樓 815 室
Rm. 815, 8F., No.61, Sec. 1, Chongqing S. Rd., Zhongzheng Dist., Taipei City 100, Taiwan
電　　話：(02)2370-3310
傳　　真：(02)2388-1990
印　　刷：京峯彩色印刷有限公司（京峰數位）
律師顧問：廣華律師事務所 張珮琦律師

定　　價：420 元
發行日期：2022 年 11 月第一版
◎本書以 POD 印製

國家圖書館出版品預行編目資料

寬心生活不喊累，樂觀豁達 day by day ！灰姑娘 × 暈船仔 × 甘苦人，我的路我自己走，放鬆生活握在手 / 恩維，禾土著 . -- 第一版 . -- 臺北市 : 崧燁文化事業有限公司 , 2022.11
　面；　公分
POD 版
ISBN 978-626-332-882-2(平裝)
1.CST: 人生哲學 2.CST: 自我實現 3.CST: 生活指導
191.9　　111017656

電子書購買

臉書